Autorinnen: Hanne Egghardt und Katharina Kunz
Redaktion: H.-J. Schneider, Lektorat & Herstellung, Köln
Bildredaktion: Gabriele Forst
Gestaltung: Cyclus · Visuelle Kommunikation
Aktualisierung: Diane Naar-Elphee und Walter M. Weiss

„National Geographic" ist eine eingetragene Marke der National Geographic Society. Deutsche Ausgabe lizensiert durch
National Geographic Deutschland
(G+J/RBA GmbH & Co KG), Hamburg 2009
www.nationalgeographic.de

Unsere Autoren haben nach bestem Wissen recherchiert. Trotzdem schleichen sich manchmal Fehler ein, für die der Verlag keine Haftung übernehmen kann. Hinweise, Verbesserungsvorschläge und Korrekturen sind jederzeit willkommen. Einsendungen an:
E-Mail: spirallo@nationalgeographic.de oder
National Geographic Spirallo-Reiseführer,
MAIRDUMONT GmbH & Co KG,
Postfach 3151,D-73751 Ostfildern

Covergestaltung und Art der Bindung
mit freundlicher Genehmigung von AA Publishing

Dieser Titel der National Geographic Spirallo Reiseführerserie wird mit freundlicher Genehmigung der Automobile Association Developments Limited, Eigentümerin der AA Spiral Guide Reiseführerserie herausgegeben.

Printed in Poland

A03878

NATIONAL
GEOGRAPHIC

WIEN

Inhalt

Das Magazin

A echter Wiener ...

Vor einigen Jahren spaltete die Figur des *Mundl Sackbauer* in der Fernsehserie *A echter Wiener geht net unter* Österreich. »So ordinär sind wir auch wieder nicht«, empörten sich die einen, »wirklich klasse, direkt aus dem Leben«, fanden die anderen. Aber so oder so, man kann aus der Fernsehserie viel über die Wiener lernen.

Der *Mundl* ist ein polterndes Urvieh, das immer und überall ein »Flaschl Bier« zur Hand hat und gern mit Kraftausdrücken um sich wirft. Er ist liebenswert tollpatschig, schlawinert sich durchs Leben, dreht aber alles so, dass man ihm nichts krumm nehmen kann. Damit liegt er auf einer Ebene mit Helmut Qualtingers legendärem *Herrn Karl*, einer Figur aus der bösartig-kleinbürgerlichen Wirklichkeit Wiens, die zum Urtyp des wienerischen Opportunisten und Querulanten wurde.

Seite 5: Der Pallas-Athene-Brunnen vor dem Parlament

Oben links: Fiakerfahrer bei ihrem liebsten Zeitvertreib

Oben rechts: Gelegentlich kann man am Rathausplatz die Wände hochklettern

Der »echte Wiener«

Berühmt gemacht haben den Wiener vor allem drei Eigenschaften. Zum Ersten ist es das Raunzen, einem Wiener kann man nur in den seltensten Fällen etwas recht machen, er findet in jeder Suppe ein Haar. Zum Zweiten ist es das »Goldene Herz«, das vor allem für Tiere schlägt – darüber, dass es eigentlich aus Metall ist, wenn auch aus einem edlen, wird großzügig hinweggesehen. Zum Dritten schließlich ist es der »Wiener Schmäh«.

Alle drei dieser urwienerischen Eigenschaften sind heute nicht mehr so oft zu finden wie früher. Die Fun-Generation, die mit Computern aufgewachsen ist, hat sie nicht mehr. Aber wenn Sie das Glück haben, in einem Taxi ausnahmsweise nicht an einen Pakistani, Iraner oder Türken zu geraten, sondern an einen »echten Wiener«,

... geht net unter

Oben links: Musestunden im Café

Oben Mitte: Big Business auch beim Einkaufen

Oben rechts: Süße Sünde Eissalon

dann haben Sie die Chance, sie live zu erleben. Fragen Sie ihn nach den Baustellen in Wien, und er wird Ihnen die Ohren vollraunzen. Sprechen Sie ihn auf die heiß diskutierten *Pooh-Bags* an, die den Fiakerpferden im Juli 2004 amtlich verpasst wurden, damit die Rossäpfel die Straßen nicht verschmutzen, und sein »Goldenes Herz« wird Ihnen ein Plädoyer über die Würde des Pferdes halten. Und fragen Sie ihn, ob er mit dem Geschäftsgang zufrieden ist, und er wird Ihnen einen »Schmäh« erzählen – wetten?

Apropos »echter Wiener«

Dass es den »echten Wiener« nicht gibt und wahrscheinlich auch nie gegeben hat, ist eine Tatsache. Von der Frühzeit an bis zum Aufstieg des Orts zur Weltmetropole Ende des 19. Jhs. haben Menschen verschiedenster Herkunft in der Stadt an der Bruchlinie zwischen West und Ost gelebt. Noch um 1900 war es für hohe Staatsbeamte Bedingung, sechs bis acht Sprachen zu sprechen. Und wenn Sie das Wiener Telefonbuch aufschlagen, werden Sie sehen, dass Namen wie Swoboda und Cerny, Kovacs und Arslan

Was ist der »Wiener Schmäh«?

Darüber, was der »Wiener Schmäh« tatsächlich ist, wurden schon wissenschaftliche Abhandlungen geschrieben. Eine genaue Definition gibt es trotzdem nicht. Sicher ist, dass er sich aus mehreren Bestandteilen zusammensetzt, aus einer merkwürdigen Art von Humor, einer pointierten Ausdrucksweise und ein wenig Aufschneiderei. Zu Hause ist der »Wiener Schmäh« vor allem in Beisln, bei urigen Heurigen und zu später Stunde beim Würstelstand. Dort ist er so flott unterwegs, dass man sagt, »der Schmäh rennt«.

Wien und die Donau

Dass Wien »an der schönen blauen Donau« liegt, wie es der Text des Strauß-Walzers weiszumachen versucht, ist blanker Unsinn. Die Donau ist trüb und grau, und das war sie schon immer. So wichtig der 280 m breite Strom als Verkehrsweg immer war, so groß war auch die Gefahr, die seine Überschwemmungen brachten. In den 1970er-Jahren brachte der Bau der Neuen Donau, eines zusätzlichen, 21 km langen Flussbettes, Abhilfe. Dabei entstand auch die Donauinsel, ein riesiges Freizeitareal. (► 153)

viele Spalten füllen. Zuwanderer waren es auch, die Wien seit jeher mit ihrer Kultur, ihrer Küche und ihrem Lebensstil geprägt haben. Lange, bevor der Begriff »multikulti« aktuell wurde, zogen Menschen aus allen Ecken der Monarchie in die Donaumetropole, und die wurde zu einem Schmelztiegel des Vielvölkerstaates. Und später, als Wien der Wasserkopf eines geschrumpften Reiches war, hielt der Zustrom an. Nach 1956 kamen Tausende von Ungarn, und ab den 1970er-Jahren Menschen aus dem ehemaligen Jugoslawien und der Türkei, die so genannten Gastarbeiter.

Die Zuwanderer haben jene interessante Atmosphäre

Karibik-Feeling an der Donauinsel

geschaffen, die seit jeher die kulturelle Kraft Wiens ausgemacht hat. Sie war um 1900 der Nährboden, auf dem sich Wissenschaft, Architektur, bildende Kunst und Musik so einzigartig entwickeln konnten. Schriftsteller wie Schnitzler und Musil, Doderer und Broch, Polgar und Friedell bezogen ihre Kreativität aus der Vielfalt der Wurzeln Wiens.

Gerade in den letzten Jahren hat Wien zu seiner alten Kraft und Kreativität zurückgefunden. Jetzt herrscht Aufbruchstimmung, die Stadt erneuert sich, das Leben pulsiert wie selten zuvor: »A echter Wiener geht net unter.« Ganz im Gegenteil!

Multikulti-Musik am Stephansplatz

Steckbrief

Wien ist 415 km² groß und hat einen Umfang von ca. 133 km. Im Stadtgebiet leben 1,6 Mio. Menschen, 18 % sind Ausländer. Gemessen an der Bevölkerung, ist Wien die siebtgrößte Hauptstadt Europas.

Sitz der Uno

Seit 1979 ist Wien neben New York und Genf der dritte Uno-Hauptsitz. Die Entscheidung für diesen Standort fiel in den Zeiten des Kalten Krieges, Wien sollte eine Vermittlerrolle zwischen den großen Machtblöcken spielen. Die Uno-City, ein Areal von 180 000 m² mit sechs konkav geschwungenen Bürotürmen, Konferenz- und Kongresszentrum, ist u. a. Sitz der Internationalen Atomenergiebehörde (IAEA) und der Organisation für Industrielle Entwicklung (UNIDO).

HIGHLIGHTS AUF EINEN BLICK

Einmal rund um den Ring

Luxus ist zwar etwas anderes, mit der Straßenbahnlinie 1 oder 2 den Ring zu umkreisen, ist aber sicher die einfachste und auch preiswerteste Methode, die Ringstraßenbauten aus nächster Nähe sehen zu können. Einsteigen können Sie, wo immer Sie wollen, am Schwedenplatz, bei der Staatsoper oder am Schottentor, und dann bleiben Sie einfach so lange sitzen, bis Sie wieder an Ihrem Ausgangspunkt ankommen. Der Ring heißt nicht nur so, er ist auch ein Ring.

Die aufregendsten Musikerlebnisse

Ein Besuch der Staatsoper (➤ 98) ist durch nichts zu überbieten. Aber gleich danach rangieren klassische Musikerlebnisse im Konzerthaus (➤ 136) oder im Musikverein (➤ 131). Neuerdings hat Wien auch in Sachen Jazz kräftig aufgeholt. Sensationell ist Joe Zawinuls *Birdland* (➤ 158) im Souterrain des Hotel *Hilton*, und auch *Porgy & Bess* (➤ 68) klingt gut.

Die spannendsten Museen

»Kunst & Genuss« lautet die Devise der neuen Wiener Museen. Im Museumsquar-

Hintergrund: Der Verkehrsknoten Schottentor

Oben: Von der Terrasse des *Do&Co*-Hotels im Haas-Haus ist der Stephansdom zum Greifen nah

Die Staatsoper, Wiens berühmtester Musiktempel

Süße Adresse: die k.u.k. Hofzuckerbäckerei *Demel* am Kohlmarkt

tier (► 103) lässt sich Kunst und urbanes Flair mit vielen Lokalen genießen. Die aufwändig renovierte Albertina (► 82) ist ein imposanter neuer Kunsttempel, und das prachtvolle Palais Liechtenstein (► 26) ist tatsächlich ein »Ort barocker Lebenslust«. Das Kunsthistorische und das Naturhistorische Museum wegen der herrlichen neuen Museen links liegen zu lassen, wäre aber ein Fehler, nicht nur wegen der interessanten Exponate, sondern auch wegen der schönen Architektur beider Häuser.

Spaß unter freiem Himmel

Das Opernfilm-Festival am Rathausplatz (► 18) ist im Sommer das beliebteste Gratisopenair der Wiener. Ideal für heiße Sommernächte sind auch die Copa Cagrana auf der Donauinsel, die Summer Stage am Donaukanal und der Campus in den Innenhöfen des Alten AKH (► 19). Ein deftiger Spaß ist das *Schweizerhaus* im Prater (► 155).

Die schönsten Aussichtspunkte

- der Nordturm des Stephansdoms (► 52)
- die Dachterrasse im Haas-Haus (► 55)
- die Cafeteria im Einrichtungshaus Leiner (► 105)
- das Riesenrad (► 146)

Die besten Torten

Die k.u.k. Hofzuckerbäckerei *Demel* am Kohlmarkt (► 90) bietet das Nonplusultra der Wiener Tortenkunst. Höchster Genuss ist aber auch im Café *Sacher* (► 110), in der *Kurkonditorei Oberlaa* (► 111), im Café *Landtmann* (► 111) und beim *Sluka* (► 111) garantiert.

Die schönsten Kaffeehäuser

Das *Sperl* (► 134) ist das romantischste der Wiener Kaffeehäuser, das *Landtmann* (► 111) ist das turbulenteste und das *Bräunerhof* (► 89) das klassischste. In jedem Fall gilt: nur reinschauen, reicht nicht. Fürs Kaffeehaus muss mindestens eine Stunde Zeit sein.

Das Beste für Kinder

- Autodromfahren im Wurstlprater (► 150)
- Schmetterlinge bewundern im Palmenhaus (► 86)
- Tiere anschauen im Tiergarten Schönbrunn (► 121)

Prachtvolle Falter fühlen sich im Schmetterlingshaus heimisch

Kaffee und Kipferl, Flieder und Döner: Wo immer Sie hinschauen, Sie werden in Wien auf türkische Spuren stoßen. Der Halbmond an der Spitze des Stephansdoms, das war für die Türken lange ein Traum. In den Jahren 1529 und 1683 kamen sie ihrem Ziel sehr nahe. Erobert haben sie Wien allerdings erst viel, viel später.

Die Türken kommen!

Sultan Süleyman II. fühlte sich als Beherrscher der Welt, mit einer winzigen Einschränkung: Wien fehlte. Also belagerte er die Stadt 1529 mit 150 000 Mann. 20 000 Kamele sorgten für Nachschub und Verpflegung. Wien war damals nur schlecht befestigt, und dem Verteidiger, Graf Niklas Salm, standen lediglich 20 000 Mann zur Verfügung. Praktisch im letzten Moment aber kam die Ret-

Hintergrund: Erste Türkenbelagerung 1529

Oben: Zweite Belagerung 1683–99

Oben: Darstellerin aus Mozarts *Entführung aus dem Serail*, alles ganz »alla turca«

tung: Früher als sonst brach Anfang Oktober der Winter herein. Da mussten die Türken abziehen.

Im Jahr 1566 war Sultan Süleyman II. wieder im Anmarsch auf Wien. Er belagerte die Stadt Szigetvár in Ungarn und steckte sie in der Nacht vom 5. zum 6. September in Brand. In dieser Nacht starb der Sultan an Herzversagen. Er sah Wien kein zweites Mal. Und doch hat er das Bild der Stadt geprägt: Er war es, der einem Botschafter des Kaisers, Ogier Ghislain de Busbecq, ein paar Tulpen- und Hyazinthenzwiebel schenkte, dazu einige Fliederpflänzchen. Seither ist Wien jedes Jahr am schönsten, wenn im Mai der Flieder in der Stadt blüht. Den Türken sei Dank!

Das Kipferl – ein überdimensionaler Halbmond

1683 belagerten die Türken Wien ein zweites Mal. Auch diesmal war die Lage prekär. Innerhalb der Stadtmauern wütete die Ruhr, und die Lebensmittel wurden knapp. Um zu zeigen, dass sie noch genug Mehl hatten, sollen die Wiener eine überdimensionale Nachbildung des Halbmondes gebacken und sie demonstrativ über die Stadtmauern gehalten haben – ein Kipferl. Auch diesmal stand das Schicksal Wiens auf Messers Schneide. Das Entsatzheer unter Polenkönig Jan Sobieski aber brachte die Befreiung. Es schlug die Türken in die Flucht – und diese ließen sogar ihre Kaffeevorräte zurück (➤ 28)!

Friedliche Einnahme

Sobald die Türken keine Bedrohung mehr darstellten, wurden sie im 18. Jh. zur Mode. Man malte und komponierte »alla turca«, trug orientalisch inspirierte Kostüme und machte Harems zu Opernkulissen wie Mozart in *Die Entführung aus dem Serail*. Auf türkische Musikinstrumente wie Zimbel, Triangel und Glockenspiel verzichtete zu dieser Zeit kaum ein Komponist.

Ende der 1950er-Jahre kamen die ersten türkischen Gastarbeiter nach Wien. Inzwischen »belagern« 52 000 Türken die Stadt, und zwar friedlich. »Jetzt haben wir Wien doch noch erobert«, scherzen sie manchmal. Und die Wiener haben sich inzwischen an Kebab und Döner gewöhnt und diskutieren hitzig das Für und Wider des EU-Beitritts der Türkei.

Kleine Spurensuche

- **das Haus Wien 1., Am Hof 11:** vergoldete Türkenkugel
- **Esterházykeller, Wien 1., Haarhof:** Im Abgang zum Keller erinnert eine Tafel daran, dass die Verteidiger der Stadt 1683 hier gerne dem Wein zusprachen.

- **Neustädter Hof, Wien 1., Sterngasse 3:** die größte Türkenkugel im 1. Bezirk
- **Galerie des Michaelertors, Wien 1., Michaelerplatz:** türkische Trophäen

Schönbrunn, Hofburg, Kapuzinergruft: Maria Theresia ist überall präsent. Das ist kein Wunder, denn sie ist die Urmutter Österreichs. Unter ihrer Herrschaft (1740–80) wurde der Staat neu geformt.

Die barocke Kaiserin

Maria Theresia, die römisch-deutsche Kaiserin und Königin von Ungarn und Böhmen

Der 2. Mai 1750 war ein Schicksalstag. An diesem Tag vollzog Kaiserin Maria Theresia einen staatsrechtlichen Umbruch: Sie fasste die österreichischen Erblande und die Länder der böhmischen Krone zu einem einheitlichen Staat zusammen. Damit wurde die Haupt- und Residenzstadt Wien zum Mittelpunkt eines Großreiches. Die logische Folge: Wien brauchte eine angemessene Residenz. Also ließ Maria Theresia Schloss Schönbrunn ausbauen.

Du, glückliches Österreich, heirate!

Obwohl Maria Theresia verlustreiche Kriege zu führen hatte, verheiratete sie ihre 16 Kinder nach dem Motto *»Bella gerant alii, tu, felix Austria, nube«* (Kriege mögen andere führen, du, glückliches Österreich, heirate) in alle Himmelsrichtungen. Schlimm traf es Marie Antoinette. Sie wurde 15-jährig mit König Ludwig XVI. vermählt und endete in der französischen Revolution auf dem Schafott.

Maria-Theresien-Platz

Seit 1888 blickt die »Schwiegermutter Europas« von ihrem Ehrenplatz zwischen dem Kunsthistorischen und dem Naturhistorischen Museum in Richtung Innenstadt. Zu Füßen der Kaiserin sind jene Männer zu sehen, die in ihrem Gefolge Bedeutung erlangten. In den 16 Hochreliefs gibt es etwas zu entdecken: Mozart, Haydn und Gluck!

Der kaiserliche Glanz, die Eleganz der k.u.k. Zeit und die nostalgische Sehnsucht nach der »guten alten Zeit«, das ist in Wien immer und überall zu spüren. Die große Symbolfigur dafür ist Franz Joseph I. Der Kaiser mit dem väterlichen Blick und dem zweigeteilten Backenbart regierte 68 Jahre lang. Er machte Wien zu einer Weltmetropole. Dass es die letzte Europas sein würde, konnte er freilich nicht ahnen.

»*Es war* sehr schön ...

Die Thronbesteigung des Kaisers am 2. Dezember 1848

Franz Joseph bestieg den Kaiserthron im Revolutionsjahr 1848 mit nur 18 Jahren. Seinen Beratern und besonders seiner Mutter Sophie, deren kühle Steifheit er geerbt hatte, treu ergeben, regierte er zeitlebens pflichtbewusst und dogmatisch. 1854 heiratete er in der Wiener Augustinerkirche die blutjunge Elisabeth, »Sisi«. Sie begann bald unter der distanzierten Art des Kaisers und seiner Mutter zu leiden. Verständnis fand der Kaiser bei seiner Seelenfreundin, der Schauspielerin Katharina Schratt.

»Es war sehr schön, es hat uns sehr gefreut«, war eine der höflichen, nichtssagenden Floskeln, die der Kaiser

... es hat uns sehr gefreut«

gerne gebrauchte. Den Satz »Mir bleibt auch nichts erspart!« musste er aber wahrscheinlich noch öfter sagen, denn an Schicksalsschlägen hatte er eine ganze Menge zu verkraften. 1867 wurde sein Bruder Maximilian in Mexiko hingerichtet, 1889 nahm sich sein Sohn, Kronprinz Rudolf, in Mayerling das Leben (➤ 166), 1898 fiel seine Frau Elisabeth einem Attentat zum Opfer, und 1914 wurden der Thronfolger Erzherzog Franz Ferdinand und seine Frau in Sarajevo ermordet.

Bau der Ringstraße

Als Kaiser Franz Joseph den Kaiserthron bestieg, war Wien noch von dicken Wällen und Befestigungsanlagen umgeben. Sie hatten ihre Funktion aber schon verloren und waren eigentlich nur noch ein enges Korsett, das die Stadt einengte. Über ihre Schleifung wurde heftig diskutiert. Wer am Christtag des Jahres 1857 Zeit und Muße hatte, die *Wiener Zeitung* zu lesen, kam aus dem Staunen nicht heraus. Mit den Worten »Es ist mein Wille« gab der Kaiser den offiziellen Startschuss zur Demolierung der Fortifikationen und zum Ausbau der Ringstraße. Damit war die Ära der Großstadterweiterung eingeläutet. Wien konnte sich vom Biedermeier-idyll zur Weltstadt entwickeln, zu einer Metropole, deren Architektur ihre Dominanz über alle Städte der Mo-narchie demons-trieren sollte. (➤ 93)

Die k.u.k. Armee war zu Kaiser Franz Josephs Zeiten ein wichtiger Machtfaktor

Blüte und Niedergang

Unter Franz Josephs Herrschaft blühte das kulturelle und intellektuelle Leben auf, der Kaiser selbst interessierte sich freilich wenig für die schönen Künste. Er umgab sich auch nicht mit kostbaren Dingen, sondern lebte sogar in Schönbrunn bescheiden, ja nahezu spartanisch. Durch politische Fehlentscheidungen vorsichtig geworden, wurde er immer mehr zum Symbol politischen Nicht-Handelns und widersetzte sich allem Neuen und Reformen ebenso wie der Abdankung zugunsten seines Neffen Franz Ferdinand. Mit 84 Jahren unterschrieb er 1914 in Bad Ischl die Kriegserklärung an Serbien. Der Erste Weltkrieg brach aus. Österreich-Ungarn ging mit Bomben und Granaten unten. Das mitzuerleben, zumindest blieb dem Kaiser erspart. Er starb 1916, zwei Jahre vor dem desaströsen Ende des Krieges.

Hintergrund: Von der Hofburg aus regierte der Kaiser die k.u.k. Monarchie

Links: 1914 fiel der Thronfolger Franz Ferdinand in Sarajevo einem Attentat zum Opfer

Unverstandene, arme Sisi

Was als große Romanze begonnen hatte, endete in Einsamkeit und Trauer. Die junge Kaiserin (1837–98) litt unter dem Zeremoniell der Wiener Hofburg und dem strengen Regiment der Schwiegermutter Sophie. Sie flüchtete in Krankheit, Isolation und ausgedehnte Reisen. Ihre Schönheit wurde zur Obsession. Sie pflegte ihr fersenlanges Haar täglich stundenlang, ritt, turnte und hielt strengste Diät – an manchen Tagen nahm sie lediglich ein paar Orangen zu sich. Das Schicksal meinte es nicht gut mit der Kaiserin: 1857 starb ihre Tochter Sophie im Alter von zwei Jahren. Ihr Seelenfreund, König Ludwig II. von Bayern, ertrank unter mysteriösen Umständen. Als 1889 ihr Sohn Rudolf und seine Geliebte Mary Vetsera Selbstmord begingen, verstärkte sich ihre Melancholie. »Möge der Tod mich überraschen«, schrieb sie in ihr Tagebuch. Ihr Wunsch ging in Erfüllung. Der italienischen Anarchist Luigi Luccheni erstach sie in Genf mit einer Feile.

Total in: Open

Die Zeiten, in denen die Wiener sommers wie winters ausschließlich in rauchiger Kaffeehausluft aufatmeten, sind ein für allemal vorbei. Jetzt ist Openair angesagt: Streetlife, Multikulti-Essen unter freiem Himmel, Kino unter Sternen, Megapartys. In Wien weht ein frischer Wind, und das nicht nur im Sommer.

Wiener Freiluftkinos

- **Arena**, Wien 3., Baumgasse 80, Tel. 798 85 95, www.arena.co.at
- **Filmarchiv** (Avantgarde- und Spielfilme aus Österreich), Wien 2., Obere Augartenstr. 1e, Tel. 216 13 00, www.filmarchiv.at
- **Kino unter Sternen** (Klassiker im Original), Wien 2. bzw. 20., Augarten-Schlüsselwiese, Tel. 0800 664 040, www.kinountersternen.at
- **Rathausplatz** (Oper und klassische Musik), Wien 1., Rathausplatz, Tel. 400-81 00, www.wien-event.at
- **Schloss Neugebäude** (Publikumshits, Unterhaltung), Wien 11., Otmar-Brix-Gasse 1, Tel. 749 05 41, www.schlosskino.at
- **Tribüne Krieau** (Kult-, Klassiker- und Musikfilme), Wien 2., Nordportalstr. 247, Tel. 720 01 75, www.krieau.com
- **Volxkino** (Klassiker und Aktuelles), Wanderkino, Tel. 219 85 45, www.volxkino.at

»Schani, trag' den Garten raus« – sobald der Chef diese Worte an seinen Kellnerlehrling richtete, der oft Schani (von Jean = Hans) hieß, wusste man, dass der Frühling da war. Mit den ersten warmen Sonnenstrahlen trug der Schani Tische und Stühle ins Freie – und fertig war der »Schanigarten«. Das ist Vergangenheit.

Jetzt ist Wien im totalen Auf- und Umbruch. So gut wie die ganze Innenstadt ist ein einziger Schanigarten. Graben und Kohlmarkt, Lugeck und der Innenhof des MQ, überall reihen sich Cafés und Restaurants aneinander. Und fast wöchentlich kommen neue Lokalitäten und Treffpunkte dazu. Schick, modern, mit Flair und der Frische zeitgenössischer Gastrokultur.

Ganz Wien in Partystimmung

Richtiggehende Partystimmung herrscht den ganzen Sommer über in den zahlreichen Lokalen der Copa Cagrana auf der Donauinsel (► 158) und in der Summer Stage am Donaukanal entlang der Rossauer Lände. Dort betreiben In-Lokale »Openairfilialen«, dazu gibt es Livemusik und Freizeitspaß wie Trampolinspringen. Auch die Beisln des Uni-Campus in den Innenhöfen des Alten AKH (Wien 9., Spitalgasse 2) sind immer bummvoll. So stellt sich die Frage, wer in Wien abends eigentlich noch vor dem Fernseher sitzt? Offensichtlich lässt sich kaum einer die Party im Freien entgehen.

Openair ist in Wien aber nicht nur ein Sommerhit. In der Vorweihnachtszeit strömen Scharen zu den Adventmärkten und die Punschstände werden zu Szenetreffs. Nach dem Christfest geht auf dem Silvesterpfad die Post ab. Und wenn es im Winter dann so richtig eisig ist, wird der Rathausplatz zu einem Eislaufplatz, zum »Eistraum«.

Links oben: Am Stephansplatz ist immer etwas los

Mitte: Die Summer Stage garantiert heiße Nächte

Links: Das MQ ist ein beliebter Treffpunkt

Rechts oben: An der Copa Cagrana wird durchgefeiert

Rechts: Nina Proll auf der Donauinsel

Ganz links: Das Grab von Walzerkönig Johann Strauß besuchen Tausende
Links: Auch das Beethoven-Grab ist eine Pilgerstätte für Musikliebhaber
Unten: Der liebe Augustin auf einem Brunnen im 7. Bezirk

Der Tod, der muss

Dass Wien eine besondere Beziehung zum Tod hat, ist ein Klischee, aber es stimmt. Spürbar ist die Liaison, die eigentlich eine innige Liebe ist, auf Schritt und Tritt. Das reicht von der nahezu kultischen Verehrung von Grüften, letzten Ruhestätten und Friedhöfen bis hin zu den Wienerliedern, die beim Heurigen gesungen werden: traurig, schaurig, schön.

Die Wiener und der Tod, das ist eine lange Geschichte. Sie reicht ins 17. Jh. zurück, als der »liebe Augustin«, ein berühmter Bänkelsänger, versehentlich in eine Pestgrube geworfen wurde. Er verlor seinen Humor selbst da nicht, sondern riss weiter seine Possen zum Klang des Dudelsacks, um sich Mut zu machen. So überlebte er unter all den an der Pest gestorbenen Leichen.

Die Geschichte gipfelt in der Vorstellung, dass eine »schöne Leich'« (ein prächtiges Begräbnis) der Höhepunkt des Lebens sei. Und sie hat auch einen wissenschaftlichen Touch: In Wien erforschte Sigmund Freud den Todestrieb, in Wien gründete Erwin Ringel (in der Fach-

Links unten: Tomáš Masaryk; Freuds Behandlungszimmer; Sigmund Freud

Skurriles Museum

Das Bestattungsmuseum ist eines der Kuriosa Wiens. 600 Exponate dokumentieren alle nur erdenklichen Auswüchse des Totenkults. Neben Trauerlivreen, Schärpen und Accessoires der Totengräber sind verschiedenste Modelle von Urnen, Särgen und Leichenwagen zu bestaunen, bis hin zum josephinischen Sparsarg, dessen Klappe eine Wiederverwendung ermöglichte. (Wien 4., Goldegggasse 19, Tel. 501 95, Mo–Fr 12–15 Uhr, Bus 13A, Tram D Schloss Belvedere, Besichtigung nach Voranmeldung, Eintritt: mittel)

ein Wiener sein

Die Pestsäule am Graben erinnert an das Grauen und den Tod

welt als Mr. Suicide bekannt) bereits 1948 Europas erstes Kriseninterventionszentrum, und in Wien verfasste Prof. Tomáš G. Masaryk, der später dann Präsident der Tschechoslowakei wurde, seine Habilitationsschrift zum Thema Selbstmord.

Der größte Friedhof Europas

Der Zentralfriedhof, von André Heller als »Aphrodisiakum für Nekrophile« bezeichnet, ist, was die Zahl der Bestattungen anbelangt, der größte Friedhof Europas. Beim Aufseher erhalten Sie einen Wegweiser zu den letzten Ruhestätten großer Persönlichkeiten: Johannes Brahms, Johann Strauß Vater und Sohn, Ludwig van Beethoven, Wolfgang Amadeus Mozart (Gedenkstein), Franz Schubert, Curd Jürgens oder Helmut Qualtinger, von dem der wunderbare Ausspruch stammt: »In Wien musst erst sterben, bevor sie dich hochleben lassen. Aber dann lebst lang.«

Wehmut und Glückseligkeit

Die Walzerkönige Johann Strauß Vater und Sohn haben, selbst oft geschüttelt von Todesängsten, eine Musik komponiert, bei der unter der Oberfläche der Seligkeit immer auch ein Tropfen Wehmut und Schmerz mitschwingt. Das gilt auch für die Musik beim Heurigen. Wenn die Wellen der Weinseligkeit am höchsten schlagen, tritt der Tod auf. Nicht furchterregend, sondern als Kumpan. »Erst wann's aus wird sein, mit einer Musi' und an Wein ... « ist eine Erinnerung an den Tod, die sich singt wie geschmiert ...

Verstecktes Kleinod

Ein Geheimtipp ist der idyllisch inmitten von Wohnhäusern gelegene 400 Jahre alte Jüdische Friedhof. Der Eingang führt sinnigerweise durch ein Pensionistenheim. (Wien 9., Seegasse 9–11, Mo–Fr 8–15 Uhr, Tram D Seegasse)

In der U-Bahn dürfen Sie zwar nicht auf den Donauwalzer hoffen, aber sonst werden Sie auf Schritt und Tritt erleben, dass Wien die Welthauptstadt der Musik ist. Die Staatsoper, die Philharmoniker, das Konzerthaus und der Musikverein, das sind die Eckpfeiler der elitären Kunst.

Wien spielt die erste

In keiner anderen Stadt der Welt haben so viele Musiker gelebt wie in Wien. Entlang des »Walk of Fame« zwischen Naschmarkt und Stephansdom erinnern neuerdings 70 Marmorsterne an die Weltgrößen der Musik (links oben ist der für Haydn zu sehen). Leicht haben es die wenigsten gehabt. Der Kabarettist Georg Kreisler formulierte es einmal so: »Wien ist immer musikfeindlich gewesen

W. A. Mozart

Mozart ist in Wien oft schlecht behandelt worden. Seit Wien und die Welt aber Ende Januar 2006 den 250. Geburtstag des Meisters groß gefeiert hat, kann man das zuvor lange Zeit recht desolate Figarohaus in der Domgasse Nr. 5, das nun Mozarthaus (► 60) heißt und eine Gedenkstätte auf drei Etagen ist, in neuer Herrlichkeit wieder besichtigen. Das »Mozart-Grab« auf dem Friedhof St. Marx (► 179) ist allerdings leer: Das größte Musikgenie aller Zeiten wurde in einem Massengrab beerdigt. Wo? Unbekannt.

Das Haus der Musik
Musik hören, sehen und fühlen – das Haus der Musik, ein supermoderner Themenpark mit sieben Erlebnisbereichen, macht es möglich. Wer will, kann den Taktstock sogar selbst in die Hand nehmen und die Philharmoniker dirigieren. (Wien 1., Seilerstätte 30, Tel. 516 48, www.hdm.at)

Geige

und hat alles getan, um ernst zu nehmende Musiker abzuschrecken.« In vielen Fällen ist das auch gelungen. Franz Schubert war bettelarm, Hugo Wolf musste hungern, Anton Bruckner wurde zwar als Lehrer und Organist, nie aber als Komponist geschätzt, Gustav Mahler musste sich erst taufen lassen, bevor er Operndirektor werden konnte, und Webern, Schönberg und Berg wurden schlicht und einfach ignoriert. Und über die Tatsache, dass Mozart, Haydn, Beethoven und Gluck, mit denen sich Wien gerne brüstet, gar nicht hier geboren sind, wird großzügig hinweggesehen.

Von Wien aus eroberte der Walzer die Welt

Dass in Wien musikalische Weltgeschichte geschrieben wurde, ist trotzdem unbestritten. Zweimal, in der Klassik und am Ende des 19. Jhs., waren in Wien mehr richtungweisende Musiker am Werk als in irgendeiner anderen Stadt. Und von der Donau aus gingen die Walzerklänge der Strauß-Dynastie um die Welt. Heute sind neben den Ausbildungs- und Aufführungsstätten auch die Interpreten und die Instrumentenbauer berühmt. Die Philharmoniker, die Sängerknaben und die Flügel von Bösendorfer, das sind Synonyme für höchste Perfektion, die man auf der ganzen Welt kennt.

Das Neujahrskonzert
Viele lieben die Musik aus Wien als klingenden Auftakt: Das Neujahrskonzert der Wiener Philharmoniker wird jedes Jahr aus dem Goldenen Musikvereinssaal in die ganze Welt übertragen, eine Milliarde Menschen schaut zu.

Hintergrund: In Wien hängt der Himmel immer voller Geigen, auch auf dem Flohmarkt

Oben: Seligkeit im Dreivierteltakt, das ist der Wiener Walzer

Links: Hier verbrachte Mozart seine schönsten Jahre: das Mozarthaus

Ganz links: Das »Wiener« Dreigestirn Haydn, Beethoven und Mozart

Der Wiener Jugend – ein Höhen

Der Wiener Jugendstil ist mehr als eine Architekturform. Er ist ein Mythos, der Architektur, Design, Gebrauchsgrafik und Kunsthandwerk zu einem großen, hocheleganten Gesamtkunstwerk zusammenfasst.

Alles begann mit einer Jugendrevolte. 1897 verließen Gustav Klimt und seine Mitstreiter die »Genossenschaft«, die Vereinigung bildender Künstler, und schlossen sich zur neuen Künstlervereinigung »Secession« zusammen, deren Namen später den Stil selbst bezeichnete. Josef Hoffmann, Joseph Maria Olbrich, Koloman Moser, Otto Wagner und Adolf Loos verfolgten von nun an ein Ziel: Sie protestierten gegen die sinnentleerte Ornamentik, wie sie bei den Ringstraßenbauten bis zum Exzess praktiziert worden war.

Secessionsstil

Der florale Jugendstil, der in anderen Ländern üppige Blüten trieb, scheiterte in Wien an der konservativen Haltung des Kaisers. Und als der neue Stil dann doch nach Wien kam, entwickelte er klare, strenge Formen. Der Wiener Jugendstil zeichnete sich

»Goldenes Krauthappl«, so nennen die Wiener die Secession

Jugendstil erleben

- das **Majolikahaus**, Otto Wagners Wohnhaus mit der Fassade aus Majolikafliesen (Wien 5., Wienzeile 40)
- die **Postsparkasse**, Otto Wagners Meilenstein in der Architekturgeschichte – Kassensaal betreten! (Wien 1., Georg-Coch-Platz 2)
- **MAK** (Museum für angewandte Kunst), Kunsthandwerk von Gustav Klimts Stoclet-Friesentwurf bis zu den Bugholzmöbeln von Thonet und die Werkschau der Wiener Werkstätten (Wien 1., Stubenring 5, www.mak.at)
- **Backhausen-Wiener-Werkstätte-Museum**, 3500 Originalentwürfe des Textilunternehmens Joh. Backhausen & Söhne (Wien 1., Schwarzenbergstr. 10, www.backhausen.com)

STIL,
flug

durch die Rückkehr von der geschwungenen zur geraden Linie aus, von organischen Formen zu geometrischen. Die beliebteste Form des Wiener Jugendstils war das Quadrat; wichtig war außerdem die Senkrechte. Ornamente wurden spärlich verwendet und großen leeren Flächen entgegengestellt. Der Wiener Jugendstil ist der Spätphase des Jugendstils zuzuordnen und kündigt bereits den Bauhausstil an, der sich dann um 1920 entwickelte.

Oben: Otto Wagners Stadtbahnstationen wurden renoviert

Rechts: Großzügig und funktionell: die Postsparkasse

Auf dem Weg zur modernen Architektur

So gesehen sind die Jugendstilwerke des Architekten Otto Wagner, wie beispielsweise die Stadtbahn mit den Stadtbahnstationen (➤ 125) und die Postsparkasse, echte Pionierleistungen. Joseph Maria Olbrich schuf mit der Secession (➤ 126), dem Ausstellungsgebäude der neuen Künstlervereinigung, ein weiteres Wahrzeichen Wiens, und Josef Hoffmann ging mit dem Sanatorium Purkersdorf, das ein flaches Dach und glatte Mauern hat, bereits ganz neue Wege der Funktionalität.

Dekorative Kunst

Die Secessionisten blieben nicht lange zusammen. 1905 verließen Klimt, Wagner, Hoffmann und Moser die Gemeinschaft. Die Kunst müsse möglichst weite Bereiche des Lebens durchdringen, forderten sie. In diesem Sinne übernahmen Hoffmann und Moser die Leitung der Kunstgewerbevereinigung »Wiener Werkstätte«, um sich dort der Reform der Wohnkultur zu widmen und ihre ästhetischen Ansprüche in alle Bereiche des alltäglichen Lebens einzubringen: Es entstanden die Stoffe, Möbel, Kleider und Gebrauchsgegenstände, deren Ästhetik heute noch fasziniert.

wien im...

Könnte es sein, dass Ihnen die ganze Stadt wie ein riesengroßes Museum vorkommt? Wenn ja, dann stimmt Ihr Eindruck. Wien hat fast doppelt so viele Museen als zum Beispiel München. Und es werden immer mehr. Das Sensationelle daran: eines ist spektakulärer als das andere.

Das MQ wurde zum aufregenden Ort urbaner Begegnungen

Nahezu 100 Museen mit Ausstellungsstücken aus allen Epochen, das war bis vor wenigen Jahren der Stolz der Stadt Wien. Die jüngste Entwicklung aber stellt alles bisher Dagewesene in den Schatten. Wien ist seit Mitte der 1990er-Jahre regelrecht im Museumsfieber. Ein gigantisches Museum mit riesigen Ausstellungsfläche entsteht nach dem anderen.

Schon mit dem Museumsquartier hat sich Wien an die Weltspitze der Museumsareale katapultiert, es folgten die Albertina und im Frühjahr 2004 das Palais Liechtenstein. Dieser »Ort barocker Lebenslust« präsentiert Leben und Kunst als großes, üppiges Gesamtkunstwerk, mit Musik, Literatur und Tanz als Rahmenprogramm zu den Ausstellungen der fürstlichen Sammlungen – die übrigens in einer spektakulären Aktion von Vaduz nach Wien gebracht wurden.

Der Museumsboom hat die Stadt in einem Grad verändert, der mit dem Bau der Ringstraße vor 150 Jahren vergleichbar ist. Was jetzt entstanden ist, sind interurbane, der Kunst gewidmete Viertel und aufwändigst auf Hochglanz gebrachte Palais,

Oben links: Das Kunsthistorische Museum ist eine überdimensionale Schatztruhe

Oben rechts: Im MQ kann man auch essen, trinken und Jazz hören

.museums-fieber

die der Öffentlichkeit als regelrechte Kulturbezirke zugänglich gemacht wurden.

Neues Lebensgefühl im Museum

Längst geht es nicht mehr nur darum, in Galerien wertvolle Bilder zu präsentieren oder in Vitrinen kostbare, interessante oder skurille Exponate auszustellen. Auch sollen Besucher nicht nur angelockt werden, um bei einem raschen Museumsbesuch ruckzuck Kunstwerke zu betrachten und einen neuen Kunsttrend »abzuhaken«, sondern um sich einem völlig neuen Lebensgefühl hinzugeben. »Kunst & Genuss« lautet die Devise. Und damit ist nicht zu viel versprochen.

In den neuen Kunsttempeln lässt es sich in angenehmer Atmosphäre flanieren, essen und trinken, plaudern und verweilen. Das Flair passt zum urbanen Lebensgefühl der Besucher. Sein Reiz besteht zu einem großen Teil aus der höchst gelungenen Verbindung von Altem und Neuem, aus der Symbiose von wertvollem historischem Gemäuer mit moderner Architektur.

Da sich jedoch weder die Besucher Wiens noch die Wiener selbst ausschließlich im Museum aufhalten können, buhlen in der neu aufblühenden Museumslandschaft immer mehr Ausstellungen um Besucher. Der Wettbewerb ist gigantisch. Das belebt die Sinne und hoffentlich auch die Kassen.

Die Albertina ist das jüngste Highlight in der Wiener Museumslandschaft

Die aufregendsten Museen

- Museumsquartier (➤ 103)
- Albertina (➤ 82)
- Liechtenstein Museum (Wien 9., Fürstengasse 1, Tel. 319 57 67-0, Fr–Di 10–17 Uhr, Tram D, Bus 40A Bauernfeldplatz, Eintritt: teuer, www.liechtensteinmuseum.at)

Des Wieners zweites Wohnzimmer

Der Feuilletonist Alfred Polgar meinte, dass das Wiener Kaffeehaus ein Ort für Menschen sei, die allein sein wollen, dazu aber Gesellschaft brauchen. Diese Funktion erfüllt es schon lange. Die feine Melange aus Mythos und Schmäh geht auf das Jahr 1685 zurück. Damals erhielt Kolschitzky die Lizenz, »daß türkhische Getränkh, den Caffé« öffentlich auszuschenken.

Der Sage nach wussten die Wiener lange nicht, was sie mit dem Inhalt der Säcke machen sollten, die ihnen die Türken vor den Toren Wiens zurückgelassen hatten. Erst, als sie auf die Idee kamen, die Bohnen zu rösten, war des Rätsels Lösung gefunden – und Wien um ein neues Lebenselixier reicher.

Geistige Höhenflüge im Kaffeehaus

Um die Jahrhundertwende und in der Zwischenkriegs-

Oben: Das Café *Griensteidl* war schon immer ein Ort des kulturellen Austauschs Links: Genuss zwischendurch: eine Melange im Café *Central*

Was man im Kaffeehaus trinkt:

- **Melange:** Kaffee mit viel Milch, eventuell mit Schlagobershaube
- **Schwarzer, groß oder klein:** Mokka ohne Milch oder Obers
- **Brauner, groß oder klein:** Mokka mit Milch
- **Cappuccino:** großer Brauner mit einer Krone aus geschäumter Milch
- **Einspänner:** Mokka im Glas serviert, mit Schlagobers

Zeitung lesen im Café *Sperl*: das ist Wien!

Hintergrund: Der Einspänner ist eine der vielen Wiener Kaffeevarianten

zeit erlebte das »öffentliche Wohnzimmer« des Wieners seine Glanzzeit als Brennpunkt des Geisteslebens. Im *Herrenhof*, im *Griensteidl* und im *Central* wurden die Marmortische und abgewetzten Plüschbänke zu Zeugen geistiger Höhenflüge. Literatur und Politik, Musik, Architektur und Seelenkunde, all das ging Hand in Hand mit einem Großen Braunen und einem Glas Wasser, serviert auf einem Silbertablett.

Das Kaffeehaus als Informationsbörse

In den 1980er- und 1990er-Jahren erlitten viele Kaffeehäuser das grausame Schicksal, in Bankfilialen oder Autosalons umgewandelt zu werden, andere wurden zu Tode restauriert oder zu Renommiercafés hochgestylt. Ihre Funktion haben sie behalten: Sie dienen Politikern, Journalisten und Businessleuten für ein Bad in der Öffentlichkeit, als Informationsbörse und Intrigenstadl. Im *Sluka* (➤ 111) und im *Landtmann* (➤ 111) wird mehr Politik betrieben als im Rathaus und im Parlament.

Zwischen Gestern und Heute

Von den rund 500 Kaffeehäusern haben viele aber auch ihren Charakter bewahrt. Ins romantische *Sperl* (➤ 134) gehen Verliebte, im *Bräunerhof* sitzen Antiquitätenhändler und Thomas-Bernhard-Fans.

Herübergerettet hat sich aus alten Zeiten das lebendige Inventar des Kaffeehauses: der Ober mit schwarzer Frackweste, Schleife und Geldtasche an der Hüfte, der im klassischen Fall über ein Paar mustergültiger Plattfüße verfügt. Er kennt die Wünsche seiner Stammgäste, begrüßt sie mit »Küss' die Hand, Gnä' Frau« und »Habe die Ehre, Herr Hofrat« und rechnet mit 10 % Trinkgeld.

Wer schrieb wo?

- **Peter Altenberg, Josef Roth:** Café *Central* (➤ 66)
- **Thomas Bernhard:** Café *Bräunerhof* (➤ 89)
- **Felix Salten, Karl Kraus, Anton Kuh:** *Griensteidl* (➤ 90)
- **Hugo v. Hofmannsthal, Franz Werfel, Sigmund Freud:** *Herrenhof* (Wien 1., Herrengasse 10)

Das Café *Central* liegt im noblen Palais Ferstel

Von Nixen und Faunen

Drehen Sie den Wasserhahn auf, und Sie werden staunen: Was Ihnen da entgegensprudelt, ist reinstes, frisches Quellwasser. Sie glauben es nicht? Oh doch! Das Wiener Wasser fließt auf direktem Weg aus dem Gebirge in die Großstadt. Und wo immer es in den Brunnen der Stadt aus kunstvoll gefertigten Figuren rinnt, wird es zur Erfrischung für die Sinne.

Wien ist privilegiert. Während andere Großstädte ihren Wasserbedarf nur mühsam decken können, ist in Wien jeder Wasserhahn ein kleiner Gebirgsquell. Zwei Hochquellenleitungen, die unter Kaiser Franz Joseph gebaut wurden, machen es möglich. Sie bringen reines Quellwasser aus dem rund 100 km entfernten Kalkgebirge von Rax, Schneeberg und Hochschwab nach Wien.

Oben: Die Hauptfigur des Donner-Brunnens

Die Welt der Brunnen

Dieses Wasser speist auch eine Reihe von schönen, alten Brunnen. Sie sind eine Welt für sich. Um die Schalen und Becken, die Gefäße und Krüge scharen sich Symbolfiguren, Götter, Nixen und Faune, Wesen aus dem Reich der Phantasie, vereint in vollkommener Harmonie, oder in fast vollkommener. Denn es wäre nicht Wien, hätten nicht sogar die Brunnen für Verstörungen gesorgt.

Ganz links: Die *Pallas Athene* vor dem Parlament

Links: Die *Austria* auf der Freyung

Austria-Brunnen

So war für den **Prachtbrunnen vor dem Parlament** eine *Austria* als Zentralfigur vorgesehen. Um die anderen Kronländer der Monarchie nicht zu brüskieren, musste die

Hintergrund: Fontäne des Hochstrahlbrunnens

Austria aber der *Pallas Athene*, der Göttin der Weisheit, weichen. Eine politisch zwar korrekte, dennoch aber gewaltsame Lösung, denn wenn Sie genau hinschauen, werden Sie sehen, dass die *Pallas Athene* heute in keiner Beziehung zu den Flusspersonifikationen zu ihren Füßen steht. Die Wiener aber hatten etwas zu spotten: »Die Weisheit steht draußen, sie kehrt dem Parlament den Rücken zu!«

Im Vergleich dazu genießt die ***Austria* auf der Freyung** ein geruhsames Dasein in der Umgebung der Allegorien für die Hauptflüsse der Monarchie. Für sie hat Goethes Enkelin Alma Modell gestanden, aber das ist längst vergessen.

Brunnen der Bürger

Den **Donner-Brunnen am Neuen Markt** ließ die Bürgerschaft Wiens 1739 errichten. Zum ersten Mal erfolgte damit ein Auftrag von kommunaler Seite ohne Huldigungsgedanken an den Kaiser. Der 24-jährige Bildhauer und Medailleur Georg Raphael Donner schuf den Brunnen. Für Gesprächsstoff sorgte allerdings, dass die zentrale Figur, die leicht bekleidete *Providentia*, der Gattin von Donners Hausherren sehr ähnlich sieht.

Stunden und Tage im Brunnen

Mehr Astronomisches als Anatomisches können Sie beim **Hochstrahlbrunnen am Schwarzenbergplatz** (➤ 130) entdecken: Am Beckenrand symbolisieren 365 kleine Springbrunnen die Tage. Die Insel mit den sechs Springbrunnen steht für die Wochentage mit dem Sonntag. Zwölf hohe Strahlen versinnbildlichen die Monate, 24 niedere die Stunden des Tages und die 30 Strahlen auf der mittleren Insel die Tage des Monats.

Der Donner-Brunnen wäre als »chronisches Verkehrshindernis« schon beinahe abgetragen worden

Der Hochstrahlbrunnen war das Symbol der Eröffnung der ersten Hochquellenleitung

Schnitzel, Schmarren & Co.

Wien ist die einzige Stadt der Welt, die ihren Namen einer Küche gegeben hat. Paradoxerweise stammt aber so gut wie keines ihrer Gerichte tatsächlich aus Wien. Was in den Töpfen und Pfannen der einstigen Donaumetropole köchelt, dünstet und schmort, ist das Erbe der Monarchie. Das Gulasch kommt aus Ungarn, die Knödel aus Böhmen und das Wiener Schnitzel aus Mailand. Was das beweist? Dass es Wien zu allen Zeiten verstanden hat, sich von überallher das Beste zu holen.

Wer auf den Geschmack der k.u.k. Zeit kommen will, braucht nur in ein echtes

Wiener Wirtshaus zu gehen. Dort ist die Monarchie allgegenwärtig. Kaiser Franz Joseph ist mit seinem flaumigen Lieblingsgericht, dem Kaiserschmarren vertreten, der ungarische Hochadel mit dem Esterházy-Rostbraten, der seinen Charakter einer Sauce aus Wurzelwerk und Sauerrahm verdankt, und der berühmteste Feldmarschall mit der Radetzky-Torte.

Einer der Eckpfeiler der gutbürgerlichen Wiener Küche ist das Rindfleisch. Es kommt als Tafelspitz mit verschiedenen Beilagen wie Röstkartoffeln, Spinat oder

Das Wiener Schnitzel ist die absolute Nummer eins

Oben: Die kulinarische Visitenkarte der Stadt: die Original Sacher-Torte

Ganz links: Palatschinken sind eine wahre Verführung

Links: Die Krönung des Kaiserschmarrens ist ein feiner Hauch Staubzucker

Dillsauce auf den Tisch, als Rindsbraten oder als Rindsgulasch. In letzterer Form ist es untrennbar mit einem »reschen Kaisersemmerl« und einem kühlen Bier verbunden.

Im »Beisl ums Eck«, dem einfachen, aber urgemütlichen Lokal, steht deftige Hausmannskost auf der Speisekarte, die übrigens oft in Form einer schwarzen Tafel an der Eingangstür lehnt. Suppen, von Leberknödel- über Fritatten- (in Streifen geschnittene Pfannkuchen) zu Grießnockerlsuppe, zählen zum Standard. Und als Hauptgericht gibt es Schweinsbraten mit Knödel, Szegediner Krautfleisch oder Wiener Schnitzel mit Kartoffelsalat.

Gänzlich in den Bereich himmlischer Genüsse entführen die Mehlspeisen wie der schon genannte Kaiserschmarren, Palatschinken und Buchteln, Strudel und Mohnnudeln, Powidltascherl und Topfenknödel. Die ungekrönte Königin alles Süßen ist die Sacher-Torte, um deren Originalrezept *Demel* und *Sacher* übrigens seit Jahren kämpfen.

Wiener Würstel

Eine echte Institution ist der Wiener Würstelstand. Sein Repertoire umfasst die klassische »Haaße« (heiße Wurst), dann Bratwurst, Leberkäs' und Käsekrainer (gebratene Wurst mit Käseeinlage), dazu süßen oder scharfen Senf und Ölpfefferoni. Zu einem Ort zutiefst wienerischer Kommunikation wird der Würstelstand in den späten Nachtstunden. Da beißen elegant gekleidete Ball- oder Opernbesucher ebenso wie »Taxler« (Taxifahrer) oder Bedienstete der Müllabfuhr nebeneinander stehend von ihrer Wurst ab. Zu den berühmtesten Würstelständen zählen der am Hohen Markt und der bei der Staatsoper (Albertinarampe).

Wussten Sie …

• … dass Wien die einzige Metropole der Welt mit einem großen **Weinanbaugebiet** ist? Schon im Mittelalter waren die Erträge so groß, dass auf kaiserlichen Erlass hin saure Weine zum Anrühren des Mörtels für den Stephansdom verwendet werden mussten. Heute erwirtschaften rund 400 Weinbauernfamilien auf einer Fläche von 690 ha rund 20 000 hl Wein pro Jahr.

• … dass die erste Frau, die jemals allein um die Welt reiste, aus Wien stammte (➤ 179)? **Ida Pfeiffer** (1797–1858) kam nach Südamerika, zu den »Menschenfressern« auf Sumatra und nach Madagaskar. Ihre Reiseberichte wurden zu Bestsellern.

• … dass der berühmte **»Kaiserschmarren«** ursprünglich »Kaiserinschmarren« hieß? Die Wiener Köche hatten ihn Elisabeth 1854 anlässlich ihrer Hochzeit mit Franz Joseph gewidmet. Dem Kaiser schmeckte das Dessert besser als der figurbewussten Kaiserin, also wurde es umbenannt.

• … dass Wiener in Hollywood immer eine große Rolle gespielt haben? **Fred Zinnemann** (geb. 1907) war der Regisseur von *High Noon* und *Ein Mann für alle Jahreszeiten*. Hinter *Das Schweigen der Lämmer* und *Der mit dem Wolf tanzt* steckt als Produzent auch ein Wiener, **Eric Pleskow** (geb. 1924). **Billy Wilder** (1906–2002), der unvergleichliche Regisseur von *Manche mögen's heiß* und *Das Apartment*, der oft als Wiener bezeichnet wird, wurde genau genommen in Sucha bei Krakau geboren, seine Kindheit und Jugend aber verbrachte er in Wien.

Erster Überblick

Ankunft

Wien ist eine überschaubare Großstadt. Egal, ob Sie mit Flugzeug, Bahn oder Auto kommen, der Weg ins Zentrum dauert nicht lange.

Flughafen Wien-Schwechat

Der Vienna International Airport (VIE) liegt rund 15 km südöstlich der Innenstadt und ist der bedeutendste Flughafen Österreichs. Ein Informationsschalter befindet sich im Ankunftsbereich, der telefonische Informationsdienst des Flughafens ist unter 70 07-0 täglich rund um die Uhr erreichbar.

Vom Flughafen in die Stadt

CAT, Schnellbahn und Busse verkehren zwischen 5 und 24 Uhr im 30-Minuten-Takt.

- Der **CAT** (City Airport Train) bringt Sie am schnellsten – in 16 Minuten – vom Flughafen in die Stadt (U-Bahn-Haltestelle: Landstraße/Wien Mitte). Interessant für den Rückflug: für manche Flüge kann man vom Vorabend bis 75 Minuten vor Abflug das Gepäck am Terminal Wien Mitte einchecken. Eine Fahrkarte kostet 9 Euro, hin und retour 16 Euro. Die Tickets sind allerdings im Wiener Liniennetz sonst nicht gültig.
- Mit der **Schnellbahn** zu fahren, ist die günstigste Variante: Die Linie S 7 fährt 32 Minuten nach Landstraße/Wien Mitte und hält auch an anderen Stationen. Mit der Fahrkarte um 3,40 Euro können Sie auf den Wiener Linien weiterfahren.
- Ein Ticket für die **Busse** der **Vienna Airport Line** kostet 6 Euro, berechtigt aber nicht zum Umsteigen auf andere Verkehrsmittel. Eine Linie fährt in 20 Minuten vom Flughafen zum Schwedenplatz, zu Stoßzeiten kann es allerdings länger dauern. Eine andere Linie führt vom Flughafen zu den Haltestellen Südbahnhof und Westbahnhof.
- Ein **Taxi**-Standplatz befindet sich nördlich der Ankunftshalle. Eine Fahrt bis ins Zentrum dauert etwa 20 Minuten und kostet ungefähr 30 Euro. Günstiger ist es, wenn Sie mit öffentlichen Verkehrsmitteln in die Stadt fahren und dann ein Taxi zum Hotel nehmen.

Ankunft am Bahnhof

- Der **Westbahnhof** ist im Stil der 1950er-Jahre erbaut. Von den Bahnsteigen kommt man in eine zweigeschossige Halle mit Schaltern und Geschäften. Wie auf den meisten Bahnhöfen ist das Publikum sehr gemischt, achten Sie gut auf Ihr Gepäck! Der Bahnhof ist an das Wiener U-Bahn-Netz angeschlossen und liegt am oberen Ende der Einkaufsmeile Mariahilfer Straße. Achtung: Massive Umbauarbeiten können ab Frühjahr 2008 den Betrieb stark beeinträchtigen!
- Der **Südbahnhof**, in dem Züge aus dem Süden, also aus Italien oder Slowenien ankommen, steht vor der Generalsanierung. Er liegt außerhalb des Zentrums, in unmittelbarer Nähe von Schloss Belvedere. Von hier kommt man am besten mit der Schnellbahn oder der Straßenbahn in die Stadt.

Touristeninformationen

In der Tourist-Info Wien erhalten Sie kostenlos Tipps und Informationen über Wien, Veranstaltungen und Hotelzimmer. Die Tourist-Info **Zentrum** in Wien 1., Albertinaplatz hat täglich von 9–19 Uhr geöffnet. Die Tourist-Info **Flughafen Wien** ist in der Ankunftshalle. Sie ist täglich von 6 bis 23 Uhr besetzt.

Unterwegs in Wien

Zur Orientierung

Wien ist in 23 Bezirke unterteilt, die sich rund um den 1. Bezirk, die Innenstadt, reihen. Zwischen Ringstraße und Gürtel liegen die urbanen Bezirke 2 bis 9 mit vielen Altbauten und Botschaftsvierteln. Die Außenbezirke sind sehr unterschiedlich: Während der 10., 11. und 16. Bezirk typische Arbeiterbezirke sind, gelten der 13. und 19. Bezirk als Nobelgegenden. Die Bezirke 21 und 22 liegen jenseits der Donau, hier sind neue Stadtteile mit modernen Wolkenkratzern entstanden.

Straßen

Die wichtigsten Straßen Wiens sind:

- **Kärntner Straße, Graben, Kohlmarkt** – noble Einkaufsstraßen im Zentrum
- **Ringstraße** – verläuft rund um die Innenstadt
- **Mariahilfer Straße** – beliebteste Einkaufsstraße der Stadt
- **Gürtel** – stark befahren, in den historischen Stadtbahnbögen befinden sich heute Bars und Szenelokale

Öffentliche Verkehrsmittel

Mit den »Öffis« kommt man in Wien überall hin, am schnellsten mit der U-Bahn, am schönsten mit der Straßenbahn.

U-Bahn

- Offiziell wurde die Wiener U-Bahn **1976 eröffnet**, manche Linien fahren auf Strecken der mehr als 100 Jahre alten Stadtbahn. Das U-Bahn-System wird kontinuierlich ausgebaut.
- Die U-Bahn verkehrt **täglich ab ca. 5 Uhr**. Die letzten Züge fahren gegen 0.30 Uhr vom Stadtzentrum ab. Die Intervalle betragen 5 Minuten, zu Spitzenzeiten 2 bis 4 Minuten und nach 20.30 Uhr 7 bis 8 Minuten.
- Es gibt **fünf farblich gekennzeichnete** U-Bahn-Linien (U 1 – rot, U 2 – violett, U 3 – orange, U 4 – grün, U 6 – braun).
- Am Bahnsteig zeigt eine **elektronische Tafel** die Endstation des nächsten Zuges und die ungefähre Wartezeit an.
- Auf dem Schild mit dem Stationsnamen finden Sie in weißer Schrift **Hinweise zu den Ausgängen** (die oft weit auseinander liegen!) und **Umsteigemöglichkeiten**.

Straßenbahn, Schnellbahn und Busse

- **Straßenbahnen** (Tram) sind mit Nummern oder Buchstaben (z. B. 1, 10, oder D) gekennzeichnet, **Busse** mit einer Kombination (z. B. 1A, 10A oder 156B), und die **Schnellbahn** erkennen Sie am S (z. B. S 45, S 7).
- Die Buslinien **1A**, **2A** und **3A** überbrücken kurze Distanzen im Zentrum.
- Nicht alle Linien verkehren täglich zwischen 5 und 24 Uhr. **Genaue Informationen** entnehmen Sie bitte den Fahrplänen, die an den Stationen aushängen. Fahrpläne und Fahrtstrecken finden Sie auch im Internet auf www.wienplan.com oder www.vor.at.
- Ein dichtes Netz von **Nachtautobuslinien** verkehrt jede Nacht von ca. 0.45 bis 5 Uhr. Auf diesen Linien gelten die normalen Fahrscheine, die Haltestellen sind mit einem blauen N gekennzeichnet.

Fahrkarten

- Innerhalb der Stadtgrenzen Wiens gelten für alle Verkehrmittel **dieselben Fahrscheine**, auch wenn Sie umsteigen.

- Es finden regelmäßig **Fahrscheinkontrollen** statt, sollten Sie kein gültiges Ticket haben, müssen Sie mit einer Strafe von 70 Euro rechnen.
- **Fahrkarten erhalten Sie** an den Automaten der U-Bahn-Stationen, in Tabak-Trafiken, bei den Vorverkaufsstellen und auch direkt in Straßenbahn oder Bus (Münzen bereithalten).
- Empfehlenswert ist die **Wien-Card**, ein Ticket um 18,50 Euro, mit dem Sie 72 Stunden lang unterwegs sein können und zusätzlich Vorteile bei Eintrittskarten, beim Shopping, in Restaurants oder beim Heurigen genießen. Erhältlich auch bei der Tourist-Info und in vielen Hotels.
- Ansonsten gibt es eine 24-Stunden-Karte um 5,70 Euro, eine 72-Stunden-Karte um 13,60 Euro, eine 8-Tage-Karte um 27,20 Euro, die auch von mehreren Personen gleichzeitig benutzt werden kann, und Einzelfahrscheine um 1,70 Euro. Achtung: Die meisten Tickets müssen **vor Fahrtantritt entwertet werden!**
- **Kinder** bis sechs Jahre fahren immer, Kinder bis 15 Jahre an Sonn- und Feiertagen sowie während der Wiener Schulferien gratis.

Taxi

An nahezu allen stark frequentierten Ecken Wiens, an Verkehrsknotenpunkten und vor Hotels gibt es Taxi-Standplätze. Natürlich können Sie auch ein Taxi, das frei ist (erkennbar am leuchtenden gelben Schild), anhalten oder eines rufen (z. B.: 601 60, 401 00, 313 00 oder 814 00). Nachts und an Sonn- und Feiertagen werden geringe Zuschläge verrechnet.

Auto

- Die Bezirke 1 bis 9 und 20 sind werktags von 9 bis 22 Uhr **gebührenpflichtige Kurzparkzonen**, in denen Parken für maximal 2 Stunden erlaubt ist. Gleiches gilt vom 1. September bis 30 Juni täglich von 18 bis 23 Uhr auch für Teile des 15. Bezirks rund um die Stadthalle (beachten Sie Bodenmarkierungen und Verkehrszeichen!). Wenn Sie Strafzettel vermeiden wollen, müssen Sie einen **gültigen Parkschein** hinter die Windschutzscheibe legen. Parkscheine sind in Tabak-Trafiken für eine halbe, eine, anderthalb und zwei Stunden erhältlich.
- Die **Parkdauer** ist mit 2 Stunden begrenzt. Vorsicht: in Geschäftsstraßen können Gültigkeitstage und Parkdauer abweichen. Beachten Sie die Schilder!
- Am Stadtrand finden Sie **Park-and-ride-Anlagen** mit U-Bahn-Anbindung, in den innerstädtischen Bezirken **kostenpflichtige Garagen**.
- Detaillierte Informationen im Internet: **www.parkeninwien.at**

Busrundfahrten

Beliebt und bequem sind Busrundfahrten mit Hop-on-hop-off-Bussen, die alle großen Sehenswürdigkeiten abklappern. Während man bei diesen Bussen ein- und aussteigen kann, wann man will (je nach Ticket), gibt es auch Busgesellschaften, die fixe Touren anbieten (www.viennasightseeing tours.com, Tel. 712 46 83; www.cityrama.at, Tel. 534 13-0).

Fiaker

Wie in der guten alten Kaiserzeit kann man die Stadt vom Fiaker aus kennen lernen. Die Pferdekutschen stehen am Stephansplatz, am Heldenplatz und vor der Albertina. Eine Altstadttour kostet zwischen 40 Euro (20 Minuten) und 95 Euro (1 Stunde).

Fahrrad

Bei U-Bahn-, Bus- und Tramhaltestellen stehen in 40 Terminals rund 300 Fahrräder bereit. Wer ein Rad benützen will, muss sich im Terminal mit der Kreditkarte oder der österreichischen Maestro-Bankomatkarte einloggen. Bei der Rückgabe genügt es, das Fahrrad abzustellen. Die erste Stunde ist gratis, ab der zweiten Stunde sind 2 Euro zu zahlen.

Eintrittspreise
Die Eintrittspreise für Museen und andere im Text erwähnte Sehenswürdigkeiten sind in folgenden Kategorien angegeben:
Preiswert: unter 3 Euro
Mittel: 3–7,50 Euro
Teuer: über 7,50 Euro

Übernachten

In Wien können Sie in modernen Designerzimmern oder in stilvollen Prunkräumen nächtigen. Hotels und Pensionen findet man in der ganzen Stadt, die teuersten und vornehmsten in der Innenstadt, die günstigsten am Stadtrand. Aber egal, ob Sie ein Luxushotel bevorzugen, Wert auf Hightech-Ausstattung legen oder eine günstige Unterkunft in einer Pension suchen, Wien hat für alle Wünsche das richtige Zimmer.

Reservierung

Damit Sie genau die Unterkunft finden, die Ihren Wünschen entspricht, empfiehlt es sich, rechtzeitig zu reservieren. Auf www.info.wien.at können Sie online 350 Hotels, Pensionen und Apartments reservieren, die telefonische Hotline zur Hotelreservierung erreichen Sie täglich von 9 bis 19 Uhr unter Tel. 245 55. Kommen Sie ohne Reservierung nach Wien, hilft Ihnen die Tourist-Info (► 36) gerne weiter.

Hotels und Pensionen

Wien hat einige noble **Luxushotels**, die wirklich wunderschön, aber nicht für alle erschwinglich sind. Kleiner Tipp: auch bei einem Drink in der Hotelbar oder einer Melange im Café kann man das Flair dieser besonderen Häuser genießen. **Pensionen** sind kleiner und meist günstiger als Hotels. Die Rezeption findet man oft nicht im Erdgeschoss, da eine Pension nur Teile eines Gebäudes ausmacht. Sämtliche Preise verstehen sich in der Regel für ein Zimmer mit Frühstück, meist mit Frühstücksbüfett. Auch die Ortstaxen und Steuern sind im Normalfall im Zimmerpreis enthalten.

Apartments

Für längere Aufenthalte eignen sich Apartments mit kleiner Kochnische und regelmäßiger Reinigung. Die Preise variieren stark je nach Lage und Ausstattung. Sehr nett sind die Apartments im **Schlossquadrat** (Wien 5., Margaretenstr. 77, Tel. 548 84 66, www.schlossquadr.at).

Jugendherbergen und Saisonhotels

Es gibt einige günstige Jugendherbergen, die allerdings stark frequentiert sind, eine Reservierung ist empfehlenswert. Sehr zentral liegt die **Jugendherberge Myrthengasse** (Wien 7., Myrthengasse 7/Neustiftgasse, Tel. 523 63 16, Fax 523 58 49) und mit wunderschönem Blick auf Wien, etwas außerhalb die **Schlossherberge am Wilhelminenberg** (Wien 16., Savoyenstr. 2, Tel. 481 0300, Fax 481 0300-13). **Saisonhotels** fungieren den Rest des Jahres als Studentenheime, sie haben meist wenig Atmosphäre, sind jedoch günstig, wie etwa das nahe dem Museumsquartier liegende Hotel **Atlas** (Wien 7., Lerchenfelderstr. 1–3, Tel. 401 76 55, Fax 401 76 20, www.academia-hotels.co.at).

Hotels

Hotelpreise
Preise für ein Doppelzimmer mit WC/Bad und Frühstück:
€€€€ über 180 Euro
€€€ 130–180 Euro
€€ 90–130 Euro
€ unter 90 Euro

Altstadt Vienna €€€
Das schmucke Flairhotel liegt zentral in der Nähe der Shoppingmeile Mariahilfer Straße. Das besondere Ambiente der Hotelpension lädt zum Wohlfühlen ein, die Zimmer sind äußerst geschmackvoll eingerichtet, und der Tag beginnt mit einem wirklich reichhaltigen Frühstücksbüfett. Ein Hotel, in dem man sich gut betreut und angenehm zu Hause fühlt.
192, westl. A2 Wien 7., Kirchengasse 41 522 66 66, Fax 523 49 01 Volkstheater www.altstadt.at

Anatol €€€
Ein modernes Stadthotel in unmittelbarer Nähe zur Mariahilfer Straße und zum Westbahnhof. Es wurde erst kürzlich renoviert, und die modern und geschmackvoll-schlicht eingerichteten Zimmer lassen in puncto Funktionalität und Hightech-Ausstattung (W-Lan) nichts zu wünschen übrig. Beachten Sie die besonders günstigen Packages, die immer wieder angeboten werden.
192, westl. A1 Wien 6., Webgasse 26 599 96-0, Fax 599 96-55 Zieglergasse www.austria-trend.at/anw

Arcotel Wimberger €€
Ein großer Pluspunkt dieses Hotels ist seine praktische Lage: In nur 5 Minuten erreicht man zu Fuß den Westbahnhof und die U-Bahn. Auch die Stadthalle mit ihren Konzerten und Events sowie das Raimundtheater befinden sich in Spaziernähe. Günstige Zimmer, freundliches Personal und ein äußerst beliebter sonntäglicher Jazzbrunch mit ausgesuchten Bands sprechen für das Haus am Gürtel.
198, östl. C4 Wien 7., Neubaugürtel 34–36 521 65-0, Fax 521 65-810 Westbahnhof www.arcotel.at

Art Hotel €€
Ein durchwegs junges Hotel, vor allem preiswert und bunt. Der Name Art Hotel verspricht allerdings mehr Kunst und Design, als das Hotel letztendlich halten kann. Aber das engagierte Team, die Lage in Naschmarkt-Nähe und die günstigen Zimmerpreise machen das Haus durchaus interessant. Hotelgästen steht außerdem eine Internetecke zur freien Verfügung.
194, südwestl. A1 Wien 5., Brandmayergasse 7–9 544 51 08, Fax 544 51 08-10 Pilgramgasse www.thearthotelvienna.at

Austria Trend Hotel Beim Theresianum €€
Das familiäre Hotel liegt zentrumsnah im direkten Umfeld vieler historisch bedeutender Sehenswürdigkeiten wie dem Schloss Belvedere. Die Zimmer sind nett eingerichtet, der Service ist freundlich, und was das Haus besonders sympathisch

macht, ist seine sonnige Terrasse. Nachmittags erwartet die Gäste Gratiskaffee und ein Kuchenbüfett.

194, südl. C1 Wien 4., Favoritenstr. 52 505 16 06, Fax 505 16 09 Südtirolerplatz www.austria-trend.at/thw

Bristol €€€€

Seit 1892 steht das imposante imperiale Haus zwischen Ring, Oper und dem Einkaufsboulevard Kärntner Straße für Gastlichkeit der sehr gehobenen Art. Ein klassisches Luxushotel mit wunderschönen Zimmern und eleganten Suiten, livrierten Kofferträgern, ausgezeichnetem Service und allem, was einfach dazugehört. Das Vier-Hauben-Restaurant *Korso* ist eines der besten der Stadt, die Bar eine klassische Bar mit Klaviermusik.

193 D2 Wien 1., Kärntner Ring 1 515 16-0, Fax 515 16-550 Karlsplatz www.luxurycollection.com/bristol

Coburg €€€€

Das behutsam renovierte Palais aus dem 19. Jh. ist gewissermaßen das jüngste Luxushotel der Stadt, es wurde 2004 mit einem ungeheuren Presseecho eröffnet. Alle Suiten haben edle Marmorbäder, einige sogar einen eigenen Garten, und das mitten in der Innenstadt. Die Hightech-Ausstattung ist auf neuestem Stand, das hauseigene Spa – wie das ganze Hotel – ein Ort des Wohlfühlens und Genießens. Im Restaurant *Coburg* finden Sie die vermutlich aufregendste und beste Küche Wiens, unbedingt reservieren.

193 E2/3 Wien 1., Coburgbastei 4 518 18-0, Fax 518 18-1 Stubentor www.coburg.at

Das Triest €€€€

Das Designhotel in den ehemaligen Pferdestallungen der Postkutschenlinie Wien-Triest zählt zu den schönsten Hotels der Stadt: Modernes Design fügt sich geschmackvoll in die alten Gewölbe. Im Zimmerpreis sind Büfettfrühstück, Fitnesscenter und Sauna enthalten. Das hoteleigene Restaurant *Collio* ist ausgezeichnet und die *Silverbar* legendär. Wenn Robbie Williams oder David Bowie in Wien sind, logieren sie im *Triest*.

194 B1 Wien 4., Wiedner Hauptstr. 12 589 18-0, Fax 589 18-18 Karlsplatz www.dastriest.at

Domizil €€€

Die hübsche Hotelpension lockt nicht mit vordergründigem Pomp, dafür aber mit echtem Wiener Charme. Die 40 Zimmer sind individuell und liebevoll gestaltet. Einer der großen Pluspunkte ist die geografische Lage: Der Stephansdom ist nur 50 m entfernt, und das Mozarthaus ist überhaupt gleich um die Ecke. So ist das *Domizil* der ideale Ausgangpunkt für Erkundungen der historischen Altstadt. Den Auftakt zu einem beschwingten Tag in Wien bildet das reiche Frühstücksbüfett – und ein Glas Sekt.

193 E3 Wien 1., Schulerstr. 14 513 31 99, Fax 512 34 84 Stephansplatz www.hoteldomizil.at

Donauwalzer €€

Das zentrumsnahe, gutbürgerliche und familienfreundliche Stadthotel beeindruckt durch günstige Preise, besondere Wochenendarrangements und außergewöhnliche Angebote wie Leihräder. In der Nähe findet man zum Beispiel die Heurigen in Ottakring oder die Volksoper. Der einzige Nachteil des Hotels ist seine Lage am Gürtel, einer der Hauptverkehrsadern Wiens.

194, westl. A4 Wien 17., Ottakringer Str. 5 405 76 45-0, Fax 40 57 64 59 99 Alserstraße www.donauwalzer.at

Hilton Vienna €€€€

Der Hotelbau aus den 1970er-Jahren wurde neu herausgeputzt und generalüberholt. Heller, moderner und schöner präsentiert sich das *Hilton Vienna* nun als Österreichs größtes Konferenzhotel. Es liegt gleich neben Stadtpark und Ringstraße, nicht weit vom Zentrum entfernt. Fast 600 luxuriöse Gästezimmer und Suiten, ein tolles Restaurant und der Jazzclub *Birdland* machen das *Hilton* zu einer ausgezeichneten Wahl. Direkte Flughafenanbindung durch den City-Airport-Train-Terminal.

195 E3 Wien 3., Am Stadtpark 717 00-0, Fax 713 06 91 Landstraße/Wien Mitte www.hilton.de/wien

Ibis Wien Mariahilf €

Riesiger Hotelbau mit schlichten, aber freundlichen Zimmern. Das Hotel liegt nahe dem Westbahnhof (und somit der U-Bahn!) und nicht weit vom Raimundtheater entfernt. Wer keinen Luxus-Schnickschnack und keine prunkvollen Zimmer erwartet, wird dank der attraktiven Preise zufrieden sein.

198, östl. C4 Wien 6., Mariahilfer Gürtel 22–24 599 98, Fax 597 90 90 Westbahnhof www.ibishotel.com

Imperial €€€€

Das wunderschöne Ringstraßenpalais wurde 1873 zur Weltausstellung in ein Hotel umgebaut und zählt seither zu den besten Adressen der Stadt. Staatsgäste genießen hier die vornehm-noble Gastfreundschaft ebenso wie Schauspieler und Popstars. Ein repräsentatives Haus, direkt an der Ringstraße, mit im deutschsprachigen Raum einzigartigem Butlerservice, gebügelten Zeitungen und allen erdenklichen Annehmlichkeiten. Die Imperial-Torte schmeckt übrigens auch im Café des Hotels.

193 D1/2 Wien 1., Kärntner Ring 16 501 10-0, Fax 501 10-410 Karlsplatz www.luxurycollection.com/imperial

König von Ungarn €€€€

Sie möchten das Wien der Kaiserzeit kennen lernen? Dann sind Sie hier genau richtig: Im Herzen der Altstadt, gleich hinter dem Stephansdom, vermittelt das Hotel die Atmosphäre altösterreichischer Gastlichkeit. Ein Teil des Restaurants befindet sich im ehemaligen Wohnhaus Mozarts, in dem heute auf drei Etagen eine Gedenkstätte untergebracht ist. Ganz besonders idyllisch ist es, sich im überdachten Innenhof des Hotels von den Strapazen der Stadtspaziergänge auszuruhen.

193 D3 Wien 1., Schulerstr. 10 515 84-0, Fax 515 84-8 Stephansplatz www.kvu.at

Landhaus Fuhrgasslhuber €€

Für alle, die in der Stadt und doch auf dem Lande wohnen wollen, empfiehlt sich das rustikal-romantische Landhaus. Das Hotel liegt mitten im Heurigenort Neustift am Walde, malerisch umgeben von grünen Weinbergen. Wer etwas ländlichere Atmosphäre mag, gerne spazieren geht und seine Abende bevorzugt beim Heurigen verbringt, wird sich in der gastfreundlichen Pension mit ausgezeichnetem Frühstücksbüfett und sehr bemühtem Service bestens erholen.

194, nordwestl. A5 Wien 19., Rathstr. 24 440 30 33, Fax 440 27 14 Bus 35A Neustift am Walde www.fuhrgassl-huber.at

Le Meridien €€€€

Dieses Haus ist ein Musterbeispiel für modernes Hoteldesign mit trendiger Einrichtung und aufwändiger Ausstattung. Das feine Restaurant, die glamouröse Bar und der ausgedehnte Wellnessbereich samt Fitnessstudio haben dem 2004 eröffneten Haus der internationalen Luxushotelkette zu fünf Sternen verholfen. Die Lage zwischen Oper, Hofburg und Museumsquartier ist einzigartig.

192 C2 Wien 1., Opernring 13–15 588 90-0, Fax 588 90 90 90 Karlsplatz www.tiscover.at/lemeridien-vienna

Mercure Grand Hotel Biedermeier €€€

Inmitten des romantischen Biedermeierensembles im Sünnhof liegt das gepflegte Hotel, das mit »Zimmern zum Wohlfühlen« wirbt. Die Innenstadtnähe und der City-Airport-Train-Terminal ums Eck sind eindeutige Pluspunkte des Hotels. Besonders schön ist der Aufenthalt zur Adventzeit, wenn im Sünnhof ein Weihnachtsmarkt stattfindet.

195 E3 Wien 3., Landstraßer Hauptstr. 28 716 71-0, Fax 716 71-503 Landstraße/Wien Mitte, Rochusgasse www.accorhotels.com

Neuer Markt €€

Im 2. und 3. Stock eines Gründerzeithauses liegt diese Pension direkt am Neuen Markt, nur wenige Minuten von Stephansdom und Kärntner Straße entfernt. Die Zimmer des familiär geführten Hauses sind nicht gerade hypermodern, aber sehr sauber und nett, der Service ist freundlich, und die Preise sind für die zentrale Lage günstig.

193 D3 Wien 1., Seilergasse 9 512 23 16, Fax 513 91 05 Stephansplatz www.hotelpension.at

Sacher €€€€

Vermutlich das charmanteste der großen Häuser mit den vielen Sternen – traditionsreich, weltberühmt und immer noch in Familienbesitz. Es ist ein Haus mit Geschichte, ein Hotel mit Stil und die Heimat der legendären Sacher-Torte. Das erstklassige Luxushotel mit persönlicher Atmosphäre liegt sehr zentral, gleich hinter der Oper, zwischen Kärntner Straße und Albertinaplatz. Nach dem kürzlich erfolgten Umbau verfügt das Haus nun im ergänzten Dachgeschoss auch über einen attraktiven Spa- und Wellnessbereich sowie eine Reihe neuer, äußerst moderner Suiten.

192/193 C/D2 Wien 1., Philharmonikerstr. 4 514 56-0, Fax 514 56-810 Oper www.sacher.com

The Levante Parliament €€€€

Nur ein paar Schritte hinter Rathaus und Parlament, also in unmittelbarer Nähe der Ringstraße, hat im Frühsommer 2006 Wiens neuestes Designhotel seine Pforten geöffnet. Moderne, geradlinige Innenarchitektur, heller Naturstein, dunkles Holz und andere edle Materialien sowie eine hypermoderne Hightech-Ausstattung gewährleisten Stil und Komfort auf Top-Niveau. Das viele Glas und die raffinierte indirekte Beleuchtung sorgen für lichte Atmosphäre, ein Fitnesscenter für Kondition und der 400 m^2 große Garten im Innenhof für einen Ruhepol.

192 A3 Wien 8., Auerspergstr. 9 228 28-0, Fax 228 28-28 Lerchenfelder Straße Tram 46 Auerspergstraße www.thelevante.com

Viennart €€€

In diesem gut ausgestatteten Vier-Sterne-Hotel ist das funktionale Design modern, geschmackvoll und hell. Aber das Besondere an diesem Haus ist die hervorragende Lage: In unmittelbarer Nähe befinden sich Volkstheater, Museumsquartier, Spittelberg, Ringstraße, Mariahilfer Straße und unzählige Beisln, Bars und Lokale.

192 A2 Wien 7., Breite Gasse 9 523 13 45-0, Fax 523 13 45-111 Volkstheater www.austrotel.at

Zur Schwalbe €€

Das charmante, ruhige Hotel mit netten Zimmern liegt im 16. Bezirk, also etwas außerhalb. Vom familiär geführten Unternehmen ist man mit der nahen U-Bahn in 12 Minuten am Stephansplatz, wer im Grünen Erholung sucht, kann in nur 5 Gehminuten im Wienerwald spazieren gehen. Herzlicher Service und angemessen-günstige Preise machen das Vororthotel attraktiv.

194, westl. A4 Wien 16., Degengasse 45 486 11 81 Ottakring www.hotelschwalbe.com

Essen und Trinken

Sie möchten die typische »Wiener Küche« kennen lernen? Dazu bieten die unzähligen Wiener Restaurants, Beisln, Kaffeehäuser und Würstelstände ausreichend Gelegenheit!

Kulinarische Traditionen

Die typische Wiener Küche war immer schon »Fusion« – sie hat ihre Wurzeln in Böhmen, Österreich, Ungarn und auf dem Balkan. Diese Traditionen werden weiterhin hochgehalten und zeitgemäß mit überraschenden Einflüssen aus der ganzen Welt vermischt.

Kleine Gerichte

- Das traditionelle **Wiener Frühstück** besteht aus Kaffee mit Kaisersemmel oder Kipferl, darauf Butter und Marmelade. Freilich werden allerorts auch andere Frühstücksvariationen bis zum umfangreichen Brunch serviert.
- Wen in Wien der kleine Hunger plagt, der sollte neben Hamburger, Pizzaschnitte und Kebab auch an den Wiener **Würstelstand** denken. Hier heißen die Imbiss-Klassiker Debreziner (scharf!), Käsekrainer und Burenwurst.
- Die etwas feinere Alternative dazu sind die traditionsreichen Brötchen von ***Trzesniewski*** (➤ 79).
- Im **Wiener Beisl** – eine Art kleines Gasthaus – bekommt man typische Hausmannskost, die außen an einer Schiefertafel angepriesen wird. Ein modernes Beisl ist das ***Immervoll*** (Wien 1., Weihburggasse 17, Tel. 513 52 88, tägl. 12–23 Uhr).
- Die beste **vegetarische** Adresse ist ***Natürlich Wrenkh*** (Wien 1., Rauhensteingasse 12, Tel. 513 58 36, Mo–Fr 11–16 Uhr).

Getränke

- **Kaffee** hat in Wien eine lange Tradition und wird auf zahlreiche Arten serviert (➤ 28).
- Der Wiener **Wein** schmeckt am besten bei einem Heurigen am Stadtrand (z. B. Grinzing, Neustift am Walde oder Stammersdorf). Stadtheurige wie ***Zum Haydn*** (Wien 6., Haydngasse 7, Tel. 597 21 60, Jan.–April Di–Sa, Mai–Dez. Mo–Sa 16–23 Uhr) vermitteln diese Stimmung auch im Zentrum.
- Auch das **Bier** hat in Wien Tradition, eine schöne Gasthausbrauerei in einem ehemaligen Kloster ist das ***Salm Bräu*** (➤ 155).

Tipps rund ums Essen

- In guten Restaurants empfiehlt es sich, einen Tisch zu **reservieren**.
- Die meisten Lokale **schließen** ihre Küche zwischen 22 und 23 Uhr, viele Restaurants haben sonntags geschlossen.
- Das Gedeck ist im Preis meist inbegriffen, falls nicht, muss das in der Speisekarte vermerkt sein. Üblich sind 5 bis 10 % **Trinkgeld**.

Preise
Die Preisangaben gelten pro Person für ein Essen ohne Getränke.
€ unter 13 Euro **€€** 13–25 Euro **€€€** über 25 Euro

Einkaufen

Noble Boutiquen, gemütliche Geschäfte, bunte Märkte und funktionale Einkaufszentren – Wien ist für jede Einkaufstour gerüstet und macht dem Luxusshopper ebensoviel Freude wie dem Schnäppchenjäger.

Wohin zum Einkaufen?

- Wiens klassische Einkaufsmeile ist die **Mariahilfer Straße** zwischen Innenstadt und Westbahnhof. Hier finden Sie die großen Modeketten und Hunderte von Geschäften mit Flippigem für junges Publikum. Wer ausgefallene Mode, Schuhe und Accessoires sucht, wird in der **Neubaugasse**, einer Seitengasse der Mariahilfer Straße, fündig.
- In der Innenstadt bilden **Kärtner Straße**, **Graben** und **Kohlmarkt** mit Designerläden, Juwelieren und Parfümerien ein Shopping-Eldorado im gehobeneren Preissegment.
- Trendkaufhäuser wie ***Steffl*** (Wien 1., Kärntner Str. 19) und ***Gerngroß*** (Wien 7., Mariahilfer Str. 38–48) sowie die **Ringstraßengalerien** (Wien 1., Kärntner Ring 5–7) bieten großflächige Einkaufsmöglichkeiten bei jedem Wetter.
- Die Einkaufszentren am Stadtrand versprühen die typische auswechselbare Shoppingmall-Atmosphäre, bei jenem im **Gasometer** ist immerhin die Architektur der ehemaligen Gasbehälterglocken sehenswert.

Die besten Märkte

- Der **Naschmarkt** (► 135) ist der größte und stimmungsvollste Markt Wiens, im Anschluss daran wird samstags immer der legendäre **Flohmarkt** abgehalten.
- Der **Brunnenmarkt** (Wien 16., Brunnengasse) ist ein Multikulti-Markt im Gastarbeiterviertel.
- **Rathausplatz** und **Spittelberg** verwandeln sich in der Vorweihnachtszeit in stimmungsvolle Adventmärkte, auf der **Freyung** (► 58) finden Bauernmärkte sowie zu Ostern und im Advent Kunsthandwerksmärkte statt.

Einkaufstipps

Souvenirs mit Stil und traditionsreiche Waren aus Wien sind als **Wien Products** gekennzeichnet, bei der Tourist-Info gibt es dazu ein Informationsblatt, in dem alle Qualitätsbetriebe von *Manner Schnitten* über modernen Schmuck bis zu edlen Möbelstoffen vermerkt sind (www.wienproducts.at).

Öffnungszeiten

Auf dem Markt beginnt das Einkaufsvergnügen schon um 6 Uhr morgens, Supermärkte haben meist montags bis donnerstags von 8 bis 19 Uhr geöffnet, freitags bis 19.30 und am Samstag bis 17 Uhr. Die Geschäfte in den Einkaufsstraßen und Einkaufszentren Wiens haben im allgemeinen montags bis freitags von 9 bis 18.30 Uhr und samstags von 9 bis 18 Uhr geöffnet, viele halten donnerstags bis 21 Uhr offen.

Steuer

Nicht-EU-Bürger haben ab einer Einkaufssumme von 75 Euro Anspruch auf Rückvergütung der Mehrwertsteuer (20 %), die im Kaufpreis enthalten ist. Verlangen Sie beim Verkäufer den Global Refund Cheque, den sie bei der Ausreise am Zoll abstempeln lassen müssen, um bei einer von 600 Rückvergütungsstellen Ihr Geld zu bekommen. Nach Abzug der Bearbeitungsspesen sind das rund 13 % des Einkaufspreises.

Ausgehen

Von Oper bis Disco, von Jazz bis DJ-Lines – in Wien ist immer etwas los. Ob Sie E-, U-, Sub- oder doch nur Ess-Kultur genießen wollen, Sie werden garantiert fündig.

Informationsquellen

Unverzichtbar ist die Stadtzeitung *Falter*, sie erscheint mittwochs und enthält das Programm der kommenden Woche mit allen Ausstellungen, Kinovorstellungen, Führungen, Konzerten, Flohmärkten und Events (www.falter.at). Der *Falter* ist ebenso wie Wiens zweite Stadtzeitung *City* in jeder Tabak-Trafik erhältlich. Noch mehr Programm gibt´s im Internet unter www.hauptstadt.at.

Kartenvorverkauf

Auf www.ticketline.cc können Sie sich schon daheim über kommende Veranstaltungen informieren und Karten bestellen. Telefonische Bestellung ist unter 880 88 möglich. Außerdem können Sie am Veranstaltungsort, in Hotels und Kartenbüros in der Innenstadt Tickets kaufen.

Oper, Theater, Musical und Jazz

- **Staatsoper** (► 98) und **Volksoper** (Wien 9., Währingerstr. 78, Tel. 514 44-30, www.volksoper.at) sind für bedeutende Interpreten und beeindruckende Inszenierungen bekannt. Auch Konzerte im **Musikverein** (► 131) und im **Konzerthaus** (► 136) versprechen klassischen Hörgenuss.
- Das **Burgtheater** (► 102) und seine Dependance **Akademietheater** sind die renommiertesten Bühnen Wiens, **Theater in der Josefstadt** und **Kammerspiele** (www.josefstadt.org) versprechen traditionelle Inszenierungen, während das **Volkstheater** (www.volkstheater.at) und das **Schauspielhaus** (www.schauspielhaus.at) moderner sind.
- Die Hits weltbekannter Musicals erklingen im **Raimundtheater** (Wien 6., Wallgasse 18, Tel. 599 77-0, www.musicalvienna.at).
- Wiens schönster Jazzclub ist das ***Porgy & Bess*** (► 68), der eleganteste Joe Zawinuls ***Birdland*** (► 158).
- Höhepunkte der Ballsaison sind der Wiener **Opernball** im Fasching, zu dem jedes Jahr internationale Prominenz anreist, der **Life Ball**, ein schrilles HIV-Charity-Event im Mai, und der Kaiserball in der Hofburg, bei dem in der Silvesternacht ins neue Jahr gewalzt wird. Für alle Veranstaltungen muss man rechtzeitig Karten bestellen!

Livemusik, Bars und Clubs

- Während große Teile des Gürtels als Rotlichtviertel verschrien sind, hat sich in den **Stadtbahnbögen** eine rege Lokalszene etabliert. Die besten sind ***rhiz*** (Bogen 37, Tel. 409 25 05, Mo–Sa 18–4, So bis 2 Uhr), ***Buddha Club*** (Bogen 172, Tel. 479 88 49, tägl. 19–4 Uhr) oder ***babu*** (Bogen 181, Tel. 479 48 49, Mo–Mi 18–2, Do–Sa 18–4, So 10–14 und 18–24 Uhr).
- Im **»Bermuda-Dreieck«** (► 68) nahe dem Schwedenplatz reiht sich eine Bar an die andere, das Publikum ist jung und trinkfreudig; gute Stimmung ist fast garantiert.
- Zu den coolsten Clubs zählt das ***Flex*** am Donaukanal (Abgang Augartenbrücke, Tel. 533 75 25, ab 22 Uhr). Der ***Volksgarten*** (► 112) ist die älteste Diskothek der Stadt und das ***U4*** (Wien 12., Schönbrunner Str. 222, Tel. 817 11 92, 22–5 Uhr) die legendärste.

Das mittelalterliche Wien

Erste Orientierung

Jeder Stein Geschichte, das ist der historische Stadtkern Wiens. Die Gässchen um den alles dominierenden Stephansdom sind hochromantisch, aber nicht nur das. Zwischen den uralten Mauern von Kirchen, Klöstern, Stiften und Palais hat sich junges Leben etabliert.

Ein Spaziergang durch den ältesten Teil Wiens gleicht einer Zeitreise in die Vergangenheit. In vielen der malerischen Gässchen scheint die Zeit stehen geblieben zu sein. Sie sind noch mit altem Kopfsteinpflaster belegt, und in zahlreichen Innenhöfen klettern Efeu und Rosen die alten Mauern hoch.

In dieser nostalgischen Atmosphäre gibt es eine Menge zu entdecken. Die Sehenswürdigkeiten reichen von den Fundamenten des römischen Vindo-

Nach schönen alten Dingen muss man in den engen Gässchen nicht lange suchen

★ Nicht verpassen!

Nach Lust und Laune!

bona über die ältesten Kirchen der Stadt bis zum ehemaligen Judenviertel und den prachtvoll renovierten Palais auf der Freyung. Und außerdem haben sich in den alten Gassen feine Läden und schicke In-Lokale angesiedelt. Auch nachts ist jede Menge los, denn hier pulsiert die Kneipenszene!

Seite 47: Blick vom Nordturm des Stephansdoms

Barocke Pracht: das Palais Kinsky auf der Freyung

Im Schatten des Stephansdoms führt ein Labyrinth aus engen, verschlungenen Gässchen ins Mittelalter. Genießen Sie die Atmosphäre der alten, dicken Gemäuer, lassen Sie sich von der schummrigen Mystik der Kirchen verzaubern, und kehren Sie auf weiten Plätzen mit modernem Leben wieder in die Gegenwart zurück.

Das mittelalterliche Wien an einem Tag

9 Uhr

Der Tag beginnt mit dem Besuch des 1 **Stephansdoms** (➤ 52). Machen Sie einen Rundgang durch den Dom, fahren Sie mit dem Lift auf den Nordturm, bestaunen Sie die wuchtige Glocke namens »Pummerin«, und genießen Sie den Blick auf die Stadt. Trinken Sie einen Kaffee in der *Aida* (➤ 66) am Stephansplatz, und spazieren Sie dann die Singerstraße hinunter zum 3 **Franziskanerplatz** (➤ 60).

11 Uhr

In der verträumten Domgasse ist im 4 **Mozarthaus** (➤ 60) Mozarts Wohnung zu finden. Dann geht's weiter zur 5 **Jesuitenkirche** (links; ➤ 61). Auf dem Dr.-Ignaz-Seipel-Platz sollten Sie ein Weilchen stehen bleiben und die klare Schönheit des frühbarocken Ensembles auf sich wirken lassen. Durch die romantische Sonnenfelsgasse und die Schönlaterngasse spazieren Sie dann zu dem idyllisch ruhigen 6 **Heiligenkreuzerhof** (➤ 61) und weiter zum 7 **Fleischmarkt** (➤ 62) mit seinen zahlreichen Geschäften.

12.30 Uhr

Im 8 **Griechenbeisl** (➤ 62), Wiens vermutlich ältestem Gasthaus, werden Sie beim Mittagessen sicher nicht alleine sein, denn es ist ein richtiger Touristenmagnet, die Atmosphäre ist es aber wert, ein bisschen Rummel in Kauf zu nehmen.

14 Uhr

Spazieren Sie nun hinauf in die engen, romantischen Gässchen des »Bermuda-Dreiecks« (➤ 68). Das ist ein höchst lebendiges Vergnügungsviertel, das natürlich erst abends so richtig interessant wird. Mitten darin finden Sie die efeuumrankte [9] **Ruprechtskirche** (links; ➤ 62)! Wandern Sie dann weiter über den [10] **Hohen Markt** (➤ 63) zum [11] **Judenplatz** (➤ 56), und versäumen Sie auf keinen Fall, dort das Misrachi-Haus zu besuchen, bevor Sie weiter zum Platz [12] **Am Hof** (➤ 63) gehen.

16.30 Uhr

Auf der [13] **Freyung** (rechts; ➤ 58) ist es nahezu obligatorisch, zuerst durch die Passage des Palais Ferstel zum Café *Central* zu gehen und dort einen Kaffee zu trinken. Machen Sie dann einen Rundgang um die Freyung, schauen Sie die renovierten Palais an, und treten Sie ruhig in die hübschen Innenhöfe ein, die Atmosphäre dort wird Ihnen gefallen. Das Schottenstift und die Schottenkirche sind natürlich auch einen Besuch wert, aber dann ist es Zeit fürs Kunstforum. Dort empfiehlt es sich auf jeden Fall, die aktuelle Kunstausstellung zu besuchen. Sie bekommen garantiert etwas Erstklassiges zu sehen. Oder ist Ihnen eher nach ein bisschen Einkaufen zu Mute? An attraktiven Läden mangelt es auf der Freyung ebenfalls nicht.

19 Uhr

Sollten Sie Lust auf Jazz haben, dann ist das *Porgy & Bess* (links; ➤ 68) für diesen Abend sicher das Richtige. Und zum Entspannen bietet sich danach ein Glas Champagner in der *Eden Bar* (➤ 68) an.

1 Stephansdom

Der »Steffl«, wie die Wiener ihren geliebten und verehrten Stephansdom gerne nennen, ist der unbestrittene Mittelpunkt der Stadt. Er gilt als Höhepunkt der Wiener Gotik und als Meisterwerk der Steinmetzkunst. Darüber hinaus ist der alles überragende Bau auch das nationale Wahrzeichen Österreichs.

Allein die technischen Daten des Stephansdoms sind beeindruckend. Der gewaltige Dom besteht aus 20 000 m³ Sandstein, ist 108 m lang, 39 m breit, und die Spitze des Südturms ragt 137 m in den Himmel.

Die Baugeschichte reicht in das 12. Jh. zurück, in die Zeit, in der die neuen Babenberger Herrscher ein repräsentatives Gotteshaus benötigten. Sie begannen mit dem Bau einer dem hl. Stephan geweihten Basilika, diese brannte jedoch zweimal nieder. Um 1260 ließ König Ottokar II. von Böhmen eine romanische Kirche errichten. Ihre Reste bilden heute den Haupteingang, das Riesentor und die Westfassade. Erst eine Generation später, unter Herzog Albrecht II., wurde weitergebaut. 1359 gab der Habsburger Herzog Rudolf IV., der Stifter, den Startschuss für den Umbau im nun aktuellen gotischen Stil. Der Hallenchor, das Langhaus mit seinem riesigen, mit farbig glasierten Ziegeln gedeckten Satteldach und der Südturm wurden errichtet.

Die gotische Kanzel, das kunsthistorische Juwel des Stephansdoms

Standfest gegen viele Feinde

Als Anfang des 16. Jhs. die Türken zur akuten Bedrohung für Wien wurden, mussten die Bauarbeiten eingestellt werden. Jetzt waren Befestigungsanlagen wichtiger, der Nordturm blieb unvollendet. Er wurde 1579 mit einem »Turmhelm« abgeschlossen. Unter ihm hängt freischwingend die Lieblingsglocke der Wiener, die 1711 aus dem Erz türkischer Kanonen gegossene **»Pummerin«**. Sie wiegt stolze 21 t. Auch wenn in der Fassade des Südturms immer noch zwei Kanonkugeln ste-

cken, die von den Türken auf die Kirche abgefeuert wurden, ging der »Steffl« aus den Türkenbelagerungen relativ unbeschadet hervor. Auch die Franzosen konnten ihm später nichts anhaben. In den letzten Tagen des Zweiten Weltkriegs allerdings erlitt er schwere Schäden. Im April 1945 legte ein Brand große Teile des Langhauses in Schutt und Asche. Dem Feuer fiel auch der hölzerne Dachstuhl, eine Glanzleistung gotischer Zimmermannskunst, zum Opfer. Weil ganz Österreich ihn unterstützte, wurde aber der Wiederaufbau nach dem Krieg von 1948 an in nur sieben Jahren so weit geschafft, dass erneut Gottesdienste abgehalten werden konnten. Der »Steffl« wurde so zum Symbol des Zusammenhalts nach den Schrecken der Hitler-Diktatur.

Der Dom als Kirche

Der Wiener Stephansdom hat aber natürlich nicht nur kulturelle Bedeutung, sondern ist auch Kirche. An jedem Wochentag werden sieben, an jedem Sonntag zehn Gottesdienste gefeiert. Besonders zu den hohen Feiertagen wie Ostern, Pfingsten und Weihnachten besuchen zahlreiche Kirchgänger die Messen. Besondere Gottesdienste werden oft live im Fernsehen übertragen. Zu den hohen Feiertagen und zum Jahreswechsel läutet dann auch die »Pummerin«.

Vor dem Eintritt in den Stephansdom ist ein kurzer Halt an dem von den beiden Heidentürmen flankierten **Riesentor** angebracht. Die romanischen Plastiken sind es wert, länger betrachtet zu werden. Drachen, Löwen und Basilisken symbolisieren die dämonischen Kräfte, den Kampf zwischen Gut und Böse. Da der Platz vor dem Dom lange als Marktplatz diente, sind im Mauerwerk neben dem Riesentor noch die so genannten Wiener Maße zu sehen, ein Brotlaib und zwei Längenmaße, die (kleinere) böhmische und die (größere) Wiener Elle.

Weihevollster Kirchenraum der Welt

Der Architekt Adolf Loos bezeichnete den Stephansdom als »weihevollsten Kirchenraum der Welt«. Sobald man den Innenraum betreten hat, muss man ihm Recht geben. Die aufstrebenden Säulen, das hohe Netzrippengewölbe und das Dämmerlicht verleihen dem dreischiffigen Langhaus eine entrückte, zeitlos wirkende Atmosphäre. So angenehm es aber ist, einfach dazustehen und zu schauen – es gibt auch eine Menge zu besichtigen.

Der berühmteste Kunstschatz des Stephansdoms ist die **Kanzel**. Um das Jahr 1514 aus sieben Sandsteinblöcken zusammengesetzt, zeigt die filigrane Steinmetzarbeit vier, übrigens nicht besonders schmeichelhaft porträtierte, Kirchenväter und am Sockel das liebevoll als »Fenstergucker« bezeichnete Bildnis des Dombaumeisters Anton Pilgram. Auf dem Stiegengeländer krie-

Vom Stephansdom aus geht es per Fiaker durch die Innenstadt

chen Kröten und Eidechsen aus Stein in die Höhe, Symbole für das Böse. Sie werden von einem Hund, dem Symbol des Guten, am Vordringen gehindert.

Weitere Höhepunkte sind der von Meister Pilgram geschaffene Fuß der 10 000 Pfeifen umfassenden **Riesenorgel**, der **Wiener Neustädter Altar** mit seinen 72 auf die Innen- und Außenflügel gemalten Heiligengestalten aus dem Jahr 1447 in der linken und das **Hochgrab Friedrichs III.** aus rotem Marmor in der rechten Seitenkapelle. In ihrer noblen Schlichtheit besonders berührend ist die 650 Jahre alte ***Dienstbotenmadonna***. Der Legende nach konnte die Unschuld eines des Diebstahls bezichtigten Dienstmädchens bewiesen werden, nachdem sie diese Madonna um Hilfe gebeten hatte.

Links: Alt und Neu: die Glasfassade des Haas-Hauses und die Heidentürme des Stephansdoms

KLEINE PAUSE

Direkt hinter der Stephanskirche, in den historischen Mauern des Deutschordenshauses, befindet sich das traditionsreiche Teehaus ***Haas & Haas*** (Stephansplatz 4). Palmen, Loomchairs und Antiquitäten verströmen die Atmosphäre eines britisch-kolonialen Clubs. Samstags ab 9.30 Uhr gibt es als *»best breakfast in town«* prämierte Frühstücksvariationen.

193 D3 Wien 1., Stephansplatz Innenraum Mo–Sa 6–22, So 7–22 Uhr; Führungen Mo–Sa 10.30, 15, So nur 15 Uhr; Lift auf den Nordturm April–Juni, Sept./Okt. tägl. 8.30–17.30, Juli/Aug. 8.30–18, Nov.–März 8.30–17 Uhr Stephansplatz Bus 1A, 2A, 3A Stephansplatz Führungen mittel; Lift zum Nordturm mittel www.stephansdom.at

STEPHANSDOM: INSIDER-INFO

Top-Tipps: Wenn es Ihre Kondition erlaubt, dann steigen Sie die 343 Stufen zur **Türmerstube im Südturm** hinauf (tägl. 9–17.30 Uhr, Eintritt: mittel). Die Aussicht aus den vier Fenstern wird Sie alle Mühen vergessen lassen.

- In die fälschlich »Katakomben« genannten **Gruftanlagen** unter dem Dom können Sie nur im Rahmen einer Führung hinuntersteigen (tägl. 10–11.30/13.30–16.30 Uhr, Eintritt: mittel). Zu sehen sind die Krypta, Eingeweideurnen und Sarkophage der Habsburger und mehrerer Bischöfe sowie Gebeine aus dem Bürgerfriedhof des 18. Jhs., der um den Stephansdom angelegt war.
- Bei schönem Wetter werden von Juni bis September samstags um 19 Uhr **Abendführungen mit Dachrundgang** durchgeführt. Treffpunkt ist beim Südturm.

Geheimtipp: Besuchen Sie den Stephansdom in den **frühen Morgen- oder in den Abendstunden**. Wenn es still ist, kommt die Atmosphäre des Doms erst richtig zur Geltung.

11 Judenplatz

Von den römischen Kasernen über das mittelalterliche Judenviertel zum berührenden Ort des Gedenkens – kaum ein anderer Platz spiegelt die lange und wechselvolle Geschichte der Stadt so wider wie der Judenplatz.

Lange Zeit war der Platz ein recht unspektakulärer Ort. Erst die Ausgrabungen, die von 1995–98 für die Errichtung eines 1994 von Simon Wiesenthal angeregten Mahnmals durchgeführt wurden, brachten seine lange Geschichte ans Tageslicht. Dieser Stadtteil wurde erstmals von den Römern besiedelt, sie errichteten hier im 1. Jh. n. Chr. Kasernen für ein großes Legionslager. Ab dem 12. Jh. entstand dann das Judenviertel.

Eines der größten mittelalterlichen Judenviertel

Das Ghetto besaß 70 Häuser, die so angeordnet waren, dass ihre Rückwände nach außen hin eine Mauer bildeten. Im Zentrum stand das erstmals 1205 erwähnte Schul- oder Bethaus, eine der größten Synagogen Europas. Die Wiener jüdische Gemeinde machte damals 5 % der Stadtbevölkerung aus. Die meisten Familien waren nicht reich, die Judenstadt entwickelte sich aber zu einem Zentrum berühmter jüdischer Gelehrter. 1421 wurden 210 Juden verbrannt, die anderen vertrieben und die Synagoge zerstört. Mehr als ein halbes Jahrtausend später entdeckten Archäologen nun die Reste der Synagoge, Grundmauern, Teile des Fliesenbodens und die Fundamente der sechseckigen *Bima*, auf der die Thora gelesen wurde.

Holocaustdenkmal

Heute gilt der Judenplatz mit Mahnmal, Ausgrabungen und Museum als Ort der Erinnerung. Dominiert wird der Platz vom Mahnmal der britischen Bildhauerin Rachel Whiteread.

Rachel Whitereads Mahnmal am Judenplatz

Der im Jahr 2000 enthüllte weiße Stahlbetonkubus ist von starker Symbolkraft. Er stellt eine nach außen gestülpte Bibliothek aus 7000 Büchern dar, die Türen sind verschlossen, die Buchrücken nach innen gekehrt. Der nicht betretbare

Das Misrachi-Haus, eine Dependance des Jüdischen Museums

Ausstellung im Untergeschoss des Misrachi-Hauses

Raum und die nicht mehr lesbaren Bücher stehen für den unwiederbringlichen Verlust der 65 000 österreichischen Juden, die zu Opfern des Nazi-Regimes wurden. Auf Bodenfliesen rund um das Mahnmal sind die Namen jener Orte festgehalten, an denen sie zu Tode kamen.

KLEINE PAUSE

Das Restaurant ***Gustl Bauer*** in der zum Platz Am Hof führenden Drahtgasse garantiert mit seiner Wiener und böhmischen Küche eine nahrhafte Erholungspause. Wundern Sie sich nicht, wenn Sie zu Ohrenzeugen lebhafter Debatten werden. Das ist das Stamm-Beisl des früheren Bürgermeisters Dr. Helmut Zilk und vieler Wiener Stadtpolitiker.

192 C4 Herrengasse Bus 1A Heidenschuss/Am Hof

JUDENPLATZ: INSIDER-INFO

Top-Tipp: Die Ausgrabungen sind im Erdgeschoss und in den Kellerräumen des Museums **Misrachi-Haus** (Wien 1., Judenplatz 8, So–Do 10–18, Fr bis 14 Uhr, Eintritt: mittel), einer Außenstelle des Jüdischen Museums (Palais Eskeles, Wien 1., Dorotheergasse 11, Tel. 535 04 31, So–Fr 10–18 Uhr, U-Bahn: Stephansplatz, Eintritt: frei, www.jmw.at), zu besichtigen. Drei moderne Schauräume informieren mit audiovisuellen Mitteln über Alltag, Wirtschaft und Religion der mittelalterlichen Gemeinde. Eine Computeranimation rekonstruiert die Judenstadt um 1400 und erlaubt einen virtuellen Rundgang durch die Gassen und in die Synagoge. In Schaukästen sind überdies zahlreiche Ausgrabungsstücke zu sehen.

13 Freyung

Die Freyung ist einer der elegantesten Plätze der Stadt. Gesäumt von prachtvollen, aufwändig renovierten Palais, hat sie sich zu einem urbanen Zentrum entwickelt, in dem Kunstinteressierte spektakuläre, ständig wechselnde Ausstellungen erwarten. Zum großstädtischen Flair tragen aber auch die Passagen und Innenhöfe der Palais bei, in denen sich hübsche Läden und Lokale etabliert haben.

Im Mittelalter hatte der nahezu dreieckige Platz die wenig ehrenvolle Aufgabe, der Stadt als Mülldeponie zu dienen. Wenn die Müllberge gerade einmal nicht allzu hoch waren, traten hier vorbeiziehende Gaukler und Spielleute auf, und in dringenden Fällen wurden auf dem Platz auch im Schnellverfahren Galgen für Verräter errichtet. Von dieser düsteren Vergangenheit ist nichts mehr übrig.

Tempel der Kunst

Wo früher das Bethaus der Schottenkirche stand, befindet sich jetzt das **Kunstforum** der Bank Austria. Hier werden regelmäßig hochinteressante Wechselausstellungen gezeigt, die sich wirklich lohnen. (Wien 1., Freyung 8, Tel. 537 33, Sa–Do 10–19, Fr bis 21 Uhr, Eintritt: teuer, www.kunstforumwien.at)

Eine Reihe von Palais ...

Die eine Seite des Platzes bildet das von Lukas von Hildebrandt entworfene **Palais Daun Kinsky**, ein Glanzstück barocker Baukunst. In seinen fürstlichen Räumlichkeiten finden festliche Bankette statt. Das ebenfalls barocke **Palais Harrach** wird seit 1994 vom Kunsthistorischen Museum für hochkarätige Ausstellungen, Lesungen und Konzerte genützt. Das anschließende **Palais Ferstel** wurde 1856–60 von Heinrich Ferstel im Stil der italienischen Architektur für die Österreichisch-Ungarische Bank gebaut. Bis 1877 war hier die Wiener Börse untergebracht. Später verfiel das Gebäude, bis es 1975 samt dem Café *Central* (► 28, 66) restauriert wurde. Heute werden die Prunkräume im 1. Stock für Tagungen und Bankette vermietet.

Die Schottenkirche an der Stirnseite der Freyung

Das Café *Central*, einst Treffpunkt der Wiener Literaten

... und andere Sehenswürdigkeiten

Im Norden begrenzt das **Schottenstift** die Freyung. Es wurde im Jahr 1155 von dem Babenberger Herzog Heinrich II. Jasomirgott gegründet, der Mönche aus Irland, das damals Scotia maior hieß, nach Wien gerufen hatte – mit Schotten hat dieses Stift also nichts zu tun. Die Mönche hatten das Recht, Asylsuchende aufzunehmen, sie konnten im Stift von der Gerichtsbarkeit nicht belangt werden – daher der Name Freyung. In der Kirche des Schottenstiftes liegt Heinrich II. Jasomirgott begraben.

An der Ecke des verkehrsberuhigten Platzes zur Renngasse steht der 1846 nach Entwürfen von Ludwig Schwanthaler gefertigte **Austria-Brunnen** (► 30), dessen Bronzefiguren die Flüsse Elbe, Donau, Weichsel und Po symbolisieren, einst die Hauptflüsse der Monarchie.

KLEINE PAUSE

Gehen Sie durch die Passage im Palais Ferstel in die Herrengasse. In der Konditorei des Café ***Central*** (► 66) wird Sie außer den süßen Köstlichkeiten auch die Atmosphäre des hohen, luftigen Raumes begeistern.

192 B/C4 Herrengasse, Schottentor Tram 1, 2, D Schottentor, Bus 2A, 3A Herrengasse

FREYUNG: INSIDER-INFO

Top-Tipp: In der **Gemäldegalerie** im 1. Stock des Schottenstiftes sind bedeutende Werke des 17., 18. und 19. Jhs. zu sehen (Do–Sa 11–17 Uhr, Eintritt: mittel). Das Highlight ist der Altar des »Wiener Schottenmeisters« aus den Jahren 1469–80. Auf dem Detail *Flucht nach Ägypten* können Sie die älteste Ansicht Wiens sehen.

Nach Lust und Laune!

Der idyllische Innenhof des Erzbischöflichen Palais

2 Erzbischöfliches Palais

Das barocke Palais wurde in den Jahren 1632–41 nach Entwürfen von Giovanni Coccapani errichtet. Der ausgedehnte Bau hat je eine Fassade zum Stephansplatz, zur Rotenturmstraße und zur Wollzeile hin. Das Palais war und ist der Sitz der Bischöfe und Erzbischöfe Wiens. Zu besichtigen ist hier das Dom- und Diözesanmuseum, das sakrale Kunst aus Gotik, Barock und Renaissance zeigt. Den Kern des Museums bilden die Bestände des Domschatzes samt einigen kostbaren ehemaligen Ausstattungsstücken des Stephansdoms.

193 D3 · Wien 1., Stephansplatz 6 · 515 52-35 60 · Di–Sa 10–17 Uhr · Stephansplatz · Bus 1A, 2A, 3A Stephansplatz · mittel · www.dommuseum.at

3 Franziskanerplatz

Auf dem durch große Steinkugeln vom Verkehr abgeschotteten Franziskanerplatz fühlt man sich auf Anhieb in eine mittelalterliche Stadt in Italien versetzt. Diesen Eindruck vermittelt die **Franziskanerkirche**, Wiens einziger Sakralbau im Renaissancestil. Ihr Giebel ragt hoch über die schmale Fassade hinaus.

Den Hochaltar schuf 1707 Andrea Pozzo, der Meister der Scheinarchitektur. Interessant ist die aus Böhmen stammende Gnadenstatue *Madonna mit der Axt* aus dem 15. Jh. Sie hat ihren Namen daher, dass Protestanten versucht haben sollen, sie zu zerstören, es jedoch sowohl misslang, sie zu verbrennen als auch mit einer Axt zu zerstören, denn die Axt blieb in Marias linker Schulter stecken.

193 D3 · Stephansplatz · Bus 1A, 2A, 3A Stephansplatz

4 Mozarthaus

In der engen, malerischen Domgasse lässt es sich auf Mozarts Spuren wandeln. Mozart zog in Wien elfmal um, erhalten ist aber nur die Wohnung, die er von September 1784 bis April 1787 in der Beletage des damals noch so genannten Camesina-Hauses

in der Domgasse 5 bewohnte. Glaubt man den Biografen, dann verlebte Mozart in diesem Haus mit Frau Constanze und Sohn Karl seine glücklichsten Jahre. Er komponierte hier zahlreiche Werke, darunter die Oper *Die Hochzeit des Figaro*. Heute ist die Wohnung als Erinnerungsstätte eingerichtet.

193 D3 Wien 1., Domgasse 5 512 17 91 tägl. 10–20 Uhr Stephansplatz Bus 1A, 2A, 3A Stephansplatz teuer

5 Jesuitenkirche

Die ehemalige Universitätskirche umrahmt zusammen mit der Alten Universität und der Akademie der Wissenschaften, die Mitte des 18. Jhs. als Aula der Alten Universität errichtet wurde, den Dr.-Ignaz-Seipel-Platz. Der Zauber dieses Platzes kommt besonders abends voll zur Geltung, wenn Scheinwerfer das frühbarocke Ensemble von perfekter Harmonie in ein unwirkliches Licht tauchen. Die Kirche wurde von Kaiser Ferdinand II. gestiftet, als er den Jesuiten die Universität anvertraute. Gebaut wurde sie 1623–31.

Besonders interessant ist die illusionistische Malerei des Andrea Pozzo im Hauptschiff. Die Kirche ist nach Norden ausgerichtet, dadurch hatte Pozzo mit schlechten Lichtverhältnissen zu kämpfen. Er integrierte deshalb das Hochaltarbild, das die Aufnahme Marias in den Himmel zeigt, in die Architektur, setzte das Bild in einen flachen Erker und erschloss eine natürliche Lichtquelle, indem er zwischen Bild und Rahmen schmale Fenster einfügte. In den Kapellen hinten rechts, wo ein an die Kirche anschließendes hohes Gebäude den Lichteinfall behindert, wird es noch interessanter. Pozzo leitete das Licht um, indem er die schmalen Seitenluken durch Spiegel ersetzte.

193 E3 Wien 1., Dr.-Ignaz-Seipel-Platz Stubentor Tram 1, 2, D Stubentor, Bus 1A Riemergasse

6 Heiligenkreuzerhof

Zwischen der Köllnerhofgasse und der Schönlaterngasse liegt ein weitläufiger, besonders idyllischer Hof. Er gehört den Zisterziensern der Abtei Heiligenkreuz. Die Räumlichkeiten um den Hof sind als Privatwohnungen vermietet (der berühmte Kabarettist Helmut Qualtinger hat lange hier gewohnt). Seit kurzem lädt im Heiligenkreuzer Hof der Hollmann Salon zur Rast – mit drei Mittagsmenüs (vegetarisch, Fisch, Fleisch) und abends ca. sechs Speisen auf der Karte. Klingt puristisch, ist es auch. Hollmann, eigentlich Schauspieler, aber auch gelernter Koch, fand tolle Sponsoren: Bulthaup lieferte die Showküche, die dänische Design-Ikone Hans J. Wegner die Stühle, die Uniformen des Personals stammen von Meyota und die Kochmützen vom Hollmann-Cousin Klaus Mühlbauer. Drinnen stehen nur zwei Tische à 14 Sitzplätze, bei schönem Wetter sitzt man im idyllischen Hof

193 E4 Wien 1., Grashofg.3/ Heiligenkreuzerhof 96 11 96 040 Mo–Fr 11.30–22, Sa 10–22 Uhr Stephansplatz Bus 1A, 2A, 3A Stephansplatz

Die unzerstörbare *Madonna mit der Axt*

Die Türme der Griechischen Kirche überragen den Fleischmarkt

7 Fleischmarkt

Nachdem die Türken geschlagen waren und keine Gefahr mehr darstellten, entwickelte sich Wien zu Beginn des 18. Jhs. zu einem Knotenpukt für den Han-

del mit dem Orient. Türkische, griechische und levantinische Kaufleute – nach ihnen ist das *Griechenbeisl* benannt – siedelten sich in der Umgebung des Fleischmarktes an und wickelten den Warenverkehr mit dem Orient ab. Die byzantinisch anmutende Fassade der Griechischen Nichtunionierten Kirche erinnert auch heute noch an diese Zeit.

193 E4 Schwedenplatz Tram 1, 2, 21, N, Bus 2A Schwedenplatz

8 Griechenbeisl

In den Matrikeln der Stadt findet sich eine Eintragung aus dem Jahr 1447 über den Verkauf eines Hauses; sie weist das *Griechenbeisl* als ältestes Gasthaus Wiens aus. Seine Anfänge gehen aber noch weiter zurück, die Fundamente stammen aus römischer Zeit. Um die Mitte des 17. Jhs., in den Zeiten der Pest, erdachte und sang der Bänkelsänger Augustin hier das berühmte Lied *Oh du lieber Augustin, alles ist hin* (► 20). Daran erinnert die Figur des Augustin, die aus einem vergitterten Kellerraum unter dem Eingang hervorlugt. Das *Griechenbeisl* hat schon viele prominente Gäste gesehen, auf der Decke eines Gewölbes haben sich Mozart und Beethoven, Einstein und Richard Wagner verewigt.

193 E4 Wien 1., Fleischmarkt 11
533 19 77 tägl. 11–1 Uhr (warme Küche 11.30–23.30 Uhr)
Schwedenplatz Tram 1, 2, 21, N, Bus 2A Schwedenplatz
www.griechenbeisl.at

9 Ruprechtskirche

Das kleine efeuumrankte Gotteshaus, das wie ein ruhender Pol aus dem turbulenten »Bermuda-Dreieck« (► 68) herausragt, ist die älteste Kirche Wiens. Sie steht auf einer Anhöhe über dem Donaukanal, von der bereits im Mittelalter eine Stiege hinab zur Anlegestelle für die Salzschiffe führte. Gegründet soll die Ruprechtskirche bereits um 470 worden sein. Im schlichten Inneren der im 11. Jh. erbauten Kirche sind Glasmalereien aus dem 13. Jh. und eine *Schwarze Madonna*, die man bei Türkenangriffen oder zu Zeiten der Pest anrief, zu sehen.

193 D4
Wien 1., Ruprechtsplatz
Schwedenplatz Tram 1, 2, 21, N, Bus 2A Schwedenplatz

10 Hoher Markt mit Ankeruhr

Unter dem Pflaster des ältesten Platzes Wiens entdeckten Archäologen römische Ruinen. Im Mittelalter standen hier neben der Schranne, dem Gerichtsgebäude, der Pranger für den Strafvollzug und der Narrenkotter, in

Maître Leherb

Werfen Sie einen Blick in das Haus Franziskanerplatz 6. Dort wohnte der Wiener Surrealist Maître Leherb bis zu seinem Tod 1997. Von ihm stammt auch der hübsche Taubenbrunnen im Hauseingang.

den Irre gesperrt wurden. Der Platz diente auch lange als Fischmarkt, und hier endete die erste Wasserleitung Wiens. Der Vermählungsbrunnen in der Mitte stammt von Joseph Emanuel Fischer von Erlach.

Glanzpunkt ist die **Ankeruhr** in der Ostecke des Platzes. Der Jugendstilmaler Franz von Matsch schuf sie 1911 als Dekoration für den Schwebebogen zwischen dem Firmensitz der Anker-Versicherung und dem Nachbarhaus. Die Besonderheit der Uhr ist eine Figurenparade. Täglich genau um Schlag 12 Uhr öffnen sich die Türen und es erscheinen zwölf überlebensgroße Figuren aus der Stadtgeschichte Wiens, darunter Marc Aurel, Karl der Große und Rudolf I.

193 D4 Stephansplatz
Bus 1A, 2A, 3A Hoher Markt

12 Am Hof

Um den weiten Platz Am Hof ließ sich 1155 der Babenberger Heinrich II. Jasomirgott einen Herrschersitz erbauen. Er entwickelte sich zu einem Zentrum höfisch-ritterlicher Kultur, in dem Künstler wie Walther von der Vogelweide auftraten. Herrschaftlich wirkt der Platz Am Hof auch heute noch, nicht zuletzt wegen der Kirche Zu den neun Chören der Engel, dem Palais Collalto, in dem der 6-jährige Mozart sein Konzertdebüt gab, und der mächtigen Mariensäule, die an die Bedrohung durch die Schweden im Dreißigjährigen Krieg erinnert.

192 C4 Herrengasse
Bus 1A Am Hof

Barockpracht der Kirche Zu den neun Chören der Engel

Römische Ruinen

Versäumen Sie nicht, im Haus Nr. 3 am Hohen Markt durch den Abgang im Café *Salut im Garten* zu den römischen Ausgrabungen hinunterzusteigen. Dort sind Reste des römischen Lagers Vindobona und Fundamente des Palastes zu sehen, in dem wahrscheinlich Kaiser Marc Aurel gewohnt hat. (Di–So 9–13/ 14–17 Uhr, Eintritt: preiswert)

Die Ankeruhr am Hohen Markt ist ein berühmtes Jugendstilkunstwerk

Wohin zum ...
Essen und Trinken?

Preise
Die Preisangaben gelten pro Person für ein Essen ohne Getränke.
€ unter 13 Euro **€€** 13–25 Euro **€€€** über 25 Euro

Restaurants

Augustinerkeller €
Dieses Stadtheurigen-Restaurant, eines der letzten in Wien und seit 50 Jahren im Familienbesitz, bietet in der urigen Atmosphäre historischer Gewölbe Hausmannskost plus Livemusik. Zur Auswahl stehen in diesem ehemaligen Klosterkeller, der kurioserweise ebenerdig liegt, vielerlei Köstlichkeiten – als Mittagsbrunch oder auch Heurigenbüfett.
192 C2 Wien 1., Augustinerstr. 3 533 10 26 tägl. 11–24 Uhr Karlsplatz/Oper Tram 1, 2, D, J, Bus 3A Oper

Cantinetta Antinori €€
Das Restaurant in nächster Nähe des Stephansdoms gehört der berühmten Adelsfamilie Antinori aus Florenz, die sich schon in 26. Generation mit der Produktion von Weinen beschäftigt. Die Einrichtung des Restaurants ist gediegen und von schlichter Eleganz, kulinarisch orientiert es sich an den Köstlichkeiten der Toskana, die mitunter ganz schön deftig sein können.
193 D3 Wien 1., Jasomirgottstr. 3/5 533 77 22 tägl. 11.30 bis 24 Uhr (warme Küche bis 23 Uhr) Stephansplatz Bus 1A, 2A, 3A Stephansplatz

Fabios €€€
Das *Fabios* besteht aus Restaurant, Bar und Lounge und gilt als schönstes Designrestaurant der Stadt, als architektonisches Schmuckstück. Die Glasfront zur Tuchlauben lässt sich im Sommer zur Gänze öffnen, dann wird das ganze Lokal zu einer Terrasse. Die Küche ist mediterran, leicht und raffiniert, zu den Spezialitäten zählen lauwarmer, geschmorter Oktopus und Steinbuttfilet.
192 C4 Wien 1., Tuchlauben 6 532 22 22 Mo–Sa 10–1 Uhr (warme Küche 12–23.30 Uhr) Stephansplatz Bus 1A, 2A, 3A Petersplatz

Figlmüller €
Das urige Lokal im Alt-Wiener Stil liegt in der schmalen Passage zwischen der Wollzeile und dem Lugeck. Hier gibt es die größten Wiener Schnitzel der Stadt. Dazu wird traditionellerweise ein gemischter Salat gegessen und ein »G'spritzter« getrunken, ein Achtelliter Wein, der mit Soda aufgespritzt wird. Die Stimmung ist beim *Figlmüller* immer ungezwungen und locker.
193 D3 Wien 1., Wollzeile 5 512 61 77 tägl. 11–22.30 Uhr (warme Küche bis 21.30 Uhr) Stephansplatz Bus 1A, 2A, 3A Stephansplatz

Gösser Bierklinik €
Die Einrichtung ist auch nach der Renovierung so geblieben, wie sie immer war, traditionell und urgemütlich. In der *Gösser Bierklinik* dreht sich alles um die Bierkultur. Zum gepflegten Gerstensaft gibt es im Erdgeschoss feine Wiener »Schmankerln«, im 1. Stock werden täglich wechselnde Kreationen des Küchenchefs serviert. Lassen Sie sich überraschen!
192 C4 Wien 1., Steindlgasse 4 533 75 98 12 Mo–Sa 10 bis 23.30 Uhr Stephansplatz Bus 1A, 2A, 3A Petersplatz

Haas & Haas €€
An der Rückseite des Stephansdoms verbirgt sich eines der angenehms-

ten Lokale der Stadt. Rechts vom Teehaus *Haas & Haas* führt eine unauffällige Tür in das gleichnamige Restaurant, das im Sommer einen der schönsten, vom Trubel der City durch dicke Mauern abgeschirmten Garten betreibt. Dort lässt sich in aller Ruhe moderne, leichte Küche genießen, Roastbeef auf Blattsalat zum Beispiel.

193 D3 Wien 1., Stephansplatz 4 512 26 66 Mo–Fr 8–20, Sa bis 18.30, So 9–18 Uhr Stephansplatz Bus 1A, 2A, 3A Stephansplatz

Indochine 21 €€€

Die spezielle Esskultur der Länder Vietnam, Laos und Kambodscha kombiniert mit dem europäischen Zeitgeist des 21. Jhs., das ist die Philosophie des *Indochine 21*. Das Restaurant bezaubert aber nicht nur durch seine hochinteressante Küche, sondern auch durch sein Styling. Die geflochtenen Korbmöbel und die stilvolle Verbindung Restaurant-Bar-Lounge machen es zu etwas ganz Besonderem.

193 F3 Wien 1., Stubenring 18 513 76 60 tägl. 11.30–2 Uhr (warme Küche 11.30–24 Uhr, Barfood 18 bis 24 Uhr) Stubentor Tram 1, 2, Bus 1A, 74A Stubentor

Martinelli €€

Im ohnehin wunderbar italienisch anmutenden Innenhof des Palais Harrach verbreitet die Trattoria *Martinelli* noch zusätzliches Italien-Feeling. Das Ambiente ist edel und hat südliches Flair. Die Küche ist inspiriert von den Hügeln der Toskana, auf der Speisekarte finden sich italienische Köstlichkeiten wie Kalb, Rind, Kaninchen, gebraten mit Oliven oder geschmort in dunklem Wein. In diesem Lokal mit seinem besonderen Ambiente wirkt ein Abendessen wie ein kleiner Kurzurlaub in Italien. Lassen Sie sich entführen!

192 C4 Wien 1., Freyung 3 533 67 21 Mo–So 12–15/18 bis 24 Uhr Herrengasse, Schottentor Tram 1, 2, D Schottentor, Bus 2A, 3A Herrengasse

Ofenloch €€

Der Besitzer dieses bereits seit 300 Jahren bestehenden Lokales ist Sammler. Er trägt seit Jahren von allen möglichen Orten zusammen, was ihm gefällt. Entsprechend liebevoll sind die Räume des Restaurants dekoriert – der Stolz des Hauses ist die beachtliche Sammlung von Flaschenkorken. Küche und Keller bieten Traditionelles und Aktuelles, die Speisekarte präsentiert sich in Form einer altertümlichen Zeitung, *Ofenloch's Localblatt*.

192 C4 Wien 1., Kurrentgasse 8 533 88 44 Mo–Sa 10–24 Uhr (warme Küche 12–22.45 Uhr) Stephansplatz Bus 1A, 2A, 3A Petersplatz

Oswald & Kalb €

Die Mischung aus Szenebar und Speiselokal ist bereits seit zwei Jahrzehnten ein beliebter Treffpunkt. Die Räume sind urig und gemütlich, die Küche ist bodenständig und fein. Vor allem am Stammtisch im hinteren Teil des Lokals haben im Laufe der Jahre schon viele Prominente und Künstler gesessen und diskutiert.

193 E3 Wien 1., Bäckerstr. 14 512 13 71 tägl. 11.30–24 Uhr Stubentor Bus 1A Riemergasse

Reicher's Neu Wien €€

Ein »Achterl« an der Bar, ein gemütliches Zusammensitzen, ein Essen an den adrett gedeckten Tischen oder ein Besuch bei KIK (Kultur Im Keller), diese Möglichkeiten bietet das *Neu Wien*. Das Lokal hat eine angenehme Wohnzimmeratmosphäre, die Küche ist gut und nicht aufdringlich modisch. Das ansprechend gestylte Lokal gilt als gehobener Künstlertreff.

193 E3 Wien 1., Bäckerstr. 5 512 09 99 Mo–Sa 18–1 Uhr Stubentor Bus 1A Riemergasse

Zu den 3 Hacken €

Das einstige Stammlokal von Franz Schubert und seinen Freunden ist auch heute noch ein urtypisches Gasthaus. In dem kleinen Garten vor dem Haus sitzt man an einfa-

Wohin zum … Ausgehen?

Der älteste Teil Wiens wird nachts am lebendigsten. In den engen Gässchen um den Stephansdom geht das Leben nach Einbruch der Dunkelheit erst richtig los. Hier machen die Wiener gern ihre »Beisltouren«, sie ziehen von einem Lokal zum anderen.

Bermuda-Dreieck

In der Umgebung der Ruprechtskirche, am Rabensteig, in der Seitenstettengasse und am Ruprechtsplatz hat sich Anfang der 1970er-Jahre ein lebhaftes Vergnügungsviertel etabliert, das »Bermuda-Dreieck«: Plötzlich reihten sich dort verschiedene lustige Lokale aneinander. Man konnte essen, trinken, Musik hören und dann einfach weiterziehen. Viele der Lokale gibt es auch heute noch, und sie sind nach wie vor total in.

Das bereits 1973 eröffnete Lokal **Zum Kuchldragoner** (Seitenstettengasse 3, Tel. 533 83 71, So–Do 11–2, Fr/Sa bis 4 Uhr) bietet Wiener Küche und ein gemütliches, unkompliziertes Ambiente. **Ma Pitom** (Seitenstettengasse 5, Tel. 535 43 13, So–Do 17–3, Fr/Sa bis 4 Uhr) ist ein quirliges, lustiges Bierlokal mit besonders schönem Garten bei der Ruprechtskirche. Auch das **Krah Krah** (Rabensteig 8, Tel. 533 81 93, tägl. 11–2 Uhr) setzt auf Bier, hier gibt es Sorten aus aller Welt. Das **Salzamt** (Ruprechtsplatz 1, Tel. 533 53 32, Mo–Fr 12–2, Sa/So 17–2 Uhr) ist ein beliebtes Speiselokal. Der **Rote Engel** (Rabensteig 5, Tel. 535 41 05, tägl. 17–4 Uhr) ist der Ort für Livemusik und ist dementsprechend fast jeden Abend brechend voll; in den letzten 15 Jahren sind dort schon 700 Musikgruppen aufgetreten, mit Rock, Pop, Funk und Jazz. Ermüdungserscheinungen sind trotzdem keine zu bemerken.

MUSIK

In den Kellerräumen des Hauses Riemergasse 11 wurde schon Mitte des 19. Jhs. Theater gespielt. Später gab es dort Kabarett, Revue und Kino. Die Räume des heutigen **Porgy & Bess** (Riemergasse 11, Tel. 512 88 11, Mo–Sa ab 19, So ab 20 Uhr) sind modern und aufwändig gestaltet, hier trifft sich alles, was an Jazz interessiert ist. Das Programm ist abwechslungsreich und interessant.

Im **Jazzland** (Franz-Josefs-Kai 29, Tel. 533 25 75, Mo–Sa ab 19 Uhr, Musik ab 21 Uhr) ist die Zeit stehen geblieben. Das Lokal ist so schummrig und verraucht, wie man es von einem echten Jazzclub erwartet, die Stimmung ist oft wirklich toll. Gespielt wird Traditionelles von Swing, Blues, Dixie zu Modern.

BARS

Seit rund 20 Jahren ist die kleine, aber feine **Broadway Piano-Bar** (Bauernmarkt 21, Tel. 533 28 49, Mo–Sa ab 21 Uhr) mit altösterreichisch-ungarischem Flair ein Treffpunkt für Künstler und Genießer. Auf dem Programm stehen Theater und Chansonabende, es gibt jeden Abend Livemusik, Hausherr Bela Koreny spielt Klavier, und das macht jeden Abend zu einem wunderbaren, unvergesslichen Erlebnis.

Die legendäre **Eden Bar** (Liliengasse 2, Tel. 512 74 50, Mo–Sa 22 bis 4 Uhr) hat auch nach Jahrzehnten nichts von ihrem Charme verloren. Hier trifft sich alles, was in Wien Rang und Namen hat, zum »Reden in der Eden«. Es gibt jeden Abend Livemusik. Hausherr war bis zu seinem plötzlichen Tod Anfang 2006 Heinz Schimanko, Wiens charismatischer »König der Nacht«.

In den Schaukästen vor dem Lokal sind die aktuellen Fotos der Barbesucher zu bewundern. Sie sind eine echte Attraktion in der Liliengasse. Wobei man bei genauem Hinsehen stets auch viele prominente Ausländer erkennen kann.

Das Herz der Kaiserstadt

Erste Orientierung

In keinem anderen Teil von Wien ist der Glanz der Kaiserzeit stärker spürbar als in diesem. Die Hofburg, die Albertina und die belebten Straßen spiegeln auch heute noch Macht und Eleganz der ehemaligen Donaumetropole wider. Hier gibt es noch Geschäfte mit liebenswert verstaubtem k.u.k. Flair, daneben aber auch richtige Konsumtempel mit internationaler Ausstrahlung und tolle Lokale.

Das Herz der alten Kaiserstadt schlägt mit nahezu jugendlichem Ungestüm. Das zeigt sich besonders im Bereich Kohlmarkt und Graben. Hier ist in den letzten Jahren vieles in Bewegung gekommen. Altes hat Neuem Platz gemacht, und über allem liegt eine gediegene, großstädtisch-noble Atmosphäre. Nicht zuletzt wegen der zahlreichen eleganten Lokale ist ein neues, urbanes Lebensgefühl zu spüren. Aber auch die touristischen Highlights wurden in den letzten Jahren mit größtem Aufwand auf Hochglanz gebracht: Von der Hofburg mit ihren tollen Museen über die Hofreitschule bis zur Albertina erstrahlt alles in neuer Pracht.

Oben: Die Hofburg zieht die Menschen in Massen an

Links: Der Graben bietet auch gemütliche Sitzplätze

Rechts: Glitzerparadies Swarovski

Seite 69: Der Kohlmarkt führt zum Michaelertor

★ Nicht verpassen!

Nach Lust und Laune!

Hofburg und Albertina sind die Highlights des Herzens der Kaiserstadt. K.u.k. Flair erleben Sie aber auch beim Bummeln in den Straßen, die Wiens Ruf als elegante und prächtige Stadt begründet haben.

Das Herz der Kaiserstadt an einem Tag

9 Uhr

Beginnen Sie diesen Tag kaiserlich, mit der 1 **Hofburg** (links; ➤ 74). Hier sollten Sie sich nicht damit begnügen, das »Labyrinth der Habsburger« nur von außen anzuschauen. Die Kaiserappartements, das Sisi-Museum, die Silberkammer und die Schatzkammer haben wirklich viel zu bieten – Exponate und eine Atmosphäre, die einzigartig ist auf der Welt. Eine weitere Besonderheit ist auch die direkt bei der Hofburg liegende 2 **Spanische Hofreitschule** (➤ 84).

12 Uhr

Stärken Sie sich im Café *Hofburg* (➤ 90) ein wenig, und machen Sie sich dann auf zum Bummel über den 5 **Kohlmarkt** (➤ 78). Bestaunen Sie bei *Schullin* (➤ 91) eleganten modernen Schmuck und bei *Siedler* (➤ 91) antiken, schauen Sie die Auslage von *Demel* (➤ 90) an, die immer besonders kreativ gestaltet ist, kaufen Sie kandierte Veilchen, Sisis Lieblingsnascherei, und gehen Sie dann an den Auslagen von Chanel, Gucci und Louis Vuitton vor bis zum 5 **Graben** (➤ 78).

13 Uhr

Ein feines, leichtes und modernes Mittagessen bekommen Sie bei *Meinl am Graben* (rechts; ➤ 88). Danach müssen Sie am Graben die Auslagen des Spezialgeschäftes für feine Wäsche anschauen, der *Schwäbischen Jungfrau* (rechts oben; ➤ 91), und dann die vom Einrichtungshaus

Rasper gegenüber, denn dort findet sich alles, was eine Wohnung schick und modern macht. Die Auslagen der Juweliere *Heldwein* und *Haban* (► 91) bieten Ihnen noch glitzernde Lichtblicke des Lebens, aber dann wird es ernst. In der 7 **Kapuzinergruft** (► 80) erleben Sie die einzigartige habsburgische Inszenierung des Todes.

15 Uhr

Die kühne moderne Architektur im Aufgangsbereich und die aufwändig restaurierten Räumlichkeiten der 8 **Albertina** (► 82) werden Ihnen bald wieder Lust aufs Diesseits machen. Schauen Sie sich die aktuelle Ausstellung an, und danach wird dann nur noch nach Herzenslust gebummelt.

17 Uhr

Die uralten, engen Seitengassen des Grabens eignen sich zum Stöbern für alle, die Freude an schönen alten Dingen haben. Hier reihen sich große und kleine Antiquitätengeschäfte aneinander, hier finden sich exklusive Stücke ebenso wie kleine alte Schmuckstückchen zu akzeptablen Preisen. Versäumen Sie auf keinen Fall einen Rundgang durch das 9 **Dorotheum** (► 85). Das Nebeneinander von Kunst und Kitsch in der wunderschönen Palaisatmosphäre wird Sie bezaubern.

19 Uhr

Spazieren Sie zum Schluss noch etwas durch den 11 **Burggarten** (► 86), wo Sie auch das 12 **Palmenhaus** (rechts; ► 86) mit seiner tollen Brasserie finden, die sich an diesem Tag für das Abendessen anbietet. Und danach? Ein Kasinobesuch (► 92) wäre einmal etwas anderes. Und wer weiß, vielleicht haben Sie in Wien ja Glück im Spiel ...

1 Hofburg

Das »Labyrinth der Habsburger«, so wird die Hofburg oft scherzhaft bezeichnet, und das nicht zu Unrecht. Im Laufe der 600 Jahre, in denen die Hofburg den Habsburgern nahezu ohne Unterbrechung als Residenz diente, haben sie so lange einen Trakt nach dem anderen angefügt, bis ein riesiger Komplex entstanden war.

Die Hoftafel erweckt das spanische Zeremoniell der Kaiserzeit zu neuem Leben

Die Hofburg präsentiert sich heute wie ein in sich abgegrenzter Stadtteil. Sie erstreckt sich über eine Fläche von 240 000 m², umfasst 18 Trakte, 19 Höfe und insgesamt 2600 Räume. Rund 5000 Menschen arbeiten heute in der Hofburg.

Die Anfänge

Begonnen hat alles mit dem **Schweizerhof**, der nach der Schweizer Garde benannt ist, die hier zu Maria Theresias Zeiten wachte. Wann genau dieser älteste Trakt entstand, ist nicht bekannt, 1279 aber wurde er erstmals urkundlich erwähnt. Das Castro Wiennensi war eine richtige Burg, mit vier Ecktürmen, Wassergraben und Zugbrücke, und es diente dem Habsburger Rudolf I. als Residenz. Der Kern dieser Burg ist erhalten, ebenso wie die **Burgkapelle**, die allerdings später umgebaut wurde.

Auch das auffallend in Rot-Schwarz-Gold gehaltene **Schweizertor** ist jünger, es wurde erst 1552 von Pietro Ferabsco gestaltet. In diesem Trakt befindet sich die **Schatzkammer**, in der Sie neben vielen anderen weltlichen und geistlichen Preziosen die Insignien des Heiligen Römischen Reiches besichtigen können, darunter die tausendjährige Reichskrone, der Reichsapfel, das Reichsschwert, das Reichskreuz und der kostbare Burgunderschatz.

Unglaublich, aber wahr

Zur Zeit Kaiserin Maria Theresias fanden in der Hofburg zur Demonstration von Macht und Reichtum opulente Schauessen statt, bei denen das Volk zuschauen durfte. Ein solches Essen kostete so viel wie der Bau der Karlskirche.

Weitere Bauten

Der zweitälteste Teil der Hofburg liegt etwas außerhalb des Komplexes, von diesem getrennt durch die Reitschulgasse. Es ist die **Stallburg**, ein Renaissanceschloss, das Kaiser Ferdinand I. 1558–65 als Residenz für seinen aus Spanien zurückkehrenden Sohn Maximili-

an errichten ließ. In diesem Gebäude mit einem dreigeschossigen Renaissancearkadenhof residieren schon seit dem 18. Jh. die »Herren Lipizzaner« der Spanischen Hofreitschule (➤ 84).

Die **Amalienburg** stammt aus dem 16. Jh., sie war ursprünglich ein freistehendes Gebäude gegenüber vom Schweizertrakt. Diesen Trakt bewohnte zuletzt Kaiserin Elisabeth. Zur 150. Wiederkehr des Hochzeitstages von Elisabeth und Kaiser Franz Joseph wurde hier am 24. April 2004 das **Sisi-Museum** eröffnet. Es ist aber kein Museum im üblichen Sinn, sondern eine Art Inszenierung der faszinierenden Persönlichkeit der Kaiserin. Schwerpunkte bilden die Gedichte der Kaiserin, ihre Porträts, ihre Kleider, ihre (von Swarovski nachgebildeten) Schmuckstücke und ihr Tod.

Das Schweizertor zählt zu den ältesten Teilen der Hofburg

Kaiser Leopold I. ließ 1668–80 den Schweizertrakt mit der Amalienburg verbinden. Diesen **Leopoldinischen Trakt** bewohnten später Kaiserin Maria Theresia und Joseph II. Da die prachtvollen Repräsentationsräume seit 1946 als Amtssitz des österreichischen Bundespräsidenten dienen, kann dieser Teil der Hofburg nicht besichtigt werden.

Das Denkmal Kaiser Franz I. dominiert den Innenhof der Hofburg

Spektakuläre Veränderungen im Barock

Die wohl spektakulärste Veränderung erlebte die Hofburg, als Kaiser Karl VI. Joseph Emanuel Fischer von Erlach mit Zubauten beauftragte. 1723–35 wurde die **Nationalbibliothek** gebaut, deren Prunksaal zu den schönsten Bibliothekssälen der Welt zählt. Dann wurde die 57 m lange und 19 m breite **Winterreitschule** (► 84) errichtet und im Anschluss an sie die **Redoutensäle** an der Seite zum Josefsplatz. Die Winterreitschule ist von einer freischwebenden Decke überdacht und von einer von 46 Säulen getragenen Galerie umgeben.

Nach Plänen von Fischer von Erlach und Johann Lukas von Hildebrandt wurde 1726–30 auch der **Reichskanzleitrakt** errichtet, den ab Mitte des 19. Jhs. Kaiser Franz Joseph bewohnte. Durch das Kaisertor gelangen Sie in die **Kaiserappartements**, in denen die originale Einrichtung einen authentischen Eindruck von den Wohn- und Arbeitsräumen des Kaisers vermittelt. In der benachbarten **Silberkammer** können Sie wertvolles Tafelgerät bestaunen, darunter das Silber-, Bronze-, Glas- und Porzellangeschirr, das im Kaiserhaus im Alltag und bei festlichen Anlässen in Verwendung stand.

Zu Beginn des 19. Jhs. wurde an den Leopoldinischen Trakt der **Zeremoniensaal** angefügt. In dem von Louis de Montoyer gestalteten Saal finden heute viele Bälle statt.

Die Neue Burg bildet den seitlichen Abschluss des Heldenplatzes

Vollendung des Komplexes

Der **Michaelertrakt** geht noch auf alte Pläne Joseph Emanuel Fischer von Erlachs zurück. Kaiser Franz Joseph ließ das Verbindungsstück zwischen Reichskanzleitrakt und Winterreitschule, dessen 50 m hohe Kuppel vom Kohlmarkt aus be-

Für Kinder

Kaiserin Elisabeth und das Leben in der Hofburg können Kinder (6–11 Jahre) bei einer **Führung für Familien** durch das Sisi-Museum kennen lernen. Zum Schluss gibt es einen Riesenspaß, dann dürfen die Kinder Kleider der Kaiserzeit anprobieren und sich in kleine Majestäten verwandeln. (Sa/So 10.30 und 14.30 Uhr, Dauer ca. 1 Stunde, Anmeldung Tel. 533 75 70-15, Eintritt: mittel).

Adler und Krone auf der Neuen Hofburg symbolisieren kaiserliche Macht

sonders elegant wirkt, von 1889 bis 1893 erbauen. Die letzte große Veränderung erlebte die Residenz 1913 mit dem Bau der **Neuen Burg**.

Die Hofburg beherbergt schon seit dem Ende des Ersten Weltkriegs keine Kaiser und keine tausendköpfige Dienerschar mehr. In den verschiedenen Trakten sind heute Amtsräume, Büros, Privatwohnungen, Konferenz- und Festsäle untergebracht, und die Stallungen der Lipizzaner: Die Hofburg lebt.

KLEINE PAUSE

Vom Café ***Spanische Reitschule*** (Eingang Michaelerkuppel) aus können Sie die Lipizzaner auf ihrem Weg zur Morgenarbeit beobachten.

192 C3 Herrengasse Tram 1, 2, D, J Burgring, Bus 2A, 3A Hofburg www.hofburg-wien.at

Kaiserappartements, Silberkammer, Sisi-Museum
533 75 70 tägl. 9–17 Uhr; Juli/Aug. 9–17.30 Uhr teuer

Schatzkammer
525 24-0 Mi–Mo 10 bis 18 Uhr teuer

Burgkapelle
533 99 27 Mo–Do 11–15, Fr bis 13 Uhr preiswert

Prunksaal Nationalbibliothek
Wien 1., Josefsplatz 1, 1.Stock 534 10-0 Di–So 10–18, Do bis 21 Uhr mittel www.onb.ac.at

HOFBURG: INSIDER-INFO

Top-Tipp: Von Mitte September bis Ende Juni können Sie bei der Sonntagsmesse in der Burgkapelle die **Wiener Sängerknaben** singen hören, die von Mitgliedern von Chor und Orchester der Staatsoper begleitet werden. Karten muss man reservieren (Fax 533 99 27-75), Restkarten gibt es aber freitags an der Tageskasse bei der Burgkapelle. Zuhören und -sehen ist auch ohne Karte von der Vorhalle aus via Monitor möglich.

5 Kohlmarkt und Graben

Kohlmarkt und Graben, das sind neben der Kärntner Straße die beiden elegantesten Flaniermeilen der Stadt. Dass sich die Stadt im Umbruch befindet, wird auch hier deutlich. An die Stelle vieler nobler Geschäfte sind in letzter Zeit internationale Ketten getreten – und die exquisiten Geschäfte renommierter Luxusmarken.

Graben

Der Graben ist nicht nur ein teures Pflaster, sondern auch ein geschichtsträchtiger Boden. Die Römer errichteten hier einen breiten Festungsgraben. Diesen ebneten die Babenberger um 1200 im Zuge ihrer Stadterweiterung ein. Zu den Planierarbeiten sollen englische Soldaten aus dem Gefolge des gefangenen Königs Richard Löwenherz herangezogen worden sein – wahr oder nur schön erfunden?

Als Einkaufsmeile diente der Graben schon im Mittelalter. Damals gab es aber nicht wie heute kostbaren Schmuck oder teures Parfum, sondern Brot, Fleisch und Gemüse. Seit 1693 spielt sich das Geschehen um die **Dreifaltigkeitssäule** ab, die den Graben bis heute dominiert. Sie wurde errichtet, weil Kaiser Leopold I. während der Pestepidemie von 1679, der

Um die Dreifaltigkeitssäule pulsiert das Leben am Graben

100 000 Wiener zum Opfer fielen, den Bau einer Gedenksäule gelobt hatte. Lodovico Burnacini gestaltete die prachtvolle Säule, auf der die heilige Dreifaltigkeit über einem Gebirge von Wolken thront.

In der Barockzeit stieg der Graben zu einem urbanen Zentrum auf, es entstanden Palais und Kaffeehäuser. Erhalten ist aus dieser Zeit lediglich das 1720 von Johann Lukas von Hildebrandt erbaute **Palais Bartolotti-Partenfeld** (Graben 11), ein frühes Miethaus.

Die Gebäude, die Sie heute zu beiden Seiten des Grabens sehen, stammen meist aus dem 19. und 20. Jh. Beachtung verdient vor allem das von Otto Wagner gebaute **Ankerhaus** (Graben 10). Das oberste Geschoss mit dem gläsernen Dachaufbau bewohnte Friedensreich Hundertwasser.

Der Graben mit seinen eleganten Geschäften ist verführerisch

Kohlmarkt

Auch die Geschichte des Kohlmarktes reicht bis in die Römerzeit zurück. Hier verlief die Fernhandelsstraße, die sich im Bereich des heutigen Michaelerplatzes mit der Limesstraße kreuzte. Im Mittelalter konnten die Wiener in diesem Bereich ihren Bedarf an Holz und Kohle decken, daher der Name. Aus der Barockzeit ist das große **Michaelerhaus** (Kohlmarkt 11) erhalten, in dem der junge Joseph Haydn eine Dachkammer bewohnte.

Heute ist der Kohlmarkt die absolute Luxusmeile der Stadt. Hier liegen die eleganten Geschäfte von Chanel (Kohlmarkt 5), Gucci (Kohlmarkt 5) und Louis Vuitton (Kohlmarkt 16), der Feinkosttempel *Meinl am Graben* (► 88) und die legendäre k.u.k. Hofzuckerbäckerei *Demel* (► 90) mit ihren umwerfenden Torten.

Die Snacks von *Trzesniewski* sind legendär

KLEINE PAUSE

Die besten Brotaufstriche der Stadt bekommen Sie bei ***Trzesniewski*** (Dorotheergasse 1). Im Sommer können Sie Ihren feinen Snack (Speck mit Ei!) an einem Tischchen stehend vor dem Lokal einnehmen.

192/193 C/D3 Stephansplatz Bus 2A, 3A Habsburgergasse

KOHLMARKT UND GRABEN: INSIDER-INFO

Top-Tipp: In der engen Passage zwischen Michaelerplatz und Habsburgergasse erwartet Sie ein Stück mittelalterliches Wien: ein **Kalksteinrelief der Ölbergszenerie** von 1494 und ein **Schmerzensmann** von 1430.

Geheimtipp: Ob Sie müssen oder nicht, steigen Sie am Graben in die **Öffentliche Toilette** hinunter. Die 1904 von Wilhelm Beetz gestaltete Anlage ist ein echter Hit!

7 Kapuzinergruft

Die Wiener Kaisergruft unter der Kapuzinerkirche zeigt eindrucksvoll die Vergänglichkeit der Habsburger-Dynastie. Hier liegen 146 Angehörige des Adelsgeschlechts und mehr als drei Jahrhunderte österreichischer Geschichte begraben.

Eine steile Stiege führt hinab in die Kaisergruft, darüber prangt das Wort »Silentium«. Die Mahnung zur Stille erinnert daran, dass die letzte Ruhestätte der Habsburger ein geweihter Ort ist. Kaiserin Anna verfügte 1617, dass innerhalb der Stadtmauern Wiens ein Kapuzinerkloster samt Begräbnisstätte für sie und ihren Gemahl Kaiser Matthias errichtet werden sollte. Die sterblichen Überreste des Gründerpaares wurden 1633 in der Kaisergruft bestattet. Seither fanden hier, von den Kapuzinerpatres sorgsam bewacht, weitere 144 Personen die letzte Ruhe. Unter den Toten befinden sich 12 Kaiser und 19 Kaiserinnen und Königinnen.

Der Sarg von Kaiser Karl VI.

Wandel des Totenkults

Die einzelnen Räume sind Spiegelbilder ihrer Zeit, wie die karge »Gründergruft«, die barock-theatralische »Maria-Theresiengruft« oder die schlichte »Neue Gruft« aus den 1960er-Jahren. Besonders beeindruckend ist der mit Basreliefs verzierte **Prunksarkophag von Maria Theresia und Franz Stefan** in dem vom Kaiserpaar selbst entworfenen Mausoleum. Hier ist übrigens auch die einzige Nicht-Habsburgerin bestattet: Gräfin Karoline Fuchs-Mollardt, die Erzieherin der Kaiserin.

Der schmucklose Kupfersarg von Maria Theresias Sohn und Nachfolger Joseph II. dokumentiert anschaulich den Übergang vom Barock zur Aufklärung.

Die Kapuzinergruft wurde immer wieder vergrößert, so ließ auch Kaiser Franz Joseph 1908 in weiteren Kellerräumen des Klosters ein würdiges Mausoleum für sich, seine Gattin Elisabeth und Kronprinz Rudolf errichten. Zuletzt wurde hier 1989 Kaiserin Zita, die Gemahlin des letzten österreichischen Kaisers Karl I., bestattet.

Die Herzen der Habsburger

Drei Jahrhunderte lang hat man die Habsburger ganz nach ihrem Bestattungsritual zur letzten Ruhe gebettet: Die Leichname wurden seziert, ihre Herzen befinden sich in Silberbechern konserviert in der Augustinerkirche, ihre Eingeweide ruhen in der Herzogsgruft tief unter dem Stephansdom, und nur die einbalsamierten Körper befinden sich in der Kapuzinergruft.

KLEINE PAUSE

Nur wenige Schritte von der Kapuzinergruft entfernt, finden Sie in der ***Kurkonditorei Oberlaa*** (Neuer Markt 16) die besten Mehlspeisen.

193 D3 **Wien 1., Tegetthoffstr. 2** **512 68 53/16** **tägl. 10–18 Uhr** **Stephans-platz** **Bus 1A, 2A , 3A Stephansplatz** **mittel** **www.kaisergruft.at**

KAPUZINERGRUFT: INSIDER-INFO

Top-Tipps: Nehmen Sie sich für den **Sarg Maria-Theresias** viel Zeit. Die Details und Figuren symbolisieren auf einzigartige Weise den Kampf zwischen dem Tod und der auf Fortbestand ausgerichteten Macht einer Herrscherfamilie.
- Werfen Sie einen Blick auf die **Vitrine beim Eingang**, hier stellen die Kapuziner seit kurzem zwölf Objekte wie Reliquiare oder ein Kreuz aus Bergkristall aus der geistlichen Schatzkammer aus.

Geheimtipp: Fragen Sie den Kapuzinermönch am Eingang, ob momentan **Reisegruppen oder Schulklassen** die Gruft besichtigen. Wenn ja, kommen Sie später wieder – und genießen Sie die Monumentalität der Todesdenkmäler in aller Stille.

8 Albertina

Das Palais Albertina, das eine der größten grafischen Sammlungen der Welt beherbergt, bot jahrzehntelang einen unerfreulichen Anblick. Seit der aufwändigen Renovierung und Wiedereröffnung des Palais im März 2003 ist die Albertina jedoch zu einem strahlenden Glanzlicht in der neuen Museumslandschaft Wiens geworden und schlägt alle Besucherrekorde.

Die Albertina ist mit Glanz und Gloria neu erstanden. Hans Holleins kühnes Flugdach, der viel diskutierte Soravia-Wing, der Lift aus Glas und Stahl, der die 11 m vom Straßenniveau zum Eingang überwindet, die Rolltreppe und der neu gestalte-

Die Albertina erstrahlt seit einigen Jahren in neuem Glanz

te Eingang, das alles ist hochinteressante Architektur. Innen setzt sich die Spannung fort. Besucher kommen zuerst in den marmorverkleideten Windfang, dann in das in hellem Travertin gehaltene Foyer und in den Harriet-Hartmann-Court. Hier befinden sich die Kassen, die Zugänge zum eleganten Restaurant und zum raffiniert ausgestatteten Shop.

18 Prunkräume erstrahlen in neuem Glanz

Die Prunkstiege führt hinauf zu den Prunkräumen. Erstmals seit 100 Jahren sind hier 18 habsburgische Räume wieder auf Hochglanz gebracht worden. Die kleineren Räume der **»Herrenseite«** präsentieren sich vom Goldkabinett bis zum Billardzimmer im Stil von Louis XVI. Die **»Damenseite«** mit Musensaal und Audienzsaal hingegen ist in purem Klassizismus gehalten.

Seine heutige Form hat das Palais im Wesentlichen Ende des 18. und Anfang des 19. Jhs. erhalten, als Albert Herzog von Sachsen-Teschen und seine Frau, Erzherzogin Marie Christine, die Lieblingstochter von Maria Theresia, es nach

Das Highlight der »Damenseite« ist der Musensaal

Plänen von Louis de Montoyer umgestalten ließen. Die klassizistischen Teile stammen vom nächsten Besitzer, von Erzherzog Karl, dem Sieger der Schlacht bei Aspern, der damit Joseph Kornhäusel beauftragte.

Neu sind die in der Bastei errichtete Halle **White Cube** für Ausstellungen der klassischen Moderne und die **Propter-Homines-Halle** mit etwa zehn gleich großen Raumabschnitten im Piano Nobile. Als dritte Ausstellungshalle dient die dem Portikus vorgelagerte **Pfeilerhalle**.

Die in der renovierten Albertina gezeigten Ausstellungen, allen voran die große Albrecht-Dürer-Schau 2003, aber etwa auch die Ausstellungen über Rubens oder Schiele, erwiesen sich als Publikumsmagnete. So interessant die Exponate sind, die der Öffentlichkeit präsentiert werden, so groß ist auch der Wert der wegen ihrer Lichtempfindlichkeit nicht ständig gezeigten Schätze: 65 000 Zeichnungen und rund 1 Mio. druckgrafische Blätter. Die Architektursammlung umfasst 25 000 Pläne, Skizzen und Modelle, und mit der Fotosammlung Albertina besitzt Österreich erstmals ein Zentrum für historische und zeitgenössische Fotografie.

KLEINE PAUSE

Das hochelegante **Restaurant** in der Albertina ist der adäquate Rahmen für einen feinen Snack.

---

192 C2 · Wien 1., Albertinaplatz 3 · 534 83 · tägl. 10–18, Mi bis 21 Uhr · Oper · Tram 1, 2, D, J Oper, Bus 3A Albertinaplatz · teuer · www.albertina.at

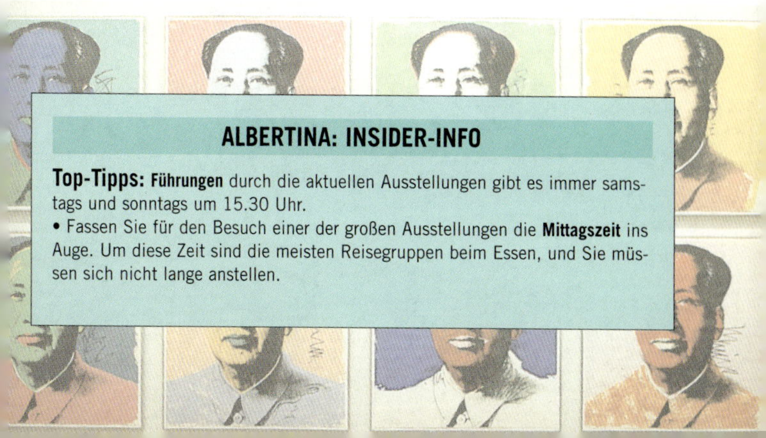

ALBERTINA: INSIDER-INFO

Top-Tipps: Führungen durch die aktuellen Ausstellungen gibt es immer samstags und sonntags um 15.30 Uhr.

• Fassen Sie für den Besuch einer der großen Ausstellungen die **Mittagszeit** ins Auge. Um diese Zeit sind die meisten Reisegruppen beim Essen, und Sie müssen sich nicht lange anstellen.

Nach Lust und Laune!

2 Spanische Hofreitschule

Wenn Sie zwischen der Stallburg und der Hofburg Hufe klappern hören, dann sind das die Lipizzaner. 1580 wurde in Lipica, einem Dorf im heutigen Slowenien, das k.u.k. Hofgestüt gegründet, das Pferde für die repräsentative Reitkunst züchtete. Heute gelten die Lipizzaner als die älteste Kulturpferderasse Europas, sie zeichnen sich durch vollendeten Körperbau, Intelligenz und kraftvolle Grazie aus. In Wien verrichten 64 Hengste ihre tägliche Morgenarbeit in der prachtvollen Winterreitschule, dabei dürfen Besucher zusehen.

192 C3 Wien 1., Michaelerplatz 1 533 90 31 Besucherzentrum (Eingang Michaelerkuppel) Di–Sa 9 bis 16 Uhr: Karten und Programminfo für Morgenarbeit mit Musik (Di–Sa 10 bis 12 Uhr) und andere Vorführungen Herrengasse Bus 2A Michaelerplatz teuer www.srs.at

3 Michaelerkirche

Die Kirche, in der Mozarts *Requiem* kurz nach seinem Tod uraufgeführt wurde, vereint romanische, gotische und barocke Stilemente. Große Teile der dreischiffigen Pfeilerbasilika stammen aus dem 13. Jh. ebenso wie der untere Teil des schlanken Turmes, der wie ein ausgestreckter Finger in den Himmel ragt. Ihren letzten großen Umbau erlebte die Kirche Ende des 18. Jhs. Besonders beeindruckend ist das imposante Stuckrelief *Engelssturz*, das Karl Georg Merville 1782 schuf. In den Katakomben wurden 1631–1784 rund 4000 Menschen bestattet. Dort sind heute Hunderte bemalter Särge und mumifizierter Leichen, zum Teil mit barocken Gehröcken und Perücken, zu sehen.

192 C3 Wien 1., Michaelerplatz 0650 / 533 80 03 Gruftführungen nur nach tel. Terminvereinbarung Herrengasse Bus 2A Michaelerplatz

4 Loos-Haus

Kaum ein Gebäude Wiens hat so heftige Diskussionen ausgelöst wie das Loos-Haus am Michaelerplatz. Adolf Loos verzichtete 1910–11 bei der Errichtung des Geschäfts- und Wohnhauses für die Herrenschneiderei Goldmann & Salatsch auf jegliche

Die Vorführungen der Lipizzaner sind eine Touristenattraktion

Engel spielen in der Michaelerkirche eine große Rolle, innen und außen

Art von Schmuck und Ornament. Die Wiener nannten das Gebäude, dessen Fenster nicht einmal eine Umrahmung haben, das »Haus ohne Augenbrauen«. Kaiser Franz Joseph hasste das Loos-Haus, für ihn war es ein Symbol einer neuen, nüchternen Zeit, die er nicht mehr verstand. So oft er konnte, mied er den Ausgang aus der Hofburg zum Michaelerplatz. 1989 wurde das Loos-Haus für die Raiffeisenbank renoviert.

192 C3 Wien 1., Michaelerplatz 3 Herrengasse Bus 2A Michaelerplatz

6 Peterskirche

Die wahrscheinlich schönste Barockkirche Wiens befindet sich an dem Ort, an dem schon im 4. Jh. die erste Kirche Wiens stand, die aus Teilen einer Kaserne des römischen Lagers gebaut worden war. Die heutige Peterskirche wurde auf Initiative von Kaiser Leopold I. nach Plänen von Gabriele Montani 1703 begonnen und 1733 von Johann Lukas von Hildebrandt fertig gestellt. Die Kirche wirkt mit ihrer großen grünen Kuppel und ihren beiden Ecktürmen vom Graben her besonders imposant. Im Inneren beeindrucken vor allem Michael Rottmayrs Kuppelfresko und die reich geschmückte Kanzel von Mathias Steindl.

193 D3 Wien 1., Petersplatz Stephansplatz Bus 1A, 2A, 3A Petersplatz

9 Dorotheum

Das Dorotheum, von den Wienern liebevoll »Pfandl« genannt, ist eine Wiener Kuriosität. 1707 von Joseph I. als Pfandamt gegründet, um die Bevölkerung vor dem Zinswucher zu schützen, zog es 1788 in das aufgelassene Dorotheerkloster. Vor rund 100 Jahren erhielt es in der Dorotheergasse ein eigenes prunkvolles Palais. In einer Flucht von Schauräumen findet der Sammler dort alles, was sein Herz begehrt, Kunst ebenso wie Kitsch. Erwerben kann man die Schätze bei Auktionen oder im Freiverkauf. »Tante Dorothee« galt lange als gute Möglichkeit, bei Bedarf seine Silberlöffel oder den abgewetzten Persianer der Erbtante gegen Bargeld einzutauschen. In den letzten Jahren entwickelte es sich zu einem der führenden Auktionshäuser Europas auf höchstem Niveau.

192 C3 Wien 1., Dorotheergasse 17 515 60 Mo–Fr 10–18, Sa 9–17 Uhr Stephansplatz Bus 3A Plankengasse www.dorotheum.com

10 Josefsplatz

Der rechteckig angelegte Platz wird wegen seiner Geschlossenheit und seiner strengen Schönheit oft als einer der schönsten Plätze Europas bezeichnet. Seit er vor kurzem vom Autoverkehr befreit wurde, kommt er voll zur Geltung. In der Mitte des Platzes steht das Reiterstandbild des Reformkaisers Joseph II., das der Tiroler Franz Anton Zauner 1795–1807 schuf. Auf dem Sockel sind Reliefszenen zu sehen, die den Kaiser mit Europa und Merkur zeigen, den Symbolen für Reisen und Handeln. Den Hintergrund des Platzes bildet die herrliche Barockfront der Nationalbibliothek, daran schließen sich rechts und links die Seitenflügel und die Redoutensäle an.

192 C3 Stephansplatz Bus 3A Plankengasse

11 Burggarten

Diese Parkanlage hieß ursprünglich Kaisergarten und war nur dem Kaiserhaus vorbehalten. Erst 1919 wurde sie der Öffentlichkeit zugänglich gemacht. Der Neuen Burg und dem Palmenhaus vorgelagert, bildet sie eine herrliche grüne Oase. Spaziergänger können sich an einem großen Teich mit Enten entspannen und ein paar Besuche abstatten: Hier sind die Kaiser Franz I. und Franz Joseph I. sowie Mozart in Bronze, Blei und Marmor verewigt. Hunde haben in diesen Park wie in alle Bundesgärten der Stadt übrigens keinen Zutritt!

192 C2 Wien 1., Burgring Oper Tram 1, 2, D, J, Bus 57A Opernring

12 Palmenhaus

»Ein Abgesang habsburgischer Größe«, so wird das Palmenhaus im Burggarten oft bezeichnet. Tatsächlich ist es die letzte große Orangerie Europas. Hofarchitekt Friedrich Ohmann errichtete es 1901 in einer Zeit, in der es Mode war, die Natur durch »Städtisches Grün« zu ersetzen. Die kühne Konstruktion aus Stahl und Glas wurde vor wenigen Jahren restauriert. Jetzt beherbergt sie eines der attraktivsten Lokale der Stadt (► 89) und das Schmetterlingshaus, in dem man den Zauber eines tropischen Regenwaldes erleben kann.

192 C2 Wien 1., Burggarten 533 85 70 April–Okt. Mo–Fr 10–16.45, Sa/So, feiertags bis 18.15 Uhr; Nov.–März tägl. 10–15.45 Uhr Oper Tram 1, 2, D, J, Bus 57A Opernring mittel

Im Dorotheum kommt so manches gute Stück unter den Hammer

Wohin zum ... Essen und Trinken?

Preise
Die Preisangaben gelten pro Person für ein Essen ohne Getränke.
€ unter 13 Euro **€€** 13–25 Euro **€€€** über 25 Euro

Restaurants

Barbaro €€
City-Feeling vermittelt dieser fast rund um die Uhr geöffnete Edelitaliener am Neuen Markt, der sich über drei Etagen erstreckt. Im Keller befindet sich die Cantina, im Parterre das Bistro und im 1. Stock die geräumige Bar sowie Räumlichkeiten des gehobenen Restaurants. Die Küche ist mediterran-italienisch orientiert, zu den Spezialitäten zählt Lamm auf Bohnen.

193 D3 Wien 1., Neuer Markt 8 955 25 25 tägl. 8–4 Uhr Stephansplatz Bus 1A, 2A, 3A Stephansplatz

Do&Co Albertina €€
Für das Restaurant in der Albertina wurden vor allem zwei Materialien verwendet: dunkles Rio-Palisander-Holz aus einem einzigen Baum und ostanatolischer Rosso-Levanto-Marmor. Die warmen Farbtöne dieser Materialien verleihen dem Lokal eine angenehme Atmosphäre. Interessant ist die marmorne Bar, an der man sich gegenübersitzend isst. Wie die Speisen – verfeinerte Wiener Küche, internationale Gerichte und Fisch – entstehen, kann man in der Schauküche beobachten. Besonders schön ist die Terrasse Richtung Burggarten.

192 C2 Wien 1., Albertinaplatz 1 532 96 69 tägl. 9–24 Uhr, durchgehend warme Küche Oper Tram 1, 2, D, J Oper, Bus 3A Albertinaplatz

Do&Co Stephansplatz €€€
Das exklusive Restaurant hoch oben im Haas-Haus, in dem 2006 auch ein *Do&Co*-Hotel eröffnet wurde, ist bereits ein Klassiker. Die Küche – auch hier verfeinerte Wiener und internationale Küche und Fisch – ist exquisit. Das Beste aber ist nach wie vor der Blick auf den Stephansdom, der hier von der Terrasse aus wirklich einmalig ist.

193 D3 Wien 1., Stephansplatz 12 535 39 69 tägl. 12–15/18–24 Uhr Stephansplatz Bus 1A, 2A, 3A Stephansplatz

Esterhàzykeller €
Über steile Stiegen geht es tief hi-nunter ins unterirdische Wien. In diesem Keller haben schon die Verteidiger Wiens während der Türkenbelagerung Trost beim Wein gesucht. Die Atmosphäre ist, einem typischen Stadtheurigen entsprechend, urig, zu essen gibt es Hausmannskost.

192 C4 Wien 1., Haarhof 1 533 34 82 Mo–Fr 11–23, Sa/So 16–23 Uhr (warme Küche bis 22 Uhr) Herrengasse Bus 2A, 3A Herrengasse

Gigerl €
In einer versteckten Ecke des Alten Wien, in jener Gasse, in der Mozarts Sterbehaus stand, findet man ein besonders uriges Heurigenrestaurant mit entzückendem Schanigarten auf altem Kopfsteinpflaster, extrem gemütlichem Interieur und herrlichen Köstlichkeiten. Die Speisekarte wechselt nach Saison, die Weinkarte ist beachtlich. Hier bleibt man als Gast sehr gern lange sitzen. Auch sonntags offen!

193 D3 Wien 1., Rauhensteingasse 3/Blumenstockgasse 2 513 44 31 Mo–Do 15–1, Fr bis 2, Sa 11–2, So 11–1 Uhr Stephansplatz Bus 1A, 2A, 3A Stephansplatz

Ilona Stüberl €

Das Lokal ist klein und urig und nichts für Menschen, die an Gastritis leiden. Alle anderen können sich an himmlischen ungarischen Spezialitäten erfreuen, an deftigen Krautrouladen, Gulasch in verschiedenen Variationen und Paprikahuhn.

192 C3 Wien 1., Bräunerstr. 2 533 90 29 tägl. 11.30–23 Uhr (warme Küche bis 22 Uhr) Stephansplatz Bus 1A, 2A, 3A Stephansplatz

Kanzleramt €€

Gleich um die Ecke vom Bundeskanzleramt liegt das gemütliche Restaurant inmitten des Regierungsviertels. Klassische Wiener Gerichte und auch saisonale Schmankerln; dazu glasweise österreichische Spitzenweine und werktags preisgünstige Mittagsteller unter 7 Euro .

192 C3 Wien 1.,Schauflergasse 6 5331309 Mo–Sa 10–24 Uhr (durchgehend warme Küche) U-Bahn Herrengasse Tram 1, 2, D, J Burgring, Bus 2A, 3A Hofburg

Levante €

Das große türkische Lokal ist meist gerammelt voll, und das hat mit seiner Qualität zu tun. Die türkische Küche mit delikaten Vorspeisen, Lamm- und Gemüsegerichten ist immer frisch und duftet verführerisch.

192 C3 Wien 1., Wallnerstr. 2 533 23 26 tägl. 11–23.30 Uhr Herrengasse Bus 2A, 3A Herrengasse

Marktrestaurant Rosenberger €

Gut und preiswert lässt es sich in dem riesigen, zwei Stockwerke in die Tiefe reichenden Restaurant essen. Das Zentrum bildet ein künstlicher Marktplatz, auf dem man sich sein Menü samt Salat selbst zusammenstellen kann. Auch beim Essplatz kann man wählen, zwischen »Wiener Kaffeehaus«, »Gartenlaube« oder »Omas Küche«. Wer in diesem Lokal Assoziationen zu Autobahnraststätten hat, liegt richtig: *Rosenberger* zeichnet auch für die Restaurants entlang der österreichischen Autobahnen verantwortlich.

193 D2 Wien 1., Maysedergasse 2 512 34 58 tägl. 10.30–23 Uhr Oper Tram 1, 2, D, J, Bus 3A Oper

Meinl am Graben €€€

Dieses Restaurant ist ein absolutes *must* für Gourmets. Es liegt in Wiens bestem Feinkostgeschäft mit überwältigender Auswahl. Das Niveau der Speisen und Getränke ist absolut spitze. Was das Lokal so angenehm macht, ist aber die lockere Atmosphäre.

192 C3 Wien 1., Graben 19 532 33 34 Mo–Fr 8–24, Sa 8.30–24 Uhr (warme Küche bis 22 Uhr) Herrengasse Bus 3A Bognergasse

Mörwald im Ambassador €€€

Das modern gestylte Restaurant im Hotel *Ambassador* ist ein Gourmettreff und ein beliebter Ort für gehobene Business-Lunches. Die Küche ist kreativ, zum Essen gibt es eine beachtliche Auswahl an Weinen.

93 D3 Wien 1., Neuer Markt 5 36 16 11 61 tägl. 7–11/12–15/18–23 Uhr Stephansplatz Bus 1A, 2A, 3A Stephansplatz

Novelli €€€

Der edle Italiener liegt gegenüber vom Café *Bräunerhof* in einem alten Palais. Das Interieur ist gestylt und nobel, die Speisekarte beeindruckend, es gibt Pasta und Fischspezialitäten vom Feinsten. Einen Hauch Florenz bringt auch der große Gastgarten mitten in die Wiener Innenstadt.

192 C3 Wien 1., Bräunerstr. 11 513 42 00–0 Mo–Sa 11–1 Uhr (warme Küche 12–14/18–23 Uhr) Stephansplatz Bus 2A, 3A Habsburgergasse

Orpheus €€

Dieser Grieche ist schon beinahe eine Wiener Institution. Die Spezialitäten aus Kreta, Lamm und Fisch kommen nach wie vor in unverändert guter Qualität auf den Tisch, und das in liebenswerter Atmosphäre. Im Schanigarten vor dem Haus sitzt es sich besonders nett und im Kellergewölbe ist abends Stimmung angesagt.

193 D3 Wien 1., Spiegelgasse 10 512 38 88 Mo–Do, So 12–24, Fr/Sa 12–1 Uhr (warme Küche bis 23 Uhr) Stephansplatz Bus 1A, 2A, 3A Stephansplatz

Palmenhaus im Burggarten €€

Schon allein das lichtdurchflutete Jugendstilambiente macht das Lokal zu einem der schönsten der Stadt, das kulinarische Angebot von Café, Brasserie und Bar steht der Eleganz der Umgebung aber in nichts nach. Zur Auswahl stehen Gerichte der verfeinerten Wiener und mediterranen Küche und ein ausgesuchtes, monatlich wechselndes Sortiment von Weinen, hauptsächlich aus Frankreich und Österreich.

192 C2 Wien 1., Burggarten, Eingang hinter der Albertina 533 10 33 tägl. 10–2 Uhr (warme Küche 11.30 bis 24 Uhr); Nov–März Mo, Di Ruhetag Oper Tram 1, 2, D, J Oper, Bus 3A Albertinaplatz

Sky-Restaurant €€

Das modern gestylte Restaurant im letzten Stockwerk des Kaufhauses *Steffl* bietet Wiener und internationale, auf merditerran und asiatisch ausgerichtete Küche. Von der großen Terrasse aus hat man einen herrlichen Blick über die Dachlandschaft der Innenstadt und zum Stephansdom.

193 D3 Wien 1., Kärntnerstr. 19 513 17 12 Mo–Sa 19–1 Uhr (warme Küche bis 23.30 Uhr) Stephansplatz Bus 1A, 2A, 3A Stephansplatz

Yugetsu €€€

Japan in Wien erstreckt sich über zwei Etagen. Im Parterre gibt es feine Sushis, im 1. Stock die Erlebnisgastronomie der Teppanyaki-Küche. Samstags, sonn- und feiertags steht ein Sushi-Büfett zur eigenen Auswahl bereit. Das Angebot ist interessant und delikat.

192 C2 Wien 1., Führichgasse 10 512 27 20 tägl. 12–15/18–24 Uhr (warme Küche 12–14.30/18–23.30 Uhr) Oper Tram 1, 2, D, J, Bus 3A Oper

Zum Schwarzen Kameel €€€

Das noble Lokal ist schon lange ein Szenetreff und Klassiker von gleichbleibend hoher Qualität. Im vorderen Teil liegt ein Feinkostladen und ein Bereich, in dem man Imbisse, wie die feinen belegten Brötchen, und dazu ein Glas erstklassigen Wein aus der hauseigenen Weinhandlung genießen kann. Der anschließende Restaurantbereich ist mit seinem Hauch von Jugendstil gediegen und angenehm.

192 C4 Wien 1., Bognergasse 5 533 81 25 Mo–Sa 8.30–24 Uhr (warme Küche 12–14.30/18–22.30 Uhr) Herrengasse Bus 3A Bognergasse

Cafés

Bräunerhof

In Thomas Bernhards legendärem Stammcafé haben Stil und Atmosphäre der Wiener Kaffeehauskultur überlebt. Hierher kommen die Antiquitätenhändler aus der Umgebung zum Mittagessen, und hier trifft man sich gerne zu Geschäftsbesprechungen oder zu einem Rendezvous. Am Wochenende gibt es im *Bräunerhof* Livemusik vom Trio Schelz.

192 C3 Wien 1., Stallburggasse 2 512 38 93 Mo–Fr 8–21, Sa bis 19, So 10–19 Uhr Stephansplatz Bus 2A, 3A Habsburgergasse

Café de l'Europe

Das Café, von dem aus man das Geschehen am Graben praktisch aus der ersten Reihe beobachten kann, präsentiert sich frisch gestylt und schick. Hier lässt es sich prima sitzen und schauen und dabei eine kleine Erfrischung und einen Snack genießen. Besonders nett ist der Tea-Room im 1. Stock.

193 D3 Wien 1., Graben 31 532 14 69 Mo–Fr 7–24, Sa 7.30 bis 24, So 9–24 Uhr Stephansplatz Bus 1A, 2A, 3A Stephansplatz

Demel

Die k.u.k. Hofzuckerbäckerei bietet das Nonplusultra der Wiener Tortenkunst inklusive einer gläsernen Schau-Backstube im Erdgeschoss, wo neugierige Kaffeehausbesucher den Konditormeistern bei der Arbeit über die Schulter gucken können. In den Kellerräumen zeigt das Marzipanmuseum süße Kunstwerke des Hauses. Die straßenseitig gelegenen Salons sind Verkaufsräume für die köstlichen *Demel*-Süßigkeiten wie Schokolade, Bonbons und – kandierte Veilchen.

192 C3 Wien 1., Kohlmarkt 14 535 17 17 tägl. 10–19 Uhr Herrengasse Bus 2A, 3A Herrengasse

Griensteidl

Das legendäre Literatencafé gegenüber vom Eingang in die Hofburg ist heute ein elegantes Kaffeehaus mit rot bezogenen Thonet-Stühlen aus schwarzem Holz und mit großem Speisen- und Zeitungssortiment. Wegweisend: Wiens erstes völlig rauchfreies Traditionscafé!

192 C3 Wien 1., Michaelerplatz 2 535 26 92 tägl. 8–23.30 Uhr (warme Küche bis 23 Uhr) Herrengasse Bus 2A, 3A Herrengasse

Hawelka

Die Legende lebt. Dort, wo sich einst Künstler die Nächte um die Ohren geschlagen haben, sitzen jetzt zwar häufig Touristen auf den durchgesessenen Polsterbänken, die Atmosphäre ist aber immer noch sensationell. Und die frischen Buchteln um 22 Uhr gibt es auch noch jede Nacht.

192 C3 Wien 1., Dorotheergasse 6 512 82 30 Mo, Mi–Sa 8–2, So 16–2 Uhr Stephansplatz Bus 1A, 2A, 3A Stephansplatz

Hofburg

Im Inneren Burghof, vor den Eingängen zu Kaiserappartements, Silberkammer und Sisi-Museum liegt dieses hübsche Café mit seiner großen Terrasse. Kulinarisch orientiert es sich am Geschmack des Kaisers, es gibt vorzüglichen Kaiserschmarren. Für zwischendurch empfiehlt sich der »Habs-Burger«, schon allein wegen des Namens.

192 C3 Wien 1., Innerer Burghof 1 241 00-0 tägl. 9–20 Uhr Herrengasse Tram 1, 2, D, J Burgring, Bus 2A, 3A Hofburg

Konditorei Lehmann

Zentral am Graben gelegen, ist diese Konditorei ein idealer Treffpunkt für alle, die es gerne süß haben. Die hausgemachten Torten sind erstklassig, zusätzlich gibt es aber auch kleine, feine Snacks. Vom Schanigarten aus lässt sich das pulsierende Leben am Graben herrlich beobachten.

192 C3 Wien 1., Graben 12 512 18 15 Mo–Sa 8.30–19 Uhr Stephansplatz Bus 2A, 3A Graben-Petersplatz

Mozart

Dieses Kaffeehaus hat eine wirklich lange Tradition, sie reicht bis in das Jahr 1794 zurück. Zur Biedermeierzeit erlebte es turbulente Zeiten, denn da war es ein beliebter Künstlertreff. Heute ist es wegen seiner Nähe zu Albertina und Hofburg ein idealer Ort für Wien-Besucher, eine kleine Pause einzulegen und dabei typische Wiener Atmosphäre zu erleben.

192 C2 Wien 1., Albertinaplatz 2 241 00–221 tägl. 9–24 Uhr Oper Tram 1, 2, D, J Oper, Bus 3A Albertinaplatz

Yohm €€

Lange hat es gedauert, aber dann hat sich das *Yohm* doch gegen die Bürokratie durchgesetzt und konnte einen großen Schanigarten am Graben eröffnen. Mit Glas eingefasst, elegant gestylt und von Riesenschirmen gegen Regen und Sonne geschützt, ist es ein beliebter Treffpunkt für das schicke Wien. Zu Kaffee und Drinks gibt es feine Snacks, auch aus der asiatischen Küche.

192 C3 Wien 1., Petersplatz 3 533 29 00 tägl. 12–15/18–24 Uhr Stephansplatz Bus 2A, 3A Graben-Petersplatz

Wohin zum ... Einkaufen?

Graben, Kohlmarkt, Kärntner Straße, das ist das Herz der Wiener City. Es schlägt vor allem für Stadtbummler, die ein kleines Stück Wien mit nach Hause nehmen wollen. Möglichkeiten dazu gibt es massenhaft. Sie reichen von den kostbaren, glitzernden Kleinigkeiten, die schon Marilyn Monroe als ihre besten Freunde bezeichnet hat, über Kleidungsstücke von unvergänglicher Eleganz oder im hippsten Design bis hin zu kleinen, auf der Zunge schmelzenden Verführungen aus Schokolade.

Die Shoppingmeile, auf die der »Steffl« lächelnd niederblickt, ist ideal für kleine, höchst elegante Päckchen. Darin kann, auf Samt gebettet, ein Smaragdring von den Juwelieren **Haban** (Graben 12 und Kärntner Str. 2) oder **Heldwein** (Graben 13) ruhen, eine Jugendstilbrosche von **Siedler** (Kohlmarkt 3) oder ein futuristisch gestyltes Schmuckstück von **Schullin** (Kohlmarkt 7) oder **Skrein** (Spiegelgasse 5).

In einem etwas größeren Päckchen lassen sich Schätze aus Wien transportieren, die jede Wohnung adeln: röschenverzierte Kaffeetässchen der Porzellanmanufaktur **Augarten** (Stock-im-Eisen-Platz 3), hauchdünne Gläser von **Lobmeyr** (Kärntner Str. 26), Glitzerndes von **Swarovski** (Kärntner Str. 8), exquisiter Hausrat von **Rasper & Söhne** (Graben 15) oder feinste Tisch- und Bettwäsche von der **Schwäbischen Jungfrau** (Graben 26).

Auch internationaler Luxus hat sich in den letzten Jahren am Kohlmarkt etabliert. **Cartier** (Kohlmarkt 1), **Armani** (Kohlmarkt 3), **Chanel** und **Gucci** (Kohlmarkt 5), **Louis Vuitton** (Kohlmarkt 16), **Ferragamo** (Kohlmarkt 7) und **Chopard** (Kohlmarkt 16) haben hier Geschäfte eröffnet.

Das Synonym für Herrenbekleidung ist **Knize** (Graben 13). Das elegante Geschäft überzeugt schon beim Eingang durch Understatement. Das schmale Portal, entworfen von Adolf Loos, lässt nicht ahnen, dass im 1. Stock Zimmerfluchten mit knarrenden Parkettböden, Wandschränken, Vitrinen und höflichem, verbindlichem Personal zur Verfügung stehen. Allerdings geht man zum *Knize* nicht, um nach einem neuen Sakko zu stöbern. Bei *Knize* lässt man sich ausstatten, mit allem, was ein Mann von Welt so braucht: Maßanzug, individuell gefertigtes Hemd, Kaschmirpullover, Accessoires. Damen werden von *Knize* gleich nebenan bedient, in einem eigenen Geschäft.

Die aus Salzburg stammende Top-Designerin **Doris Ainedter** (Jasomirgottstr. 5) kreiert seit 1990 zeitgemäße Mode für die Business-Lady – elegante, tragbare Haute Couture. In ihrem Geschäft gibt es zum textilen Outfit auch die passenden Schuhe und Accessoires.

Die jugendlich-avantgardistische Mode ist in Wien ebenfalls stark vertreten. Zu den interessantesten Geschäften zählen **Neumann** (Seilergasse 3) mit Mode von Prada und vielen anderen internationalen Marken und **Firis** (Bauernmarkt 9) mit Stücken belgischer und italienischer Designer.

Liebhaber eleganter, italienischer Taschen finden ihr Paradies, wenn sie vom Hauptportal des Stephansdoms Richtung Peterskirche gehen: **Pitti** (Goldschmiedgasse 5) führt trendige Handtaschen und Accessoires. Die passenden Schuhe gibt es in nächster Nähe, bei **d`Ambrosio** (Jasomirgottstr. 6). Mit Leder ist auch **Robert Horn** (Bräunerstr. 7) berühmt geworden. Der international gefeierte Lederwarendesigner entwirft ganz im Sinn der zeitlosen Ästhetik eines Adolf Loos Taschen und Geldbörsen.

Die Seitengassen des Grabens bedeuten überhaupt das Reich unvergänglicher Schönheit und Eleganz. In der Dorotheergasse, Stallburggasse, Bräunerstraße und Spiegelgasse reiht sich ein Antiquitätengeschäft an das andere, mit Barockschränken, Rennaissancetruhen, Teppichen, Uhren, Gemälden, Lampen, Porzellan und – vor allem antikem Schmuck. Ein Geheimtipp ist der kleine und feine Laden von Elisabeth **Reichel** und Johann **Kilianowitsch** (Dorotheergasse 14), in dem es hübschen Jugendstil- und Art-déco-Schmuck aus Bakelit gibt – zu vernünftigen Preisen.

Im Antiquariat des Musikhauses **Doblinger** (Dorotheergasse 10) finden sich tatsächlich noch Erstdrucke der Familien Strauß, Lanner und Fahrbach, der Wiener Schule und der Wiener Klassik.

Ein ideales Mitbringsel sind kandierte Veilchen von **Demel** (Kohlmarkt 14) – eleganter geht es nicht, oder fast nicht, denn auch die kleinsten handgemachten Bonbons der Welt von **Altmann & Kühne** (Graben 30) in ihren Kistchen mit Motiven der Wiener Werkstätte haben es in sich.

Wohin zum ... Ausgehen?

Im Bereich der tagsüber stark frequentierten Shoppingmeilen der Innenstadtgassen ist auch nachts einiges los. Hier gibt es eine Reihe von hübschen Bars, in denen man bei angenehmer Musik Cocktails oder andere gepflegte Getränke und raffinierte Snacks genießen kann.

Bars

Die berühmteste Bar ist die winzige **Loos Bar** (Kärntner Durchgang 10, Tel. 512 32 83, im Sommer tägl. 12–4 Uhr, im Winter So–Mi 12–4, Do–Sa 12–5 Uhr), ein Jugendstiljuwel. Adolf Loos hat sie 1907 gebaut, er verwendete Spiegel, um den kleinen Raum optisch zu vergrößern. Die Loos Bar galt lange als Symbol für die Wiener Avantgarde in Kunst und Architektur. Nach einer wechselvollen, nicht immer ruhmreichen Geschichte hat sie ihren alten Glanz zurückgewonnen. Jetzt gibt es zur Vergrößerung sogar ein kleines Stehtischchen vor dem Lokal.

Die luxuriöse, modern gestylte **Onyx Bar** (Stephansplatz 12, Tel. 535 39 69, tägl. 9–2 Uhr) im Haas-Haus punktet mit ihrem Blick auf den nachts wunderschön beleuchteten Stephansdom. Zu den Drinks gibt es kleine feine Imbisse und fernöstliche Gerichte.

Die **Reiss-Bar** (Marco-d'Aviano-Gasse 1, Tel. 512 71 98, tägl. 10–3 Uhr) ist der »Champagner-Treff« der Stadt. Hier gilt vor allem die Devise »sehen und gesehen werden«. Zum prickelnden Genuss werden Köstlichkeiten wie Tramezzini, Lachs, Kaviar und Austern serviert.

»In« ist zur Zeit die **Sky-Bar** (Kärntner Str. 19, Tel. 513 17 12, Mo–Sa 13–3, So 18–2 Uhr) im obersten Stock des Kaufhauses *Steffl*. In der modern gestylten, großen Bar ist dienstags und donnerstags ab 21 Uhr Livemusik zu hören. Besonders angenehm ist die Terrasse, von der aus der Stephansdom zu sehen ist.

Die **Europa Bar** (Neuer Markt 3, Tel. 515 94–0, tägl. 11–1 Uhr) am Neuen Markt vis-a-vis vom Donner-Brunnen ist ein idealer Ort, um einen turbulenten Tag in der City ausklingen zu lassen. Ihr modernes Ambiente und edles Design schaffen eine großstädtische Atmosphäre, die sich optimal für elegante Treffen nach Einbruch der Dunkelheit eignet.

Kasino

Wer sein Glück am Spieltisch versuchen will, hat im Wiener **Casino** (Kärntner Str. 1, Tel. 512 48 36, tägl. 15–4 Uhr) die beste Gelegenheit dazu. Vielleicht lässt sich hier ja das nötige Kleingeld für den Bummel über Kohlmarkt und Graben erspielen.

Die westliche Ringstraße

Erste Orientierung

6 km lang, 60 m breit und flankiert von herrlichen Monumentalbauten, Wohnpalais und Parks – die Ringstraße ist der großzügige Prachtboulevard, der das Herz der Innenstadt umschließt. Der westliche Teil ist der interessanteste. Hier liegen die Kunsttempel Staatsoper und Burgtheater und große Museen mit einzigartigen Schätzen. Und das Museumsquartier ist ein aufregendes, pulsierendes Kunstviertel.

Die Ringstraße wurde gebaut, als Mitte des 19. Jhs. der Aufstieg Wiens zur Metropole begann. Das europaweit einzigartige Gesamtkunstwerk umfasst 150 öffentliche Bauwerke, Parks und 650 noble Zinshäuser für die zu Geld gekommene Industrie- und Börsengesellschaft. Das Tolle an der Ringstraße ist, dass sie so gut wie vollständig erhalten ist, ein Spiegel imperialer Pracht.

Fußgänger haben auf der Ringstraße heute allerdings nicht viel zu lachen. Über die Hauptverkehrsader der Stadt rollen Tag und Nacht Tausende Autos, hinter den Fiakern staut es sich besonders. Wer es sich nicht in den Kopf setzt, die Ringstraße abseits der dafür vorgesehenen Möglichkeiten zu überqueren, kommt zu Fuß aber entlang der Nebenfahrbahnen gut voran.

Seite 93: Die neugotische Pracht des Rathauses

Ein Ort mit Vergangenheit: der Heldenplatz

Das Burgtheater ist eine der berühmtesten deutschen Sprechbühnen

★ Nicht verpassen!

- **1** **Staatsoper** ➤ 98
- **3** **Kunst- und Naturhistorisches Museum** ➤ 100
- **6** **Burgtheater** ➤ 102
- **12** **Museumsquartier** ➤ 103

Nach Lust und Laune!

- **2** Akademie der bildenden Künste ➤ 106
- **4** Heldenplatz ➤ 106
- **5** Volksgarten ➤ 107
- **7** Mölker Bastei ➤ 107
- **8** Universität ➤ 107
- **9** Börse ➤ 108
- **10** Rathaus ➤ 108
- **11** Parlament ➤ 108

Hier geht es von einem Prachtbau zum anderen und hinein in die wunderbare Welt der Wiener Museen und in das lebendige neue Kunstbiotop Museumsquartier, in dem es sich auch gut flanieren, shoppen, essen und trinken lässt.

Die westliche Ringstraße an einem Tag

9 Uhr

Beginnen Sie den Rundgang zu den monumentalen Ringstraßenbauten stilvoll mit der 1 **Staatsoper** (► 98). Umkreisen Sie den elitären Musiktempel einmal, und bleiben Sie dann ein wenig auf höchstem Niveau: bei einem Kaffee im noblen Hotel *Sacher* (► 110). Auf Ihrem Weg zur 2 **Akademie der bildenden Künste** (► 106) kommen Sie am Goethe- und am Schiller-Denkmal vorbei. Die Akademie wird Ihnen durch ihren üppigen, der italienischen Hochrenaissance nachempfundenen Stil sofort auffallen. Vielleicht nehmen Sie sich die Zeit, das Gebäude auch von innen zu erkunden, es lohnt sich, selbst wenn Sie nicht alle Säle sehen wollen.

10.30 Uhr

Über die Ringstraße gehen Sie nun zum 3 **Kunsthistorischen Museum** (oben; ► 100). Eilen Sie darin nicht von einem Saal zum anderen, son-

dern lassen Sie zuerst einmal Glanz und Atmosphäre des Gebäudes auf sich wirken. Und wenn Sie die Breughels im 1. Stock besucht haben, legen Sie bei einem Snack im Kuppelsaal eine kurze Pause ein. Im **3 Naturhistorischen Museum** (➤ 101) gleich gegenüber können Sie in die wunderbare Museumsatmosphäre vergangener Zeiten eintauchen. Die Originaleinrichtung, die vielen Vitrinen, die Wandgemälde und die zahllosen Exponate sind eine Welt für sich.

12.30 Uhr

Nach dem Besuch der beiden Museen überqueren Sie die Ringstraße und gelangen durch das Äußere Burgtor zum **4 Heldenplatz** (➤ 106). Gehen Sie weiter in den **5 Volksgarten** (➤ 107), und machen Sie vor dem marmornen »Sisi«-Denkmal einen Hofknicks. Nehmen Sie auf der langen Sesselreihe Platz, und genießen Sie den Duft der Rosen. Mittagessen im **6 Burgtheater** (oben; ➤ 102)? Aber sicher. Im Restaurant *Vestibül* (➤ 111) macht schon allein der stilvolle Rahmen des berühmten Theaters das Essen und Trinken zum Genuss.

14 Uhr

Spazieren Sie nun über den Rathausplatz zum **11 Parlament** (➤ 108) und dann über den Maria-Theresien-Platz zum **12 Museumsquartier** (➤ 103). Lassen Sie sich von der barocken Fassade des MQ nicht irritieren. Hinter den alten Mauern verbirgt sich modernste Museumskultur. Machen Sie einen Rundgang durch das Museum Moderner Kunst und dann eine Kaffeepause im wieder erweckten *Glacis Beisl*.

16.30 Uhr

Wenn Sie noch die Kraft dazu haben, ist ein Besuch der Schieles im Leopold Museum des MQ (links) zu empfehlen. Wenn nicht, dann nichts wie schnell zurück ins Hotel und erholen für den Abend.

19 Uhr

Haben Sie sich Karten für das Burgtheater oder die Staatsoper besorgt? Falls nicht, können Sie die Gestaltung des Abends auch den Karten überlassen, die Ihr Hotelportier vielleicht gerade »zufällig« zur Hand hat.

Staatsoper

Die romantisch-historisierenden Formen brachten der Wiener Staatsoper von Anfang an den Ruf ein, sie sehe einem Bahnhof zum Verwechseln ähnlich. Aber was zählt, sind die inneren Werte, das »Haus am Ring« begründet Wiens Ruf als Musikmetropole. Darüber hinaus ist es so etwas wie ein Teil der österreichischen Identität.

Das neue k.u.k. Hofoperntheater war als erster der Monumentalbauten der Ringstraße geplant. Mit dem Bau wurde 1863 begonnen. Noch vor der Eröffnung im Mai 1869 wurde es von der öffentlichen Meinung zerrissen. Der Bau mit seiner

Der Zuschauerraum bietet über 2000 Plätze

Loggia, den seitlichen Arkaden und dem metallenen Tonnendach erntete dermaßen vernichtende Kritiken, dass sich der Innenarchitekt Eduard van der Nüll das Leben nahm. Und der für die Bautechnik verantwortliche August von Siccardsburg kränkte sich so, dass er kurz darauf einem Herzinfarkt erlag.

Im Zweiten Weltkrieg fiel die Staatsoper nach einem Fliegerangriff in Schutt und Asche. Als sie 1955 mit Beethovens *Fidelio* wieder eröffnet wurde, bedeutete das so etwas wie den inoffiziellen Festakt nach der Wiedererlangung der österreichischen Souveränität.

Kunst auf höchster Ebene

Die Wiener Staatsoper setzte von Anfang an Maßstäbe für höchste Kunstansprüche, mit internationalen Spitzeninterpre-

Für Kinder

Im Zelt auf der Dachterrasse werden kleinen Besuchern **Opernaufführungen** geboten (Information: Tel. 514 44-20 19).

Vor der Oper werden Karten für Mozart-Konzerte verkauft

ten, Regisseuren und Bühnenbildnern. Auch in der Liste der Direktoren gaben stets bedeutende Musiker den Ton an – Gustav Mahler (1897–1907), Richard Strauss (1919–24), Herbert von Karajan (1956–64) und Claudio Abbado (1986–91). Dass man es den Wienern nur selten recht machen kann, bekamen allerdings auch die berühmtesten Direktoren zu spüren. Und die leidvolle Erfahrung, dass das Raunzen und Intrigieren zu den geheimen Leidenschaften der Wiener zählt, mussten auch alle machen. Wen die Wiener allerdings verehren, den heben sie in den Himmel. Auch das haben Künstler von Weltrang erfahren.

Beeindruckendes Repertoire

Die Wiener Staatsoper ist eine der ersten Opernadressen der Welt. Gespielt wird an 300 Tagen im Jahr. Das Repertoire umfasst rund 50 Opern und 20 Ballettwerke. Dazu zählen Verdis *Aida* ebenso wie Mozarts *Zauberflöte*, Wagners *Ring des Nibelungen* oder Puccinis *La Bohème*.

Einmal im Jahr, am letzten Donnerstag im Fasching, verwandeln sich Bühne und Parkett der Staatsoper in einen großen Tanzboden. Dann geht in dem blumengeschmückten Haus das glänzendste Ereignis der Ballsaison über die Bühne, der Opernball. Die »Nacht der Nächte« ist übrigens rundum ein Gewinn: An diesem Abend schreibt die Staatsoper schwarze Zahlen.

KLEINE PAUSE

Gehen Sie auf einen schnellen Espresso in die ***Aida*** gegenüber der Staatsoper (Opernring 7). Hier fühlen Sie sich an den kleinen Tischchen in die 1970er-Jahre zurückversetzt!

192 C2 **Wien 1., Opernring 2** **514 44-0** **Karlsplatz** **Tram 1, 2, D, J, 62, 65 Karlsplatz** **www.staatsoper.at**

STAATSOPER: INSIDER-INFO

Top-Tipp: Besichtigen können Sie die Staatsoper von innen nur im Rahmen einer **40-minütigen Führung** (Eintritt: mittel). Die Termine hängen davon ab, ob Proben stattfinden. Den Zeitplan verrät ein Aushang unter den Arkaden. Im Juli und August gibt es sechs Führungen täglich (Tel. 514 44-26 06, Fax 514 44-26 26).

3 Kunst- und Naturhistorisches Museum

Äußerlich gleichen sich die Museumszwillinge des Kunst- und Naturhistorischen Museums wie ein Ei dem anderen. Sie verfügen jeweils über vier Geschosse, zwei Innenhöfe, einen großen achteckigen Kuppelturm und vier kleinere Nebenkuppeln. Innerlich aber sind sie grundverschieden.

Zwischen den beiden großen Museen thront Maria Theresia samt Gefolge

Errichtet wurden die beiden imposanten Museen von Karl von Hasenauer und Gottfried Semper im Stil der Renaissance. Sie sind identisch – bis auf eine Kleinigkeit: Während das »Kunsthistorische« auf der Spitze *Pallas Athene* trägt, die Schutzherrin von Kunst und Wissenschaft, ziert sein Gegenüber der Sonnengott *Helios*.

KHM

Schon der Eintritt ist ein Erlebnis: Das Treppenhaus und der marmorne Kuppelsaal mit der Cafeteria sind an Großzügigkeit und Eleganz nicht zu überbieten. Die Marmorgruppe des Theseus von Antonio Canova, Lünettenbilder von Hans Makart und Zwickelbilder von Ernst und Gustav Klimt geben einen Vorgeschmack auf die Kunstschätze – von denen eines, Benvenuto Cellinis legendäre *Saliera*, im Mai 2003 verschwand. Der Raub des auf 50 Mio. Euro Wert geschätzten Kleinods machte Schlagzeilen. Anfang 2006 gab sich der Täter zu erkennen und das immens kostbare Diebesgut zurück.

Das KHM verdankt die meisten seiner kostbaren Stücke der Sammelleidenschaft der Habsburger. Die Ägyptisch-Orientalische Sammlung zeigt interessante Exponate der alten Kultur am Nil, die Antikensammlung zählt mit ihren Kleinplastiken und kostbaren Kameen zu den bedeutendsten der Welt, das Münzkabinett gibt mit 700 000 Objekten aus drei Jahrtausenden einen Überblick über Geschichte und Entwicklung des Geldes, und die Kunstkammer präsentiert eine Fülle von Groß- und Kleinplastiken, wissenschaftlichen Instrumenten, Automaten und Uhren.

Die Gemäldegalerie zeigt herrliche Rubens-Bilder

Der 1. Stock beherbergt den absoluten Höhepunkt des Museums, die Gemäldegalerie. Sie ist die viertgrößte ihrer Art in der Welt. Im Ostflügel ist die größte Breughel-Sammlung überhaupt zu sehen (*Turmbau zu Babel*, *Bauernhochzeit*, Saal X), dazu auch Werke zahlreicher niederländischer und flämischer Maler, unter ihnen die wegen ihrer prallen Sinnlichkeit beeindruckenden Bilder von Rubens (*Das Pelzchen* in Saal XIII zeigt, dass Cellulitis an den Oberschenkeln kein Makel ist). Der Westflügel bietet praktisch einen Querschnitt durch die Geschichte der europäischen Malerei.

NHM

Während sich das Kunsthistorische Museum in den letzten Jahren durch Events und Sonderausstellungen zu einem Publikumsmagneten entwickelt hat, dämmert das Naturhistorische Museum vergleichsweise in einem Dornröschenschlaf dahin. Dabei besitzt es eine der größten naturwissenschaftlichen Sammlungen Europas. Die zahllosen Schaustücke werden in seit über 100 Jahren unverändertem Ambiente präsentiert, und das hat gewiss auch seinen Reiz. Und außerdem sind auch hier unermessliche Schätze zu sehen wie beispielsweise die älteste Menschenplastik der Welt.

Die Dinosaurier des NHM begeistern vor allem kleine Besucher

KLEINE PAUSE

Die Kuppelsäle beider Museen beherbergen **Cafés** mit einer ganz besonderen Atmosphäre (► 109).

192 B2 KHM: Wien 1., Burgring 5; NHM: Wien 1., Burgring 7 KHM: 525 24-0; NHM: 521 77 KHM: Di–So 10–18, Do bis 21 Uhr (Gemäldegalerie); NHM: Mi–Mo 9–18.30, Mi bis 21 Uhr Volkstheater Tram 1, 2, D, J, Bus 2A, 57A Burgring teuer www.khm.at; www.nhm-wien.ac.at

KUNST- UND NATURHISTORISCHES MUSEUM: INSIDER-INFO

Top-Tipps: Schöne Aussichten garantiert die Führung **»Über den Dächern von Wien«** auf die Dachterrasse des NHM. (Anmeldung: Tel. 521 77-335)
• Im **Mikrotheater** des NHM wird die Welt des Mikrokosmos live auf eine Kinoleinwand projeziert, jedes Wochenende 13.30, 15 und 16.15 Uhr.

6 Burgtheater

Das Burgtheater war zwar einer der letzten großen Ringstraßenbauten, dafür aber der erste, der elektrisch beleuchtet wurde. Ein Ort des Lichtes war es von Anfang an: Es galt und gilt als eine der besten deutschen Sprechbühnen, auch, wenn es zurzeit Trends folgt, die das Publikum irritieren.

Errichtet wurde das Burgtheater 1874–88 nach Plänen von Karl Hasenauer und Gottfried Semper. Ähnlich wie bei der Staatsoper reagierten die Wiener auch diesmal ablehnend. Das ist heute vergessen. Der Zuschauerraum trägt seine Vergangenheit als ehemaliges »Kaiserliches Hoftheater« stolz zur Schau, in den Logen und Rängen dominiert roter Samt.

Zahllose namhafte Schauspieler begeisterten über die Jahrzehnte das Publikum des Burgtheaters, und die Bühne dieses Hauses gilt auch heute noch als höchstes Ziel für Schauspielerkarrieren. Glaubenskriege um die Kunst gab es immer wieder. Claus Peymann, der die »Burg« 1986–99 leitete, warf die Presse »Entweihung« des Ortes vor. Aber auch jetzt, in der »Ära Bachler«, schlagen die Wellen oft hoch. Für viele endet die Theaterwelt bei Schiller, und das Neue, Progressive und Schrille ist gewöhnungsbedürftig. Davon aber gibt es hier jede Menge.

Elitär präsentiert sich das Burgtheater auch innen

KLEINE PAUSE

Das ***Vestibül*** (➤ 111) ist der richtige Ort für eine Pause.

192 B4 · Wien 1., Dr.-Karl-Lueger-Ring 2 · 514 44-41 40 · Kassensaal tägl. 8–18 Uhr und 1 Std. vor Vorstellungsbeginn; Führungen tägl. 15, Sa/So 11 und 15 Uhr · Rathaus, Herrengasse · Tram 1, 2, D Burgtheater · mittel · www.burgtheater.at

BURGTHEATER: INSIDER-INFO

Top-Tipp: Bücher mit Schwerpunkt Theater und Literatur führt die Buchhandlung ***Leporello*** (außer an vorstellungsfreien Tagen tägl. 17–22 Uhr).

Geheimtipp: Beachten Sie die **Fresken** der Feststiegen. Einige stammen von Ernst und Gustav Klimt.

12 Museumsquartier

Eine lang gezogene Barockfassade, dahinter aufragend die zwei riesigen Kuben der großen Museen, einer weiß und einer schwarz – so präsentiert sich das Museumsquartier (MQ) vom Maria-Theresien-Platz aus. Spätestens in dem enormen Innenhof wird aber klar, dass hier etwas ganz Neues entstanden ist, ein 60 000 m² großes Stadtbiotop der Künste, großzügig und zukunftsweisend.

Das Areal des heutigen MQ trug 300 Jahre lang das Stigma der unvollendeten Größe. Es begann damit, dass Kaiser Karl VI. im Jahr 1713 den Barockarchitekten Johann Fischer von Erlach damit beauftragte, auf dem Glacis draußen vor der Stadt kaiserliche Hofstallungen zu errichten. Der Idealplan wurde nie zur Gänze realisiert, die kaiserlichen Pferde fühlten sich hinter der längsten Barockfassade Wiens aber dennoch wohl.

Das Mumok ist aus nahezu schwarzem Basalt errichtet

Zu Beginn des 20. Jhs. änderten sich die Zeiten. Die Monarchie ging unter, durch die Erfindung des Automobils wurden die Pferde arbeitslos, und die riesige Stall- und Wagenburg brauchte kein Mensch mehr. Ab 1921 fand das ehemalige Luxusquartier der k.u.k. Pferde daher eine neue Verwendung als Messe- und Ausstellungsareal, es wurde zum Messepalast.

Das Leopold Museum wirkt durch den Muschelkalk strahlend weiß

Heiß umkämpfte neue Ideen

Gegen Ende des vorigen Jahrhunderts konnte von einem »Palast« kaum mehr die Rede sein. Die Barockfassade stand zwar noch, viele der Gebäude auf dem riesigen Areal aber verwitterten langsam vor sich hin – bis 1980 die Idee aufkam, den ganzen Komplex völlig anders zu nutzen. Von da an wurde gestritten.

Sechs Jahre, von 1980 bis 1986, dauerten zuerst einmal die Diskussionen über ein »Museumsquartier«. Mehrere Kommis-

sionen entwickelten Konzepte. Den Architektenwettbewerb gewann 1990 das Wiener Büro Ortner & Ortner. Damit ging es erst richtig los. Es hagelte Proteste, und eine Bürgerinitiative brachte sogar den geplanten »Leseturm« zu Fall.

Das Café *Leopold* wurde zu einem urbanen Kommunikationszentrum

Trotz aller Querelen war im April 1998 Baubeginn, und das größte Kulturprojekt der Zweiten Republik nahm seinen Lauf. Bei der Eröffnung 2001 war dann alles anders, jetzt war Jubel angesagt. Es zeigte sich, dass Ortner & Ortner ihr bestimmendes bauliches Motiv perfekt durchgezogen hatten: die gegenseitige Durchdringung von historischer und moderner Architektur, die spektakuläre Verbindung von Alt und Neu, von Kunst und Naherholung.

Ort der Vielfalt

Das MQ entwickelte sich zu einem aufregenden Kulturviertel und zu einem Ort der Vielfalt. Bildende und darstellende Kunst, Architektur, Musik, Mode, Film, neue Medien, Kinderkultur und kleine Kulturinitiativen finden ebenso Platz wie Museen und Ausstellungshäuser.

Den Innenhof des Gebäudekomplexes prägen drei große Bauten: das Leopold Museum mit seiner Verkleidung aus weißem Muschelkalk, das Museum Moderner Kunst Stiftung Ludwig Wien (Mumok) aus dunklem Basalt und mit sphärisch gekrümmtem Dach und der Ziegelbau der Kunsthalle Wien. Letzterer verbirgt sich hin-

Für Kinder

Als lustvoller Einstieg in die Welt der Museen ist das **Zoom Kindermuseum** gedacht. In dem Multimedialabor **Zoomlab** können sich Kids ab sieben Jahren an der Schnittstelle zwischen realer und virtueller Welt bewegen, als Regisseure, Soundmaster, Autoren und Akteure. Der **Zoom Ozean** entführt Kinder unter sechs Jahren in eine Zauberwelt unter Wasser, und das **Zoom Atelier** gibt kleinen Künstlern Gelegenheit, gestalterisch tätig zu werden.

Abends wird das MQ zu einer hochinteressanten Flaniermeile

ter der Halle E+G, der ehemaligen Winterreithalle, in der jetzt das Tanzquartier Wien untergebracht ist.

Im **Leopold Museum** ist die umfangreiche, ursprünglich private Sammlung von Rudolf Leopold zu sehen. Auf fünf Ebenen sind Werke österreichischer Künstler ausgestellt, den Schwerpunkt bildet die Malerei des 19. und 20. Jhs. Wien um 1900 ist mit Arbeiten von Gustav Klimt, Richard Gerstl, Koloman Moser und Oskar Kokoschka prominent vertreten. Das Highlight ist im Tiefgeschoss zu finden: die große Egon-Schiele-Kollektion, die mit ihren zahlreichen Zeichnungen auch international gesehen zu den herausragendsten der Welt zählt.

Im Eingangsbereich des MQ ist die Barockarchitektur erhalten

Das **Mumok** ist das größte österreichische Museum für moderne und zeitgenössische Kunst. Die Sammlungsschwerpunkte sind Klassische Moderne und Pop Art, Fotorealismus, Fluxus, Nouveau Réalisme und Wiener Aktionismus.

Dass Wien durch das MQ um eine gewaltige Attraktion reicher geworden ist, zeigen die Besucherzahlen: Im ersten Jahr kamen rund 2 Mio. Etwas mehr als die Hälfte besuchte Ausstellungen oder Veranstaltungen bis hin zu Festivals. Die andere Hälfte aber kam, um den Stadtviertelcharakter zu erleben und die Vorzüge des Areals als Naherholungsgebiet zu nutzen, zum Sitzen, Plaudern, Essen, Trinken, Flanieren und Shoppen.

KLEINE PAUSE

In der ***Kantine*** gibt es eine kleine, feine Tagesauswahl an warmen Speisen.

192 A2 · Wien 7., Museumsplatz 1 · 523 58 81, Infoline 0820 600 600 (nur in Österreich) · Leopold Museum Mi–Mo 10–18, Do bis 21 Uhr; Mumok Di–So 10–18, Do bis 21 Uhr · Museumsquartier · Tram 49, Bus 48A Volkstheater, Bus 2A Museumsquartier · teuer · www.mqw.at

MUSEUMSQUARTIER: INSIDER-INFO

Top-Tipp: Gehen Sie die Mariahilfer Straße ein kurzes Stück hinauf bis zum Einrichtungshaus Leiner (Wien 7., Mariahilfer Str. 18). Dort gibt es eine Cafeteria mit **Dachterrasse**, die den besten Überblick über das gesamte Areal des MQ gewährt.

Nach Lust und Laune!

Italien stand für die Fassade der Akademie der bildenden Künste Pate

2 Akademie der bildenden Künste

Die Fresken und die Terrakottafiguren in den Nischen zwischen den Bogenfenstern lassen schon die Fassade von Theophil Hansens Akademie der bildenden Künste auffallen. Das Innere ist durch die Aula mit den Deckenbildern von Anselm Feuerbach erst recht spektakulär. Die Gemäldegalerie von Weltruhm zeigt Werke aus fünf Jahrhunderten. Vertreten sind u. a. Bosch, Cranach d. Ä., Rubens und Rembrandt. Sehenswert ist vor allem das *Weltgerichts-Tryptichon* von Hieronymus Bosch mit seinen bizarren und gruseligen Bildphantasien. Das Kupferstichkabinett besitzt eine Fülle an Biedermeierbildern und alten Baurissen.

192 C2 Wien 1., Schillerplatz 3 588 16-0 Di–So 10–18 Uhr Karlsplatz Tram 1, 2, D, J Oper/Babenbergerstraße, Bus 59A Oper, 57A Babenbergerstraße teuer www.akbild.ac.at

4 Heldenplatz

Der Heldenplatz ist einer der schönsten Plätze der Stadt. Vom Haupteingang der Neuen Burg wirkt er wie ein Panoramabild: im Vordergrund die Reiterstandbilder von Erzherzog Karl und Prinz Eugen von Savoyen, rechts der Leopoldinische Trakt der Hofburg, der Amtssitz des Bundespräsidenten, dann die Silhouetten von Burgtheater, Rathaus und Parlament und das Äußere Burgtor mit dem Mahnmahl für die 1939–45 getöteten Widerstandskämpfer.

In der Neuen Burg sind unglaubliche Schätze zu finden: die herrlichen Lesesäle der Nationalbibliothek, das Ephesos-Museum, das Papyrus-Museum mit der größten Papyrussammlung der Welt (!) und etwas weiter zum Ring hin das Völkerkundemuseum.

Zu einem schicksalsträchtigen Ort wurde der Heldenplatz 1938, als Hitler vom Balkon über dem Haupteingang der Neuen Burg aus den »Anschluss« an das »Deutsche Reich« verkündete. Tausende jubelten – und später wollte niemand dabei gewesen sein. Der Makel ist geblieben.

192 B3 Volkstheater Tram 1, 2, D, J, Bus 2A Burgring

5 Volksgarten

Der Volksgarten ist ein Paradies für Rosenliebhaber. In den Beeten blühen Tausende von Rosen in allen nur erdenklichen Farben. Kleine Täfelchen weisen auf Persönlichkeiten hin, nach denen sie benannt sind. Ein historisches Kleinod ist der 1822 errichtete Theseustempel. Das romantische Denkmal für Kaiserin Elisabeth aus weißem Marmor ist eine Pilgerstätte für »Sisi-Fans«. Und in der kleinen Meierei sind die frechsten Spatzen der Stadt unterwegs. Sie setzen sich ungeniert auf den Tellerrand und holen sich ihren Teil vom Apfelstrudel.

192 B3 Herrengasse Tram 1, 2, D, J Dr.-Karl-Renner-Ring

7 Mölker Bastei

Die Mölker Bastei ist einer der wenigen erhaltenen Reste der Befestigungsanlagen. Im Pasqualatihaus erinnern zwei Gedenkräume an Ludwig van Beethoven, der in diesem Haus unter anderem die Oper *Fidelio* komponierte (geöffnet Di–So 10–13/ 14–18 Uhr). Um die Ecke, in der Schreyvogelgasse, steht das »Dreimäderlhaus«. Es ist durch die gleichnamige Operette bekannt geworden, die sich um eine Romanze Franz Schuberts mit hier wohnhaften »drei Mäderln« dreht. Die Romanze ist frei erfunden, das hübsche Haus mit der Biedermeierfassade ist Realität.

192 B4 Schottentor Tram 1, 2, D Schottentor

8 Universität

Der Bau der Universität wurde 1870 in Angriff genommen. Heinrich Ferstel plante das Zentralgebäude im Stil der Neorenaissance. Die Uni Wien wurde übrigens schon 1365 gegründet und gilt als älteste deutschsprachige Universität. Leicht ist das Studentenleben heute nicht: Der Sparkurs der Regierung macht allen zu schaffen, dazu herrscht akute Raumnot und Mangel an modernen, technischen Hilfsmitteln.

192 B4 Wien 1., Dr.-Karl-Lueger-

Brandkatastrophe

In dem nichtssagenden Neubau schräg gegenüber der Börse (► 108) befindet sich das Polizeipräsidium. An diesem Platz stand das Ringtheater, das 1881 einem Brand zum Opfer fiel. In den Flammen kamen 400 Menschen ums Leben. Der Ringtheaterbrand zählt zu den legendären Katastrophen der Wiener Stadtgeschichte.

Zur Rosenzeit ist der Volksgarten ein duftendes Paradies

Ring 1 Schottentor Tram 1, 2, D Schottentor

9 Börse

Eine ziegelrote Fassade kennzeichnet die Börse, die auf der rechten Seite des sonst eher uninteressanten Schottenrings thront. 1877 konnte die von Maria Theresia 1771 gegründete Börse nach zahlreichen Umzügen endlich in das von Theophil Hansen errichtete Gebäude einziehen. In den späten 1980er-Jahren erlebte die Börse dort Höhenflüge, sie war kurz sogar der am raschesten wachsende Finanzplatz der Welt. Heute ist sie überdies eine gute Adresse für Gourmets und Blumenfreunde.

192 C5 Wien 1., Schottenring 16 Schottentor Tram 1, 2, D, Bus 3A Börse

10 Rathaus

Es waren die Liberalen mit Kajetan Felder an der Spitze, die dem Kaiser 1870 die Zustimmung zum Bau eines Rathauses abrangen. Heute ist das 1872–83 von Friedrich Schmidt erbaute Rathaus das administrative Herz der Stadt. Das Rathaus hat alles, was ein neugotischer Prunkbau braucht: offene Arkaden, Loggien, Balkone, Spitzbogenfenster und reichen plastischen Schmuck. Der Festsaal ist der größte von ganz Österreich. Auf der Spitze des 98 m hohen Hauptturmes wacht der Rathausmann, ein Wahrzeichen Wiens. In den letzten Jahren hat sich der Platz vor dem Rathaus zu einem kommunikativen Zentrum entwickelt. Wo es früher nur am 1. Mai rundging, wenn sich die Sozialisten zu dem 1889 von Viktor Adler begründeten Maiaufmarsch versammelten, ist jetzt praktisch immer etwas los.

192 A4 Wien 1., Rat-hausplatz Gratisführungen Mo, Mi, Fr 13 Uhr Rathaus Tram 1, 2, D Rathausplatz/Burgtheater

In der Börse sind kulinarische Genüsse hoch im Kurs

11 Parlament

Mit seiner harmonisch gegliederten Fassade und der elegant geschwungenen Rampe gilt das Parlament als das künstlerisch wertvollste Bauwerk der Ringstraßenzeit. Das Gebäude wurde 1873–83 nach Plänen von Theophil Hansen errichtet. Es beherbergte in den letzten Jahrzehnten der Monarchie beide Kammern des damaligen Reichstages, das Abgeordneten- und das Herrenhaus. Die Schwie-rigkeit für den Architekten bestand darin, ein einziges Gebäude für beide zu bauen. Er löste das Problem, indem er ein Peristyl schuf, eine zent-rale Halle mit 24 Marmorsäulen, und an die Längsseiten je einen würfelförmigen Saalbau angliederte. In ihnen tagen heute National- und Bun-desrat. Der ultimative Schmuck des Gebäudes ist der Pallas-Athene-Brunnen (► 30).

192 A3 Wien 1., Dr.-Karl-Renner-Ring 3 Führungen Mitte Sept–Mitte Juli Mo–Do 11, 14, 15, 16, Fr auch 13, Sa auch 12 u. 13 Uhr, Mitte Juli–Mitte September Mo–Sa 11-16 Uhr stündlich Lerchenfelder Straße Tram 1, 2, D, J, 46, 49 Stadiongasse/Parlament preiswert

Wohin zum ... Essen und Trinken?

Preise
Die Preisangaben gelten pro Person für ein Essen ohne Getränke.
€ unter 13 Euro **€€** 13–25 Euro **€€€** über 25 Euro

Restaurants

Halle €
Das Café-Restaurant der Kunsthalle Wien und der Wiener Festwochen liegt in der ehemaligen Winterreithalle. Der Stuck der Kaiserloge bildet einen interessanten Kontrast zum modernen Design. Die Küche ist jung, leicht und mediterran, die Frühstückskarte ist reichhaltig, mittags gibt es ein Menü und für zwischendurch Sandwiches. Im Sommer kann man im Haupthof im Freien sitzen.

192 A2 Wien 7., Museumsplatz 1 523 70 01 tägl. 10–2 Uhr Museumsquartier Tram 49, Bus 48A Volkstheater, Bus 2A Museumsquartier

Hansen €€
Eines der interessantesten Restaurants der Stadt liegt im Souterrain der Börse. Das Lokal geht nahtlos in das üppige Grün des Blumen-, Pflanzen- und Gartenbaugeschäfts der Firma Lederleitner über, entsprechend gut duftet es. In einer Schauküche entstehen mediterrankreative Gerichte. Interessant ist auch die Frühstückskarte.

192 C5 Wien 1., Wipplingerstr. 34 532 05 42 Mo–Fr 9–21 Uhr (warme Küche bis 20 Uhr), Sa 9–17 Uhr (warme Küche bis 15 Uhr) Schotten-tor Tram 1, 2, D, Bus 3A Börse

KHM/NHM €€€
Im Kunsthistorischen Museum und seinem naturhistorischen Zwilling kommen zum Kunstgenuss auch kulinarische Genüsse. Im Kuppelsaal des KHM gibt es jeden Donnerstag ein exquisites Abendbüfett und jeden Sonntag Brunch. Ein recht teurer Spaß, aber sicher schon allein wegen des Ambientes unvergesslich. Im Kuppelsaal des NHM bietet das Café *Nautilus* mittwochabends ein dreigängiges saisonales Menü.

192 B2
Wien 1., Burgring 5 bzw. 7
KHM: 526 13 61; NHM: 260 69–24 98
KHM: Di–So 10–18, Do bis 21 Uhr; NHM: Mi–Mo 9–18.30, Mi bis 21 Uhr
Volkstheater
Tram 1, 2, D, J, Bus 2A, 57A Burgring

Korso €€€
Reinhard Gerer, oft als der kreativste unter den kreativen Wiener Spitzenköchen bezeichnet, sorgt schon seit Jahren in diesem Gourmettempel für Qualität auf höchster Ebene. Haute Cuisine, Spitzenweine und der hochelegante Rahmen machen ein Essen zum Erlebnis. Neuerdings gibt es auch einen Schanigarten namens *Cabrio* vor dem Lokal an der Hinterseite des Hotel *Bristol*. Hier reicht man an einigen Bartischen in der frischen Luft köstliche Kreationen für den kleinen Appetit.

193 D2 Wien 1., Mahlerstr. 5
51 51 65 46
So–Fr 12–14/18–23, Sa 18–23 Uhr
Oper Tram 1, 2, D, J, Bus 3A Kärtnerring/Oper

Milo €
Das Restaurant des Architekturzentrums Wien ist besonders interessant gestaltet: Die französischen Architekten Anne Lacaton und Jean-Philippe Vassal statteten die Deckengewölbe mit türkischen Fliesen aus.

Wohin zum ... Einkaufen?

Die westliche Ringstraße zählt nicht zu den Shoppingmeilen der Stadt. Wer einen Blick in die Shops der Museen und in einige spezielle Läden wirft, wird aber dennoch hübsche Dinge finden.

Museumsshops

Im **Museumsquartier** gibt es einiges zu kaufen. Eigene Shops betreiben das Architekturzentrum, die Kunsthalle Wien, das Leopold Museum und das Mumok. Sie führen Bücher, Kunstdrucke, T-Shirts, Taschen und zahllose hübsche Kleinigkeiten, die das Herz erfreuen. Neben dem Shop der Kunsthalle Wien hat die Lomographische Gesellschaft den weltweit ersten **Lomoshop** eingerichtet, dort gibt es alles rund um die kultigen Fotokameras. Der kleine **Cheap Shop** im Quartier 21 hat eine große Auswahl an Tonträgern und eine Infoplattform zum Surfen. Und im **MQ daily**, dem Biogeschäft beim Haupteingang, gibt es feinste biologische Produkte, Snacks und ein Stehcafé.

Auch im **KHM** und im **NHM** kann man zwischen den Kunstdrucken, Nachbildungen ausgestellter Objekte, Schmuckstücken und Büchern lange stöbern.

Verschiedene Geschäfte

Sädtler Classic (Opernring 13) ist der exklusive Laden für alles, was stilvoll blüht, grünt und duftet.

Tee für alle Lebenslagen, darunter echte Raritäten und alles, was das Teetrinken sonst noch zu einem Erlebnis macht, ist in **Demmers Teehaus** (Mölker Bastei 5) zu finden.

Die original Sacher-Torte im Holzkistchen, verpackt als »süßen Gruß aus Wien«, gibt es in der **Sacher Confiserie** (Philharmonikerstr. 4) zu kaufen.

Wohin zum ... Ausgehen?

An der westlichen Ringstraße ist in der Staatsoper und im Burgtheater die hohe Kunst beheimatet. Abgesehen davon ist in diesem Teil der Stadt abends nicht viel los. Auch Abendlokale und Kneipen sind hier, vom MQ einmal abgesehen, dünn gesät. Zum Abtanzen aber gibt es Gelegenheit.

Gesellschaftstanz steht von Anfang Mai bis Mitte September im Mittelpunkt des Tanzcafés im **Volksgarten** (Heldenplatz, Tel. 533 05 18, ab 22 Uhr). Freitags und samstags gibt es ein gemischtes Programm mit Boogie Woogie, Rock 'n' Roll und allen Standard- und lateinamerikanischen Tänzen. Es gibt einen Outdoor- und für Schlechtwetter einen Indoor-Dancefloor. In der Volksgarten Diskothek geht ganzjährig bei Clubbings, Hip-Hop, House und Hits der 1970er-Jahre die Post ab!

Die Passage (Burgring/Ecke Babenbergerstr., Tel. 961 88 00) steht für Clubculture unter dem Ring: Ursprünglich wurde die Babenberger Passage zwischen Hofburg und Kunsthistorischem Museum als Fußgängerunterführung geplant. Das erwies sich als Flop und die Passage stand jahrelang leer. Jetzt wurde sie von der Veranstaltergruppe Sunshine Enterprises als cooler Club wiederbelebt. In futuristischem Ambiente mit flexiblen Designelementen und aufwändiger Lichtanlage steht gepflegter Clubsound, Dance- und Housemusic auf dem Programm.

Immer beliebter wird das **Café Leopold** im MQ (Museumsplatz 1, Tel. 523 67 32, tägl. 10–2 Uhr), das Wien ein völlig neues urbanes Feeling beschert hat. Hier gibt es abends Barbetrieb, Essen nach Mitternacht und interessante Videoprojektionen österreichischer Experimentalfilmer.

Schönbrunn und Wiental

Erste Orientierung

Sucht man in Wien ein starkes Symbol für eine ganze Ära, dann findet man es in Schönbrunn. Nichts repräsentiert die Kaiserzeit so sehr wie das prachtvolle Schloss und sein Park. Das Wiental hingegen zeigt, wie sehr die Stadt bis heute der Kunst und den Sinnenfreuden zugeneigt ist.

Das Schloss, der einzigartige Park und der älteste Tiergarten der Welt, das alles macht Schönbrunn zu einem prachtvollen Aushängeschild von Wien, ja von ganz Österreich. Die gesamte Anlage ist seit langem in die Liste des Weltkulturerbes eingetragen. Tatsächlich vermittelt sie wie kaum ein anderer Ort den Sinn des Kaiserhauses für elitäre Schönheit. Hier ist der einstige Glanz der Habsburger-Monarchie noch lange nicht verblasst.

Weiter stadteinwärts, im Wiental, liegen die höchst außergewöhnlichen Bauten der Secession und der Karlskirche und die großen, weltberühmten Musiktempel wie der Musikverein und das Konzerthaus. Auf dem Weg dorthin locken kulinarische Genüsse. Entlang des bunten, quirligen Naschmarktes sind in letzter Zeit zahlreiche Restaurants entstanden, die Multikulti-Essen vom Feinsten bieten.

S. 113: Schloss Schönbrunn, eine der am häufigsten besuchten Attraktionen Österreichs

Links oben: Der Pinguin wohnt im Tiergarten von Schönbrunn

Rechts: Auf dem Naschmarkt macht das Einkaufen richtig Spaß

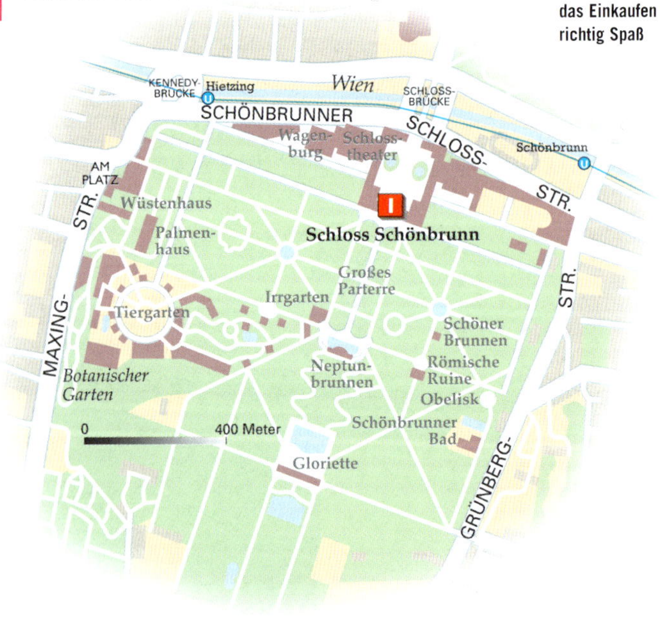

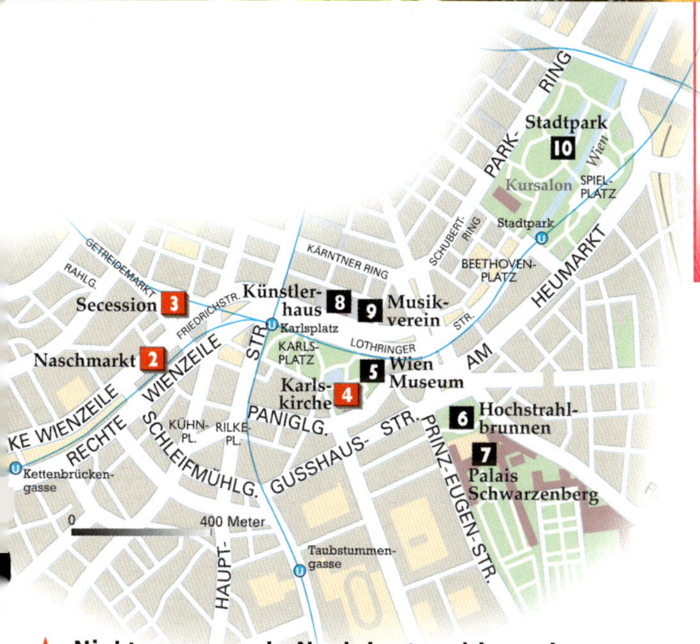

★ Nicht verpassen!

Nach Lust und Laune!

Dieser Tag steht ganz im Zeichen des Genusses. Zuerst bekommen Sie in Schloss und Park Schönbrunn Architektur und Gartenkunst von vollendeter Schönheit zu sehen, danach gehen Sie auf dem Naschmarkt auf kulinarische Weltreise, und zum Abschluss des Tages steht klassische Musik auf dem Programm.

Schönbrunn und Wiental an einem Tag

9 Uhr

Beginnen Sie diesen Tag in der Sommerresidenz der Habsburger, in **1 Schloss Schönbrunn** (➤ 118). Sobald Sie das Schloss von außen sehen, werden Sie verstehen, warum es in die erhabene Unesco-Liste des Weltkulturerbes aufgenommen wurde. Dieser Eindruck verstärkt sich, wenn Sie im Inneren einige der prachtvollen Räume durchschreiten: das Arbeitszimmer des Kaisers, das Große Rosa Zimmer, den anschließenden Spiegelsaal, in dem das »Wunderkind« Mozart Maria Theresia etwas vorspielte, und das herrliche Porzellanzimmer.

11.30 Uhr

Wieder im Freien, heißt es nach der Rokokopracht tief durchatmen. Der Spazierweg durch das sorgfältigst zurechtgestutzte und nach allen Regeln der barocken Gartenkunst gepflegte Grün des Parks ist nun eine wahre Freude. Bei der Gloriette (oben) angekommen, können Sie dann einen Blick auf das Schloss und auf Wien genießen, der nahezu unwirklich schön ist. Bleiben Sie hier ruhig ein Weilchen, vielleicht bei einem erfrischenden Getränk im Café *Gloriette* (➤ 134) sitzend.

13.30 Uhr

Beim Mittagessen haben Sie an diesem Tag die Qual der Wahl. Auf dem 2 **Naschmarkt** (rechts; ➤ 123), den Sie mit der U 4 erreichen, umgeben Sie Wolken der unterschiedlichsten Gerüche. Hier wird türkisch und italienisch, indisch und japanisch, thailändisch und chinesisch gekocht – und ein Gericht duftet und schmeckt besser als das andere. Da hilft nichts, als einfach bummeln und durchkosten.

15 Uhr

Am Ende des Naschmarktes erwartet Sie ein vollkommen anderes Highlight der Wiener Architektur, die geradlinig gestaltete, von ihrer Kuppel aus goldenem Lorbeerlaub bekrönte 3 **Secession** (➤ 126). Versäumen Sie nicht, einzutreten und dieses interessante Bauwerk von innen zu betrachten – Klimt's *Beethoven-Fries* wartet auf Sie!

16 Uhr

Nach einem Kaffee im Café hinter der Secession oder einem Glas Wein vis-à-vis im Lokal *Wein & Co.* (➤ 127) überqueren Sie den Karlsplatz und schreiten zur Besichtigung der 4 **Karlskirche** (➤ 128). Der helle Kirchenraum, die große, wie schwebend wirkende ovale Kuppel und die herrlichen Barockfresken, das alles wird Sie beeindrucken.

17 Uhr

Spazieren Sie noch über den Schwarzenbergplatz zum 6 **Hochstrahlbrunnen** (unten; ➤ 130), und gönnen Sie sich dann eine Rast. Denn an diesem Abend sollten Sie wirklich fit sein, er gehört nämlich der klassischen Musik im Konzerthaus (➤ 136) oder im 9 **Musikverein** (➤ 131). Und nach den herrlichen Klängen der Philharmoniker oder Symphoniker empfiehlt sich zum Abschluss des Abends ein angemessen stilvoller Gute-Nacht-Trunk in der Bar des Hotels *Bristol*.

1 Schloss Schönbrunn

Die Sommerresidenz der Habsburger mit ihrer barocken Parklandschaft und dem ältesten Tiergarten der Welt ist eines der bedeutendsten Kulturdenkmäler des Landes. Die imperiale Schlossanlage liegt im Westen Wiens und wurde 1997 in die Unesco-Liste des Weltkulturerbes aufgenommen.

Alles begann damit, dass Kaiser Maximilian II. 1559 den Herrensitz in der ehemaligen Katterburg kaufte, zu einem Jagdschloss ausbaute und einen ersten Tiergarten für Edelfische und Jagdwild anlegte. »Was für ein schöner Brunnen!«, befand Kaiser Matthias 1612, als er durch dieses Jagdrevier spazierte, und so kam das Anwesen später zu seinem Namen.

Nach der Verwüstung bei der Türkenbelagerung 1683 baute Johann Bernhard Fischer von Erlach 1696–1700 im Auftrag von Leopold I. für dessen

Sohn Joseph I. die kaiserliche Residenz Schloss Schönbrunn. Das gigantische Bauvorhaben auf dem Gloriettehügel sollte Versailles in Prunk und Glanz übertreffen, was sich allerdings als nicht realisierbar erwies, und so wurde das Schloss in einer Sparvariante gebaut und blau-rosa gestrichen. Das typische »Schönbrunner Gelb« wurde erst 1752 aufgetragen.

1728 erwarb Karl VI. die Anlage und schenkte sie seiner Tochter Maria Theresia. In ihrer Regierungszeit baute der Hofarchitekt Nikolaus Pacassi Schönbrunn zu einem Residenzschloss im Rokokostil aus. Eine glanzvolle Epoche begann, das Schloss wurde zum Mittelpunkt des höfischen und politischen Lebens. Alljährlich im Sommer übersiedelte der gesamte Hof mit 2000 Dienern, Zofen, Gärtnern und Handwerkern von der Hofburg nach Schönbrunn. Maria Theresia kümmerte sich um die Ausstattung des Schlosses, ihr Gemahl Franz Stephan um den Garten.

Vom Neptunbrunnen aus hat man einen herrlichen Blick auf das Schloss

Als Maria Theresia starb, waren Schloss, Park und Gloriette fertig. Später bewohnten Kaiser Franz Joseph I. und Kaiserin Elisabeth das Schloss regelmäßig, Franz Joseph wurde in Schönbrunn geboren und starb hier. 1918 unterschrieb Kaiser Karl I. im blauen Salon seinen Regierungsverzicht. Nach der Beseitigung der schweren Bombenschäden aus dem Zweiten Weltkrieg wurden die Schauräume 1948 wieder eröffnet.

Ein Rundgang durch das Schloss

Das Schloss hat 1441 Räume, 40 davon können besichtigt werden. Dazu zählen die Apartments von Franz Joseph und Elisabeth im Westflügel, der Mitteltrakt mit den Festsälen und Repräsentationsräumen sowie die kostbaren Audienzzimmer des Kaiserpaares Maria Theresia und Franz Stephan im Ostflügel. Besonders sehenswert sind das **Arbeitszimmer** des Kaisers mit den Porträts von Franz Joseph und Sisi, der prunkvolle **Spiegelsaal**, in dem das erste

Für Kinder

Im Schloss gibt es ein Kindermuseum und eigene Führungen für Kinder, in denen alles über das Leben der Kaiserkinder, Kleidung und Erziehung erzählt wird (Sa/So und feiertags 10.30, 14.30 Uhr, Juli/Aug. auch Mo–Fr 14.30 Uhr).

Konzert des sechsjährigen Mozarts vor Maria Theresia stattfand, und die **Chinesischen Kabinette**. Als Napoleon 1805 und 1809 Wien besetzte und Schönbrunn als Hauptquartier wählte, schlief er vermutlich in dem heute als **Napoleon-Zimmer** bekannten Raum. Sein Sohn, Herzog von Reichstadt, wuchs in Schönbrunn auf und starb hier mit nur 21 Jahren. Die Habsburger-Kaiser haben an der Ausstattung der Zimmer persönlich mitgearbeitet: Die Entwürfe zur Dekoration des **Porzellanzimmers** wurden vermutlich von Maria Theresias Schwiegertochter Isabella von Parma, der ersten Gemahlin Kaiser Josephs II., angefertigt. Die 213 blauen Tuschezeichnungen stammen von Kaiser Franz I. Stephan und einigen seiner Kinder. Im westlichen Seitenflügel befindet sich das **Schlosstheater**, in dem auch heute noch Aufführungen stattfinden. In der ehemaligen Winterreitschule kann man die **Wagenburg** besichtigen, eine Sammlung historischer Prunk- und Gebrauchswagen.

Rechts: Das Ölgemälde von Eduard Ender zeigt den kleinen Mozart bei Kaiserin Maria Theresia

Kaiserliche Prachtentfaltung in Vollendung: die Große Galerie

Der barocke Schlosspark

Südlich des Schlosses erstreckt sich der 185 ha große, frühbarocke Park, der bereits 1695 im französischen Stil angelegt wurde. Maria Theresia ließ den Garten nach 1770 neu gestalten: Am Fuße des Schönbrunner Berges entstand der **Neptunbrunnen** (von 10–14 Uhr in Betrieb) und auf der Bergkuppe die **Gloriette**. Vom Dach des Pavillons in Form eines dreiteili-

gen Triumphtores, das reich an Verzierungen und Symbolen ist, hat man eine großartige Aussicht auf Wien. Die mythologischen Figuren entlang des **Großen Parterres** entstanden ebenso unter Maria Teresia wie der **Obeliskbrunnen** und die **Römische Ruine** unweit des namensgebenden **Schönen Brunnen**. Im westlichen Teil des Parks liegen der historische **Irrgarten**, der **Tiergarten Schönbrunn** und der **Botanische Garten**. Das monumentale **Palmenhaus** wurde 1882 fertig gestellt und ist für seine Orchideenzucht weltbekannt. Ganz in der Nähe entstand 1904 als letztes Bauunternehmen des Kaiserhofes das Sonnenuhrhaus, das heute als **Wüstenhaus** das tierische und pflanzliche Leben in der Wüste zeigt.

Der Tiergarten

Bereits 1570 existierte auf dem Schönbrunner Gelände ein Wildpark, der Bau der ersten Menagerie ist dem Gemahl Maria Theresias, Franz Stephan, zu verdanken. Zentrum und bis heute Kernstück dieser Anlage ist der **Frühstückspavillon des Kaisers**, um den 13 Gehege, die zum Teil noch erhalten sind, angeordnet wurden. Die erste Giraffe sorgte 1828 für enormes Aufsehen in Wien: Hüte, Frisuren, Trinkgefäße, Gebäck – alles war plötzlich »à la Giraffe«.

1906 kam im Tiergarten zum ersten Mal ein Elefant in einem Zoo zur Welt. Fast 100 Jahre später zählen die hier geborenen Elefantenkinder Abu und Mongu zu den Lieblingen der Zoobesucher. Großzügige Gehege und artgerechte Lebensräume prägen heute den modernen Tiergarten. In einem riesigen Waldgehege heulen die Wölfe, im Regenwaldhaus gehen zweimal täglich (14.15/15.15 Uhr) Tropengewitter nieder und die Geparde jagen ihre Beute, die von einem umgebauten Skilift durchs Gehege gezogen wird. Das Panda-Pärchen frisst täglich seine rund 60 kg Bambus, im Polarium tauchen Pinguine und Robben, während sich im

Vom Café in der Gloriette genießt man einen herrlichen Blick

Aquarien- und Terrarienhaus unter anderem kleine Nemo-Clownfische tummeln.

KLEINE PAUSE

Das schönste Ambiente im Zoo bietet das **Café im ehemaligen Frühstückspavillon des Kaisers** im Zentrum der Gehege. Etwas rustikaler ist der ***Tirolerhof***, den Sie an dem Gehege der Wölfe vorbei auf der Anhöhe finden. Im Schlosspark können Sie sich im **Café in der Gloriette** (► 134) stärken, etwas abseits im Osten gelegen, verströmt die ***Meierei*** im Kronprinzengarten den Charme der 1950er-Jahre – hierher verirren sich kaum Touristen und es gibt köstliche Kuchen!

Unter der Glas- und Eisenkonstruktion des Palmenhauses gedeihen tropische Pflanzen

Schloss Schönbrunn

198 B/C3 Wien 13., Schönbrunner Schlossstr. 81 11 32 39 Schloss April–Juni/Sept./Okt. 8.30–17 Uhr, Juli–Aug. 8.30–18 Uhr, Nov.–März 8.30–16.30 Uhr; Park April–Okt. ab 6 Uhr, Nov.–März ab 6.30 Uhr bis Einbruch der Dunkelheit Schönbrunn Tram 10, 58, Bus 10A Schloss Schönbrunn teuer www.schoenbrunn.at

Tiergarten Schönbrunn

198 A2 Wien 13., Maxingstr. 13b 877 92 94-500 tägl. ab 9 Uhr; Schließzeiten Feb. 17 Uhr, März, Okt. 17.30 Uhr, April–Sept. 18.30 Uhr, Nov.–Jan. 16.30 Uhr Hietzing Tram 10, 58, Bus 10A, 51A, Kennedybrücke, Hietzing teuer www.zoovienna.at

SCHLOSS SCHÖNBRUNN: INSIDER-INFO

Top-Tipps: Besonders interessant sind die **Fütterungen im Zoo:** Affen 10, 14.30 Uhr, Koalas 10.15 Uhr, Mähnenrobben 10.30, 15.30 Uhr, Königspinguine 11 Uhr, Mandrille 14 Uhr, Geparde Mo, Mi, So 15 Uhr, Tiger/Jaguare So–Di, Do/Fr 14 Uhr, Wölfe So–Di, Do/Fr 11 Uhr, Schmutzgeier So 11.30 Uhr, Elefanten 16 Uhr.

- Wenn Sie länger Zeit haben, kaufen Sie den ***Schönbrunn Pass Gold***: Das Ticket ist ein Jahr lang gültig und beinhaltet den Eintritt zu sämtlichen Sehenswürdigkeiten des Areals (jeweils einmal) sowie diverse Ermäßigungen.
- In der Orangerie finden nahezu täglich **Schlosskonzerte** statt. Infos und Tickets unter Tel. 812 50 04.
- Ein Erlebnis für Kinder ist das **Marionettentheater** im Hofratstrakt. Infos und Tickets unter Tel. 817 32 47.

Geheimtipp: Vor der Ostfassade des Schlosses – direkt über der ehemaligen Hofküche – finden Sie den wunderschönen **Kronprinzengarten** (April–Okt. ab 9 Uhr). Die Blumenbeete im ältesten Gartenteil Schönbrunns wurden nach Stickereimustern angelegt, ein romantischer Laubengang, Pavillons und Zitrusbäume machen den Garten vor Kronprinz Rudolphs ehemaligen Apartments absolut sehenswert!

2 Naschmarkt und Wienzeile

Der Fluss, der Wien seinen Namen gab, ist längst nicht mehr das idyllische Bächlein von einst, sondern ein dünnes Rinnsal. Und aus dem »Kaiserboulevard«, der über dem Wienfluss nach Schönbrunn führen sollte, ist nie etwas geworden. Dort, wo der Wienfluss überdacht wurde, befindet sich heute dennoch ein hochinteressanter Stadtteil.

Samstags wird der Naschmarkt durch einen Flohmarkt ergänzt

Der Wienfluss hat ein schweres Schicksal hinter sich. Im Mittelalter gedieh an seinen Ufern noch Wein, aber dann ging es rapid bergab. Zuerst siedelten sich Färber an und verschmutzten das Wasser, später kamen Sägewerke und Mühlen und dann die Industrie. Um 1900 war der Wienfluss tot und stank.

Aber weil das Sterben in Wien immer etwas mit Pomp zu tun hat, wurde auch der Wienfluss zu einer prachtvollen Leich'. Mit ihrer Inszenierung wurde Otto Wagner beauftragt. Er begradigte den Wienfluss um 1900, tiefte seine Sohle ein und baute Ufermauern, von denen aus das Flussbett überwölbt werden sollte. Nie hat es ein Projekt gegeben, das dem Charakter einer Stadt besser entsprochen hätte als dieses: In den letzten Jahren der sterbenden Monarchie sollte über einem gestorbenen Fluss ein Prachtboulevard gebaut werden, der »Kaiserboulevard«.

Auch der Ausgang dieses Projektes ist typisch. Es begann noch üppig mit der Überwölbung des Flusses beim Stadtpark, dann kamen der völlig misslungene Karlsplatz und die Prachtbauten entlang der Wienzeile. Alles andere ging unter wie die Monarchie. Aus dem »Kaiserboulevard« wurde ein Torso, ein 500 m langer Tunnel vom Stadtpark bis zum Ende des Flohmarktes (U-Bahn: Kettenbrückengasse).

Bemerkenswerte Bauwerke

Von Schönbrunn kommend, sticht am Ende dieses Tunnels die **Station Kettenbrückengasse** ins Auge. Die von Otto

Theater an der Wien

Gegenüber vom Naschmarkt liegt das Theater an der Wien, eines der traditionsreichsten Theater der Stadt. Es wurde 1798 bis 1801 erbaut, aus dieser Zeit ist aber nur das Papagenotor in der Millöckergasse erhalten. In diesem Theater wurden berühmte Werke uraufgeführt, darunter 1805 Beethovens *Fidelio* und 1874 Johann Strauß' *Fledermaus*. 1945–55 war das Theater an der Wien das Ausweichquartier für die zerbombte Staatsoper. Nach erfolgreicher Restaurierung ist das Haus seit Anfang 2006 ein Opernhaus von Rang mit dem Schwerpunkt auf zeitgenössischen und barocken Werken. (Tel. 58 83 06 60, www.theater-wien.at)

Wagner errichtete Stadtbahnstation wurde vor wenigen Jahren stilgetreu renoviert. Rund 100 m weiter stadteinwärts sind in der Linken Wienzeile zwei weitere Schmuckstücke des Architekturpioniers zu bewundern, das **Majolikahaus** (Nr. 40) und daneben das mit Medaillons von Koloman Moser verzierte **Eckhaus zur Köstlergasse** (Nr. 38, ► 24).

Auf dem Areal gegenüber geht es samstags immer turbulent zu. Hier findet der **Flohmarkt** (► 135) statt und im Anschluss daran der Bauernmarkt, auf dem Rustikales angeboten wird, vom Selchfleisch bis zum Biogemüse.

Auf dem Naschmarkt sind Obst und Gemüse von erster Qualität

Der Naschmarkt

Ein Kosmos für sich ist der sich anschließende Naschmarkt. Er begann um 1775 als Milchmarkt und wurde später zum Obst- und Gemüsemarkt im Bereich des Karlsplatzes. Nach der Überwölbung des Wienflusses übersiedelte er an seinen heutigen Platz. In seiner alten Form existiert er nur noch am stadtauswärts gelegenen Ende. Dort sind die »Standln« noch richtige Bretterbuden, Obst und Gemüse sind billig, und gefeilscht wird in allen Sprachen des ehemaligen Vielvölkerstaates.

Je weiter man Richtung Stadt kommt, desto nobler wird der Markt. In der Mitte haben Türken, Perser, Chinesen, Japaner und Griechen ein multikulturelles Kleinklima geschaffen. Sie verkaufen Obst, Gemüse, Fleisch, Käse und Oliven, betreiben Imbisslokale und Restaurants, und alles ist in eine Duftwolke von Kebab eingehüllt.

Das obere, stadteinwärts gelegene Ende des Naschmarktes hat sich in jüngster Vergangenheit gemausert.

Dort haben sich Luxusläden mit exquisiten, hochpreisigen Delikatessen etabliert (► 135). Daneben sind interessante, trendige Restaurants mit Schanigärten entstanden, in denen es von asiatischer Küche bis zu edlem Meeresgetier alles gibt.

Nach der Secession (► 126) mündet die Wienzeile in den **Karlsplatz**. Spätestens seit der Überwölbung des Wienflusses ist dieser Platz ein verkehrstechnisches Desaster. Und er hat auch sonst ein schlechtes Charisma. Nach dem Zweiten Weltkrieg war hier der Resselpark das Zentrum des »Schleichhandels«, und heute spielt sich in den Zugängen der U-Bahn die Drogenszene ab.

Stilmix auf dem Karlsplatz: Musikvereinsgebäude und Wagners Stadtbahnstation

Das Obst am Naschmarkt ist so gut, dass man sich drin eingraben könnte!

KLEINE PAUSE

Die verschiedensten Köstlichkeiten locken hier auf Schritt und Tritt (► 133). Einen wirklich feinen italienischen Snack bekommen Sie im ***Piccolo Gourmet*** (► 135).

---

192 B1 · Wien 6., Naschmarkt · Verkaufsstände Mo–Fr 6–18.30, Sa 6–17, jeder 1. Sa im Monat 6–18 Uhr; Bauernmarkt Sa 6.30–17 Uhr; Flohmarkt Sa 6.30–18 Uhr (auch feiertags) · Kettenbrückengasse, Karlsplatz · Tram 62, 65 Bus 4A, 59A Karlsplatz

NASCHMARKT UND WIENZEILE: INSIDER-INFO

Top-Tipp: Wenn Sie **Gedränge** scheuen, dann ist der Naschmarkt am Freitagnachmittag und Samstag nichts für Sie!

Muss nicht sein! Meiden Sie den Karlsplatz und seine U-Bahn-Zugänge **nach Einbruch der Dunkelheit.** Hier sind Dealer und Junkies unterwegs.

3 Secession

»Goldener Krauthappl«, so nennen die Wiener die von einem großen, goldenen Lorbeerball dominierte Secession in unmittelbarer Nähe des Naschmarkts. Das auf diese Art liebevoll verunglimpfte Gebäude ist der bedeutendste Jugendstilbau der Stadt.

Die Gruppe junger rebellischer Künstler, die sich 1897 selbstständig machte und die später federführend für den Jugendstil in Wien werden sollte (► 24), benötigte ein eigenes Haus. Also beauftragten die Secessionisten, die »Abgespaltenen« den Otto-Wagner-Schüler Joseph Maria Olbrich mit dem Bau eines Ausstellungsgebäudes.

Der neue Repräsentationsbau war von Anfang an umstritten und heiß diskutiert. Seine puristisch klaren Linien, der kubische Block des eigentlichen Gebäudes und der große Lorbeerball als Kuppel stießen auf heftigen Widerstand und Unmut. »Das gehört sofort abgerissen!«, forderten viele Wiener

Einst Skandalbau, heute Aushängeschild: die Secession

Die Secession ist bis ins kleinste Detail durchgestylt

lautstark, ungeachtet des Leitmotivs über dem Portal: »Der Zeit ihre Kunst, der Kunst ihre Freiheit«.

Ein Blätterdach für die Kunst

Olbrich gelang es mit diesem Kunsttempel aber, Wien um ein eigenwilliges, höchst interessantes Bauwerk zu bereichern, das auch heute noch progressiv und spannend wirkt. Das »Krauthappl« symbolisiert übrigens die Zusammengehörigkeit von Kunst und Natur – unter dem Blätterdach sollte die Kunst wachsen und sich entfalten können.

Das Löwengespann mit dem römischen Kaiser Marc Aurel seitlich der Secession verdankt seine Existenz weitaus weniger tiefgründigen Überlegungen. Die von Arthur Strasser für die Weltausstellung 1901 geschaffene Bronzegruppe wurde hier ursprünglich nur provisorisch aufgestellt. Sie steht immer noch da – Provisorien halten in Wien eben länger als anderswo.

Die Secession ist ihrer ursprünglichen Bestimmung als Ausstellungsraum für zeitgenössische Kunst treu geblieben. Sie bildet nach wie vor den Rahmen für zahlreiche viel beachtete Wechselausstellungen. Und die Gemüter erhitzt sie auch noch. Vor der Renovierung zum Jubiläum »100 Jahre Secession« tauchte sie der Künstler Marcus Geiger 1998 in grelles Rot – und schon kochte der Volkszorn wieder.

KLEINE PAUSE

Direkt gegenüber der Secession kann man sich beim Weinfachgeschäft ***Wein & Co.*** (Getreidemarkt 1) mit einem kleinen Snack und einem exquisiten Glas Roten oder Weißen stärken. Die im zugehörigen Shop erhältlichen Weine, über 100 Sorten an der Zahl, kann man auch an der Bar probieren.

---

192 C1 · Wien 1., Friedrichstr. 12 · 587 53 07 · Di–So 10–18, Do bis 20 Uhr · Oper, Karlsplatz · Tram 1, 2, D, J, Bus 3A, 59A Oper, Karlsplatz · mittel · www.secession.at

SECESSION: INSIDER-INFO

Top-Tipp: Führungen durch die Secession gibt es samstags um 15 Uhr und sonntags um 11 Uhr.

Geheimtipp: Nehmen Sie sich Zeit für den ***Beethoven-Fries*** von Gustav Klimt. Er entstand 1902 für eine Ausstellung, wurde später aber abgelöst und verkauft. 1985 kehrte er in die Secession zurück und ist jetzt in einem eigens für ihn geschaffenen Raum im Souterrain zu sehen. Klimt stellt in diesem monumentalen, 34 m langen und 2,20 m hohen Kunstwerk Beethovens *Neunte Symphonie* als Weg durch Krankheit und Leid zur reinen Liebe dar.

4 Karlskirche

Das pompöse Gotteshaus war von Anfang an als starkes Symbol gedacht. Es ist ein unübersehbares Zeichen für den Universalanspruch von Kirche und Kaisertum. Das Kreuz auf der Laterne der Kuppel steht für die Allmacht Gottes, die Kronen und Adler auf den beiden Triumphsäulen für die Macht des Kaisers.

Genau genommen ist die Karlskirche eine Votivkirche. 1713, als die Pest in Wien fast 10 000 Menschenleben forderte, gelobte Kaiser Karl VI., dem Pestheiligen Karl Borromäus eine Kirche zu bauen. Den Auftrag für den Bau des Gotteshauses in dem damaligen Auwäldchen des noch nicht regulierten Wienflusses gewann gegen starke Konkurrenz 1714 Johann Bernhard Fischer von Erlach. Er und, nach seinem Tod 1723, sein Sohn Joseph Emanuel schufen mit dem Budget von 300 000 Gulden ein einzigartiges Kunstwerk, eine 80 m lange und 60 m breite Kirche, die von der Innenstadt her in der Verlängerung der Achse Herrengasse-Augustinerstraße weithin sichtbar war.

Imposante Triumphsäulen zieren Fischer von Erlachs barockes Meisterwerk

Prächtig von außen ...

Dem zentralen, von der patinagrünen Kuppel dominierten Bau ist eine Halle in Form eines griechischen Tempels vorgelagert, dessen **Giebelrelief** Szenen der Pestepidemie zeigt. Auf dem Giebel steht der hl. Borromäus, umgeben von Allegorien der vier Tugenden Bußfertigkeit, Barmherzigkeit, Gebetseifer und Religion, alles Werke von Lorenzo Mattielli.

Flankiert wird der Bau von zwei reliefverzierten **Triumphsäulen**, die fast bis zur Kuppel reichen. Sie symbolisieren die Herkulessäulen des Weltreiches. Daran schließen sich seitlich zwei **Glockentürme** an, die entfernt an Pagoden erinnern. Die **Freitreppe** begrenzen zwei mächtige Engelsfiguren von Franz Caspar.

... und von innen

Im Inneren ist die »Hagia Sophia von Wien«, wie der größte Barockdom nördlich der Alpen bald genannt wurde, nicht minder beeindruckend. Der ovale **Hauptraum** wird von der 72 m hohen Kuppel überwölbt, und diese wirkt durch die perspektivisch gemalte Scheinarchitektur des Gaetano Fanti am unteren Kuppelrand noch mächtiger.

Das **Kuppelfresko** schuf der schon zu seiner Zeit berühmte Deckenmaler Johann Michael Rottmayr 1725–30. Es zeigt den hl. Borromäus, der die Heilige Dreifaltigkeit um Erlösung von der Pest anfleht. Rottmayrs zahlreiche kleinere Bilder im Chorbogen, in den Kapellen und über der Orgel vermitteln ebenso wie die überreichen Stukkaturen von Albert Camesina den Eindruck barocker Üppigkeit. Dazu trägt auch der von Johann Bernhard Fischer von Erlach konzipierte **Hochaltar** mit dem durch plastische Wolkenformationen zum Licht Gottes aufschwebenden Borromäus bei.

KLEINE PAUSE

Im **Otto Wagner Pavillon**, einer zum Café umfunktionierten Stadtbahnstation am Karlsplatz, können Sie in schöner Jugendstilatmosphäre Snacks genießen.

193 D1 · Wien 4., Kreuzherrengasse 1 · Mo–Sa 9–12.30/13–18, So 12–17.45 Uhr · Karlsplatz · Tram 62, 65, Bus 4A, 59A Karlsplatz · mittel · www.karlskirche.at

KARLSKIRCHE: INSIDER-INFO

Top-Tipp: Auch nach Beendigung der langjährigen Restaurierungsarbeiten bringt ein **Lift** (mindestens bis 2009) Besucher bis zu den Fresken in der Kuppel. Die **Panoramafenster** hoch oben bieten einen herrlichen Blick auf Wien.
• Im 1. Stock zeigt das **Borromeo-Museum** Interessantes zur Geschichte der Karlskirche und aus dem Leben des hl. Borromäus.

Geheimtipp: Beachten Sie die moderne **Plastik *Hill Arches* von Henry Moore** im Teich vor der Kirche. Nach der barocken Üppigkeit im Inneren der Karlskirche ist ihre nüchterne Schlichtheit eine Wohltat für das Auge.

Nach Lust und Laune!

5 Wien Museum

Das Wien Museum (ehemals Historisches Museum der Stadt Wien) am Karlsplatz ist mit seinem Stahlskelettbau aus den späten 1950er-Jahren von außen eine Beleidigung fürs Auge. Innen aber hat es viel zu bieten. Umfangreiche Sammlungen dokumentieren die Geschichte der Stadt von den Kelten an. Am interessantesten sind die originalen Glasfenster und Sandsteinfiguren vom Stephansdom, die Objekte von den beiden Türkenbelagerungen sowie Exponate aus Barock, Biedermeier und Jugendstil.

193 D1 Wien 4., Karlsplatz 505 87 47 Di–So 9–18 Uhr Karlsplatz Tram 62, 65, Bus 4A, 59A Karlsplatz mittel

6 Hochstrahlbrunnen

Als der neue Hochstrahlbrunnen am 24. Oktober 1873 in Anwesenheit des Kaisers und sämtlicher Honoratioren der Stadt aus Anlass der Vollendung der Ersten Hochquellenleitung in Betrieb gehen sollte, bescherte er seinen Erbauern eine Blamage ersten Ranges, er versagte seinen Dienst. Nach bangen Minuten des Wartens endlich schoss die hohe Wassersäule doch noch in den Himmel – und seither funktioniert der Hochstrahlbrunnen (➤ 30). Im Sommer wird er sogar farbig beleuchtet. Hinter dem Brunnen befindet sich das halbkreisförmige Befreiungsdenkmal, das an die Befreiung Wiens durch die Rote Armee erinnern soll. (➤ 181)

193 E1 Wien 3., Schwarzenbergplatz Karlsplatz Tram D Gusshausstraße

7 Palais Schwarzenberg

Das Palais Schwarzenberg, das jetzt praktisch mitten in der Stadt liegt, wurde ursprünglich als Gartenpalais am Glacis errichtet, mit schönem

Karyatiden im Goldenen Saal des Musikvereins

Blick auf die basteiumgürtete Innenstadt. Mit seinem Bau beauftragte Fürst Mansfeld-Fondi 1697 Johann Lukas von Hildebrandt. 1716 übernahm Fürst Adam Franz von Schwarzenberg die Baustelle und übergab sie Johann Bernhard Fischer von Erlach. Nach dessen Tod 1723 vollendete sein Sohn Joseph Emanuel den Bau. Das auch heute noch im Besitz der Familie Schwarzenberg befindliche Palais wirkt durch seine hübsch gegliederte Fassade zur Stadt hin besonders interessant. Es beherbergt eines der schönsten Luxushotels der Stadt, das zur Zeit allerdings einer Generalrenovierung unterzogen wird.

193 E1 Wien 3., Schwarzenbergplatz 9 Karlsplatz Tram D Gusshausstraße

Johann Strauß Sohn funkelt mit der Sonne um die Wette

8 Künstlerhaus

Das Künstlerhaus wurde 1865–68 im Stil der italienischen Renaissance als Ausstellungs- und Versammlungsgebäude der »Genossenschaft der bildenden Künstler Wiens« errichtet. An seiner Frontfassade befinden sich acht Marmorstatuen: Dürer, Michelangelo, Raffael, Rubens, Leonardo da Vinci, Velázquez, Bramante und Tizian. Im Künstlerhaus werden laufend Ausstellungen zu aktuellen Themen gezeigt.

193 D1 Wien 1., Karlsplatz 5 587 96 63 Di–So 10–18, Do bis 21 Uhr Karlsplatz Tram 62, 65, Bus 4A, 59A Karlsplatz

9 Musikverein

Nach Plänen von Theophil Hansen entstand 1867–69 das Musikvereinsgebäude des 1814 gegründeten Musikvereins. Hausherren sind die Wiener Philharmoniker. Außer ihnen waren in dem Haus mit der nahezu unglaublichen Akustik schon so gut wie alle internationalen Musikgrößen zu hören. Der Musikverein wurde 2004 um vier neue Säle erweitert. Neben dem weltberühmten Goldenen Saal, von dem aus jedes Jahr das Neujahrskonzert in alle Welt übertragen wird, stehen nun auch der Gläserne, der Metallene (für junges Publikum), der Hölzerne und der Steinerne Saal zur Verfügung.

193 D1 Wien 1., Bösendorferstr. 12 505 81 90, Infoline (auch für Last-Minute-Tickets) 505 13 63 Tageskasse Mo–Fr 9–19.30, Sa 10–18 Uhr Karlsplatz Tram 62, 65, Bus, 4A, 59A Karlsplatz www.musikverein.at

10 Stadtpark

An Stelle des alten Wasserglacis liegt jetzt der liebevoll gepflegte Stadtpark. Er wurde 1862 nach Plänen von Josef Selleny und Rudolf Siebeck im englischen Landschaftsstil angelegt. Von hier aus präsentiert sich das Bett des Wienflusses besonders interessant. Der 2 km unterirdisch fließende Fluss tritt durch ein Jugendstilportal wieder zu Tage, flankiert von Pavillons, Mauern und Stiegen. Zahlreiche Denkmäler erinnern an Berühmtheiten wie Schubert und Lehar. Ziel Tausender Besucher und wahrscheinlich die meistfotografierte Sehenswürdigkeit Wiens ist das in Marmor und Gold gehaltene Monument für Johann Strauß Sohn.

193 E/F2/3 Stadtpark

Wohin zum ... Essen und Trinken?

Preise
Die Preisangaben gelten pro Person für ein Essen ohne Getränke.
€ unter 13 Euro €€ 13–25 Euro €€€ über 25 Euro

Restaurants

Collio €€€
Norditalienische Küche mit Schwerpunkt Friaul bietet das ebenso wie die *Silver Bar* von Sir Terence Conran exzellent gestylte Restaurant im Hotel *Das Triest*. Es gibt stets frischen Fisch, im Sommer wird im Innenhof gegrillt. Die Weinkarte bietet eine Riesenauswahl an österreichischen, italienischen und französischen Weinen.

194 B1 Wien 4., Wiedner Hauptstr. 12 589 18-133 Mo–Fr 12–14.30/18.30–22, Sa 18.30–22 Uhr Karlsplatz Tram 62, 65 Paulaner Kirche

Gmoa Keller €€
Er hat den Hunger von Generationen von Kunstfreunden nach Vorstellungsende im nahen Konzerthaus und Akademietheater gestillt und gehört zu den ältesten Wirtshäusern der Stadt. Und auch nach der Übernahme durch den noch jungen Chef Sebastian Laskowsky zur Jahrtausendwende hält der *Gmoa Keller* alte Küchentraditionen hoch: Kredenzt wird Althergebrachtes mit stark steirischem Einschlag. Das Ambiente in den Gewölberäumen ist von gehoben ruralem Charme.

195 D2 Wien 3., Am Heumarkt 25 712 53 10 Mo–Sa 12 bis 24 Uhr Stadtpark Tram D, 71

Hietzinger Bräu €€
Das mit großem Abstand beste Restaurant im Nobelbezirk Hietzing gehört der Familie Plachutta und wurde ebenso wie das Lokal in der Wollzeile 38 im 1. Bezirk zum Synonym für erstklassige Rindfleischspezialitäten. Vom Schulterscherzel über den Tafelspitz wird alles in Rindsuppe serviert, dazu gibt es die köstlichsten Beilagen.

198, westl. A3 Wien 13., Auhofstr. 1 877 70 87 Mo–Fr 11.30–15/18–23.30, Sa/So 11.30 bis 24 Uhr (warme Küche bis 14.30 bzw. 22.30 Uhr) Hietzing-Tiergarten Tram 58, 60 Dommayergasse

ra'mien €€
Ein besonders interessantes, in hellem Grau-Weiß gestyltes Asia-Lokal. Den farblichen Kontrast bilden die in Rot gehaltene Cocktail- und die Nudelbar, hinter der die Nudeln vor Publikum handgefertigt werden. Die Nudelsuppen und Reisgerichte, die hier mittags angeboten werden, sind ein wirkliches Gedicht. Abends gibt es eine breit gefächerte Palette an thailändischen, japanischen, chinesischen und vietnamesischen Gerichten.

192 B1 Wien 6., Gumpendorfer Str. 9 585 47 98 Di–So 11 bis 24 Uhr, Bar Di/Mi und So 20–2, Do–Sa bis 4 Uhr Museumsquartier Bus 57A Köstlergasse

Schwarzer Adler €€
Dieses Restaurant ist seit langem bekannt für seine Wiener Küche der Spitzenklasse, es gibt interessante Vorspeisen und exquisite Fischgerichte. Das Ambiente ist gediegen und gemütlich, mit Stoffservietten und besonders schönen Gläsern. Beeindruckend ist die Weinkarte, sie umfasst zahlreiche österreichische und internationale Spit-

zenweine, die die Wahl nicht leicht machen.

194, südwestl. A1 Wien 5., Schönbrunner Str. 40 544 11 09 Di–Sa 11–15/18–23 Uhr, Juli/ Aug. auch Mo 18–23 Uhr (warme Küche bis 22.30 Uhr) Pilgramgasse Bus 12A, 13A, 59A Margaretenplatz

Silberwirt €€

Dieses Restaurant ist ein Prototyp des gehobenen Wiener Beisls, die Speisekarte bietet Traditionelles wie Schulterscherzel, Wiener Schnitzel und Backhuhn, aber auch italienische Teigwaren. Mittags gibt es ein preisgünstiges zweigängiges Menü. Zusammen mit den umliegenden Lokalen bildet der Silberwirt das »Schlossquadrat«, das sich um erstklassige Küche, gepflegte Weine (Glaskultur) und ansprechendes Ambiente bemüht.

194 A1 Wien 5., Schlossgasse 21 544 49 07 tägl. 12 bis 24 Uhr (warme Küche 12–23 Uhr) Pilgramgasse Bus 12A, 13A, 59A Margaretenplatz

Zu den 3 Buchteln €

Dieses gemütliche Restaurant hat sich neben der Wiener Küche auch auf böhmische Gerichte spezialisiert. Hier darf man nicht an das Kalorienzählen denken, besonders nicht, wenn man eine der herrlichen warmen Mehlspeisen bestellt. Und das sollte man in Wien auf jeden Fall einmal tun!

194 A1 Wien 5., Wehrgasse 9 587 83 65 Mo–Sa 18–23 Uhr (warme Küche bis 23 Uhr) Pilgramgasse Bus 12A, 13A, 59A Margaretenplatz

Zur Goldenen Glocke €€

Zwei Wandgemälde mit einer Gesamtlänge von 12 m, auf denen die Wiener Operetten- und Theaterprominenz des ausgehenden 19. Jhs. abgebildet ist, machen den Schanigarten dieses klassischen Alt-Wiener Restaurants zum wahrscheinlich schönsten der Stadt. Auch die Speisekarte ist beeindruckend, es gibt Innereien, Rindfleisch und erstklassige Gerichte der gehobenen Wiener Küche, dazu Spezialitätenwochen.

194 B1 Wien 5., Kettenbrückengasse 9 587 57 67 Mo–Sa 11–14.30/17.30–23 Uhr Kettenbrückengasse Bus 59A Kettenbrückengasse

Naschmarkt

Der Naschmarkt wird zunehmend als Ort beliebt, an dem man auch hervorragend essen kann. An seinem oberen Ende und an der Seite zur Linken Wienzeile hin sind einige interessante Restaurants entstanden, in denen sich kulinarische Weltreisen unternehmen lassen. **Calamari und Strandhaus** (Stand 1–5, Mo–Fr 9.30–19.30, Sa bis 16.30 Uhr) sind zwei Restaurants der Nordsee-Kette, die hier ganz exzellenten frischen Fisch und Krustentiere anbieten, ebenso **Umar Fisch** (Stand 76–79, Mo–Sa 10 bis 24 Uhr), in dem man sich zeitweise wie in einem Strandrestaurant am Mittelmeer fühlen kann. Im **Indian Pavillon** duftet es nach Curry und Koriander, hier gibt es indische Spezialitäten, auch zum Mitnehmen (Stand 74–75, Mo–Fr 11–18.30, Sa bis 17 Uhr). Asiatische Köstlichkeiten aus dem Wok und duftende Nudelgerichte kann man bei **Take-Nudel** genießen (Stand 87, Mo–Sa 10.30–22 Uhr), ebenso bei **Mr. Lee** (Stand 278–280, Mo–Sa 10.30 bis 22 Uhr). Die beiden cool gestylten **TokoRi** Restaurants sind ein kleines Stück Japan in Wien, mit herrlichen Sushis, Teriyaki und Sashimis (Stand 263–264 gegenüber dem Theater an der Wien, Mo–Sa 11 bis 23 Uhr, Stand 177–178, Mo–Sa 9.30–19 Uhr). Das **Naschmarkt Deli** (Stand 421–436, Mo–Sa 7–22 Uhr) macht sich das frische Marktangebot zu Nutze, es gibt köstliche kleine Gemüsegerichte und knackige Salate. Sehr beliebt sind die Frühstücksspezialitäten und der Kaffee aus einer kleinen italienischen Rösterei. Donnerstags ist Jazz zu hören, gelegentlich sorgen auch DJs für coolen Sound.

Die Brasserie (Mo–Sa bis 24 Uhr) ist durch einen begrünten Innenhof von der Küche getrennt und bietet französische und maghrebinische Spezialitäten. Geradezu aufregend schön ist die orientalisch angehauchte Club Bar (Do–Sa 22–4 Uhr), in der das wechselnde Musikprogramm von Soul bis orientalischem Beat reicht. Der absolute Hit des *Aux Gazelles* ist das große Hammam (Mo–Sa 12–22 Uhr), ein orientalisches Dampfbad mit drei Temperaturzonen und dem wunderschönen Salon de Thé daneben, in dem man sich nach der Badeprozedur stilvoll entspannen kann.

Das schick und cool gestylte **Theatercafé** (Linke Wienzeile 6, Tel. 585 62 62, Mo–Sa 9.30–2 Uhr) neben dem Theater an der Wien entwickelte sich rasch zu einem In-Lokal. Mittags gibt es hier verfeinerte Wiener Küche, abends trifft sich an der langen Bar die Wiener Szene. Ein paar Schritte stadteinwärts, im **Mocca Club** (➤ 134), kann man täglich von 10–24 Uhr in exotischem Ambiente gute Cocktails genießen.

Das **Vinissimo** (Windmühlgasse 20, Tel. 586 48 88, Mo–Sa 11 bis 23) ist eine gelungene Mischung aus Vinothek und Bistro. Im Raimundhof, der zur Mariahilfer Straße hinaufführt, gibt es einen kleinen Schanigarten. Die Weinauswahl ist groß, die Küche ist italienisch orientiert mit österreichischen »Schmankerln«, die Hälfte der Speisen ist vegetarisch.

Die Bar **Wein & Co** (Getreidemarkt 1, Tel. 585 72 57, Mo–Fr 10–24, Sa 9–24, So 11–24 Uhr) ist ein wichtiges Ziel für Weinliebhaber. Die Auswahl an österreichischen und internationalen Weinen ist riesengroß, in der Bar wird der Ladenpreis verrechnet. Zum Wein gibt es kleine warme Speisen und mediterrane Spezialitäten vom kalten Büfett. Sonntags von 11 bis 16 Uhr ist »Happy Sunday«, da wird für offene Weine nur der halbe Preis verrechnet.

Die **Silverbar** (Wiedner Hauptstr. 12, Tel. 589 18-136, Mo 18–2, Di–Sa 19–3, So 15.30–24 Uhr) im Hotel *Das Triest* ist schon allein wegen ihres noblen und ausgefallenen Designs sehenswert, für das kein geringerer als Sir Terence Conran verantwortlich zeichnet. Die Bar bietet eine interessante Auswahl an Cocktails, dazu gibt es Jazz-, Latino- und Soulmusik.

Etwas ganz besonderes ist das **Schikaneder** im Schikaneder-Kino (Margaretenstr. 24, Tel. 585 58 88, tägl. 18–4, bzw. eine halbe Stunde vor Beginn des Films). In dem modernen Lokal sorgt eine besonders lange Bar und eine ebenso lange Sitzreihe gegenüber für Atmosphäre mit Pfiff. Es gibt Drinks und interessante Cocktails.

MUSIK

In diesem Teil der Stadt liegen die beiden Institutionen, die neben der Staatsoper Wiens Ruf als Welthauptstadt der Musik begründen und in denen der auf der ganzen Welt berühmte »Wiener Klangstil« entstanden ist. Im **Konzerthaus** (Lothringerstr. 20, Tel. 242 00, Infoline 24 20 01 00, Tageskasse Mo–Fr 9–19.45, Sa bis 13 Uhr, sowie ab 45 Min. vor Veranstaltungsbeginn), in dessen Westtrakt übrigens die Hochschule für Musik und darstellende Künste untergebracht ist, sind die Sphärenklänge der Wiener Symphoniker zu hören und im **Musikverein** (➤ 131) jene der Philharmoniker.

Der **Kursalon Wien** bildet den imperialen Rahmen für Musik aus Wien, der besonders von ausländischen Besuchern geschätzt wird. Ab dem Mittag erklingen im Restaurant *Johann* (Johannesgasse 33, Tel. 512 57 90, tägl. 11.30 bis 24 Uhr) Operetten- und Walzerklänge, und abends spielt das Salon-Orchester Alt-Wien täglich Strauß-Melodien (20 Uhr). Manchmal vorher, manchmal hinterher wird ein Galadiner serviert. Im Juli und August kredenzt man an Wochenenden zudem ein ausgiebiges Frühstück.

Belvedere, Prater und Donau

Erste Orientierung

Dieser Bereich der Stadt ist mit dem Schloss Belvedere und den Bauten Friedensreich Hundertwassers auf höchst unterschiedliche Art von aufregender Architektur geprägt. Der Prater und der Donaustrand sind die großen Erholungsgebiete der Stadt.

Das Belvedere, das Schloss des Prinzen Eugen, gilt mit seinem prachtvollen Park als grandioses barockes Gesamtkunstwerk. Und Friedensreich Hundertwasser hat mit seiner bunten, abenteuerlichen Architektur Bauwerke geschaffen, die weit jenseits der üblichen Norm liegen. Der Prater lädt mit seinen riesigen Wald- und Wiesenflächen geradezu dazu ein, spazieren zu gehen, einfach in der Sonne zu sitzen oder auch Sport zu treiben. Ein Teil der »Grünen Lunge Wiens«, der Wurstelprater, ist aber dem reinen Spaß vorbehalten: Autodrom, Geisterbahn und Spiegelkabinett garantieren dort eine echte »Hetz«, und das schon lange.

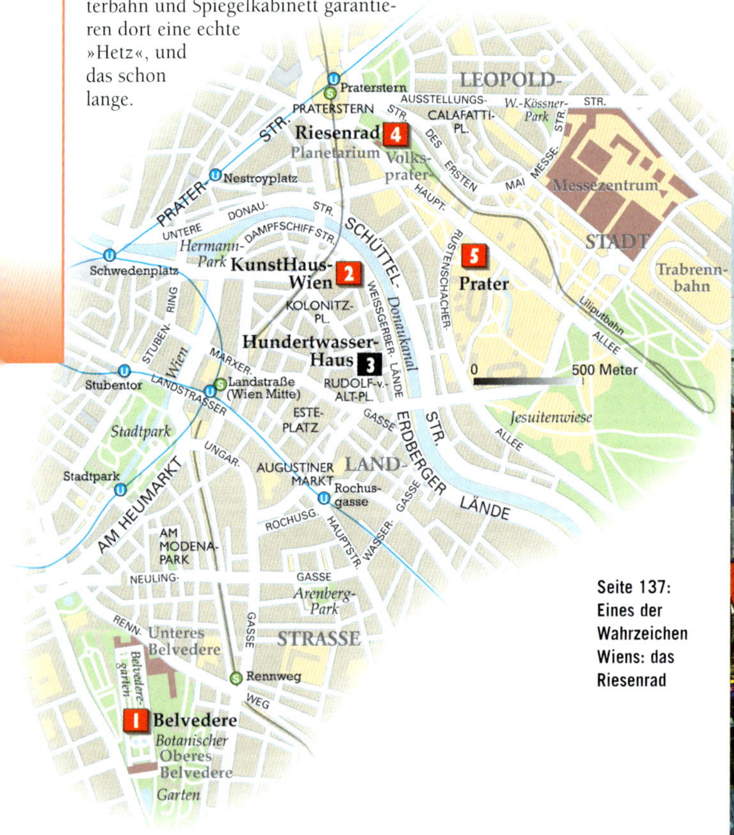

Seite 137: Eines der Wahrzeichen Wiens: das Riesenrad

Dass Wien am Strand liegt, zeigt sich an der Donau. Das Gänsehäufel, die Alte Donau und die Donauinsel sind die Stadtgebiete, in denen die Wiener Sport treiben und Badefreuden genießen können wie sonst nur an der Adria. Und an der Copa Cagrana herrscht den ganzen Sommer Urlaubsstimmung bei wunderbar duftendem Multikulti-Essen und Musik aus fernen Ländern.

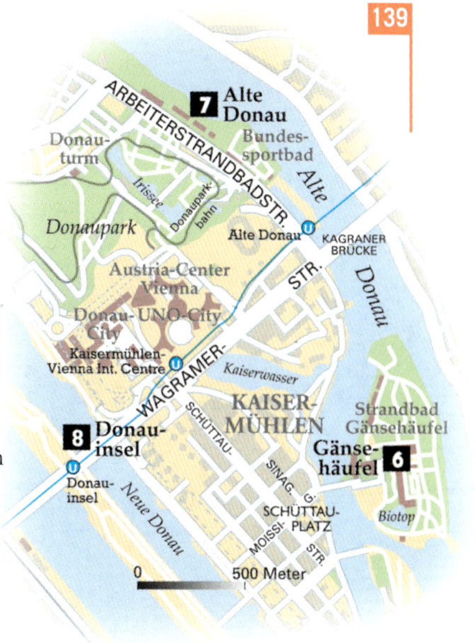

Nicht verpassen!

1 **Belvedere** ➤ 142
2 **KunstHausWien** ➤ 144
4 **Riesenrad** ➤ 146
5 **Prater** ➤ 148

Nach Lust und Laune!

3 Hundertwasser-Haus ➤ 152
6 Gänsehäufel ➤ 152
7 Alte Donau ➤ 153
8 Donauinsel ➤ 153

Urlaubs-Feeling lässt sich auf der Donauinsel genießen

Lernen Sie zuerst weltberühmte Barockarchitektur und Kunstwerke und dann die farbenfrohe, exzentrische Welt des Friedensreich Hundertwasser kennen. Danach gehört der Tag dem reinen Vergnügen: Im Prater und an der Donau stehen alle Zeichen auf Spaß, Unterhaltung und Entspannung.

Belvedere, Prater und Donau an einem Tag

9 Uhr

Dieser Tag beginnt mit dem 1 **Belvedere** (➤ 142). Im Oberen Belvedere werden Sie die herrliche Barockarchitektur des Palais und die prachtvollen Gemälde von Klimt, Kokoschka und Schiele auf Anhieb faszinieren. Bevor Sie durch den Park zum Unteren Belvedere (unten) spazieren, halten Sie an und schauen Sie auf die Stadt, die wie ausgebreitet vor Ihnen liegt. Jetzt werden Sie den Namen des Palais verstehen: Belvedere – schöner Blick.

11 Uhr

Im 2 **KunstHausWien** (➤ 144) sind Ihre Füße ebenso gefordert wie Ihre Augen. Der wellige Boden zwingt Sie, genau darauf zu achten, wohin Sie treten, und die Fülle an Farben und Formen, die auf Sie einstürmt, muss erst verkraftet werden. Aber beim Rundgang durch die Ausstellungsräume

werden Sie feststellen, dass man sich an diese Umgebung schneller gewöhnt, als gedacht – und dass man sie eigentlich gar nicht so bald wieder verlassen möchte. Aber das ist auch nicht notwendig, denn es gibt hier ein Café mit wunderschönem Garten, in dem Sie die Atmosphäre bei einem Imbiss noch länger auf sich wirken lassen können.

12.30 Uhr

Nach dem Besuch bei Hundertwasser erscheint die ganze Welt grau und trostlos. Im 5 **Prater** (oben; ➤ 148) aber verfliegt dieser Eindruck rasch. Hier ist es wieder bunt und laut. Fahren Sie zuerst mit dem 4 **Riesenrad** (➤ 146), und stürzen Sie sich dann ins lustige Gewühl. Ein Adrenalinstoß gefällig? Dann rein ins wilde »Volare«, danach ein bisschen bummeln mit der Liliputbahn, und zum Mittagessen geht's dann ins *Schweizerhaus* (➤ 155), zu »Stelze« und Bier.

15.30 Uhr

Den Kaffee sollten Sie in aller Ruhe im *Lusthaus* (links; ➤ 155) trinken. Nach all den Turbulenzen ist eine Verschnaufpause angesagt, schließlich steht Ihnen an der Donau noch einiges bevor.

17 Uhr

Ein wenig joggen oder ein erfrischendes Bad in der Donau? Auf der 8 **Donauinsel** (unten; ➤ 153) ist alles möglich, achten Sie nur darauf, genügend Energie zu behalten, um auf der Copa Cagrana (➤ 158) noch von einem Lokal ins andere ziehen und den Sonnenuntergang genießen zu können.

19.30 Uhr

Die Wahrscheinlichkeit, dass Sie auf der Copa Cagrana bei Sirtaki oder Salsa-Rhythmen bis in die Puppen versumpfen, ist zwar groß, es gibt aber viele Alternativen. Eine davon wäre, den Abend im Freiluftkino der *Tribüne Krieau* (➤ 18) zu verbringen.

Belvedere

Barocke Baukunst in Vollendung, das stellt die Schlossanlage des Belvedere dar. Von dieser weltberühmten Sehenswürdigkeit aus, die außerhalb der Stadt auf einer Anhöhe liegt und große Kunstwerke beherbergt, genießt man einen unvergleichlich schönen Blick über Wien.

Prinz Eugen von Savoyen (1663–1736) war alles andere als ein Adonis. Kleinwüchsig und wenig umgänglich, entsprach er nicht dem Bild eines strahlenden Helden. Und doch wurde der in Paris geborene Prinz zum bedeutendsten Feldherren seiner Zeit. Seinem strategischen Geschick verdankt Österreich, dass die Türken besiegt und wichtige Siege im Spanischen Erbfolgekrieg errungen wurden.

Dem Haus Habsburg ebneten diese Siege den Aufstieg zur Großmacht. Das ließ man sich etwas kosten. Wie hoch Prinz Eugen belohnt wurde, lässt sich angesichts des Belvedere erahnen: Der Prinz sparte an nichts, als er Johann Lukas von Hildebrandt 1714–23 sein eigentlich aus zwei Schlössern bestehendes Sommerpalais errichten ließ.

Oberes Belvedere

Das Obere Belvedere ist der prächtigere der beiden Paläste. Es war von Anfang an nur für Repräsentationszwecke geplant. Entsprechend ist es auch ausgestattet. Schon allein die Fassade vermittelt ein Gefühl barocker Üppigkeit. Dieser Eindruck verstärkt sich im Inneren angesichts von Santino Bussis weißem Stuck in der **Sala terrena** und Carlo Carlones Fresken im **Gartensaal** und dem **Marmorsaal**.

Prinz Eugen hat sein Prunkschloss nie bewohnt, später aber beherbergte es berühmte Persönlichkeiten. Anton Bruckner verbrachte 1896 hier sein letztes Lebensjahr. Später wurde es zum Domizil des Thronfolgers Franz Ferdinand. Nach seiner Ermordung 1914 in Sarajevo stand das Schloss leer. 1955 erlangte es historische Bedeutung: Im Marmorsaal unterzeich-

Wirklich repräsentativ, das Obere Belvedere

Der Marmorsaal ist der Mittelpunkt des Unteren Belvedere

neten die Außenminister der alliierten Staaten den Österreichischen Staatsvertrag. Kanzler Leopold Figl sprach vom Balkon aus die legendären Worte: »Österreich ist frei!«.

Im Oberen Belvedere ist heute die **Österreichische Galerie des 19. und 20. Jhs**. untergebracht, eine hochinteressante Sammlung, die bedeutende österreichische Kunstwerke zeigt. Zu den Highlights zählen Gemälde von Klimt (*Der Kuss* hängt im 1. Stock, Raum 4!), Schiele, Kokoschka und Waldmüller.

Unteres Belvedere

Durch den weitläufigen Park mit Blick über Wien gelangt man zum Unteren Belvedere. Es wirkt von außen nahezu bescheiden, seine Innenräume haben es aber in sich. Auch hier bildet ein freskenverzierter **Marmorsaal** das Zentrum, nicht minder prunkvoll sind das **Goldkabinett** und die **Marmorgalerie**. Hier ist das Barockmuseum und in der Orangerie das Museum mittelalterlicher Kunst zu sehen.

KLEINE PAUSE

Genießen Sie ein Stück Belvedere-Torte im Café-Restaurant ***Schloss Belvedere*** (➤ 157)!

---

195 D1 ✉ Oberes Belvedere: Wien 3., Prinz-Eugen-Str. 27; Unteres Belvedere: Wien 3., Rennweg 6 ☏ 795 57-0 ⌚ tägl. 10–18 Uhr 🚋 Oberes Belvedere: Tram D Schloss Belvedere, Tram 0, 18, Bus 13A Südbahnhof; Unteres Belvedere: Tram 71 Unteres Belvedere € teuer ? www.belvedere.at

BELVEDERE: INSIDER-INFO

Top-Tipp: Der Online-Ticket-Service ist neu. Kaufen Sie Ihr Ticket online und entgehen Sie der Schlange!

Geheimtipp: Sollten Sie sich gerade mit **Heiratsgedanken** tragen: die Schlosskapelle im Oberen Belvedere ist ein ausgesprochen angemessener Rahmen für Ihr Jawort!

2 KunstHausWien

Dieses von Friedensreich Hundertwasser geplante Haus ist ein Museum völlig jenseits der üblichen Normen. Bunt, rund und lustig, stellt es ein Architekturabenteuer der modernen Zeit dar, ein außergewöhnliches Erlebnis für die Augen und die Füße.

Als es Ende der 1980er-Jahre darum ging, geeignete Räumlichkeiten für das umfangreiche Werk des österreichischen Malers Friedensreich Hundertwasser (1928–2000) zu finden, boten sich im 3. Wiener Gemeindebezirk in der Nähe des Donaukanals die Gebäude der ehemaligen Möbelfabrik der Gebrüder Thonet aus dem Jahr 1892 an. Zwei Jahre lang (1989–91) wurde umgebaut, dabei wurden zwei Häuser zusammengelegt. Was dann im April 1991 der Öffentlichkeit präsentiert wurde, war eine Sensation für die Stadt.

Bollwerk gegen eine falsche Ordnung der geraden Linie

Gestaltet hat der Meister das Museum persönlich. »Die Architektur des KunstHausWien ist das erste Bollwerk gegen eine falsche Ordnung der geraden Linie«, verkündete er und ließ keinen Stein auf dem anderen. Zur Straße hin fügte er einen Vorbau an und hofseitig ein Treppenhaus. Auch im Haus selbst gestaltete er alle Räumlichkeiten der vier Stockwerke höchst außergewöhnlich. Bunte Säulen, geschwungene Linien, farbig umrahmte Fenster und bunte Kacheln machen es zu einer phantasievollen Villa Kunterbunt.

Das wichtigste Stilmittel ist, dass der Boden in vielen Bereichen des Hauses in großen, unregelmäßigen Wellen verläuft. Man kann nicht einfach gedankenlos dahingehen, sondern

Hier kann man in Hundertwassers farbenprächtigen Werken schwelgen

Verwechslungsgefahr!

Auch wenn der Schein trügt, das Hundertwasser-Haus und das KunstHausWien sind nicht identisch. Ersteres ist das von Hundertwasser im Auftrag der Gemeinde Wien errichtete Wohnhaus für Privatpersonen (links; ➤ 152), und zweiteres ist das ebenfalls von Hundertwasser erbaute und hier beschriebene Museum.

muss darauf achten, wohin man seinen Fuß setzt. Das ist eine völlig neue Erfahrung. Hundertwasser entwickelte dafür seine ganz eigene Theorie: »Ein belebter, unebener Fußboden bedeutet eine Wiedergewinnung der Menschenwürde, die dem Menschen im nivellierenden Städtebau entzogen wurde.«

Hundertwasser und andere Künstler

Das KunstHausWien wird privatwirtschaftlich, ohne öffentliche Subventionen oder Steuergelder geführt. Die gesamte Ausstellungsfläche beträgt rund 4000 m². Im Erdgeschoss sind neben Kasse und Garderobe auch ein Museumsshop und ein Café-Restaurant untergebracht. In den beiden ersten Stockwerken wird ein Querschnitt durch Hundertwassers Œuvre gezeigt, das Malerei, Grafik, Tapisserien und Architekturmodelle umfasst. Der 3. und der 4. Stock sind internationalen Wechselausstellungen vorbehalten, die wegen ihres hohen Niveaus meist ein großes Publikum anziehen.

Nicht von dieser Welt: der Garten des Cafés im KunstHausWien

KLEINE PAUSE

Wenn Sie sich nach dem Rundgang durchs Museum von den bunten Farben und den geschwungenen Linien noch nicht trennen wollen, dann bleiben Sie noch ein Weilchen im ***KunstHausCafé*** (➤ 157). Genießen und bestaunen Sie die ganz außergewöhnliche Atmosphäre, die hier herrscht – etwas in dieser Art werden Sie nicht oft auf der Welt finden.

195 F4 · Wien 3., Untere Weißgerberstr. 13 · 712 04 91 · tägl. 10–19 Uhr · Schwedenplatz · Tram N, O Radetzkyplatz · teuer · www.kunsthauswien.com

KUNSTHAUSWIEN: INSIDER-INFO

Top-Tipp: Wenn Sie die Möglichkeit dazu haben, dann besuchen Sie das Museum an einem Montag. Feiertage ausgenommen, bezahlen Sie am **KunstHausMontag** nur 50 % des Eintrittspreises auf jede Karte.

4 Riesenrad

Nach dem Stephansdom ist das weithin sichtbare Riesenrad das zweite große Wahrzeichen Wiens. Dass es nach dem Zweiten Weltkrieg fast zeitgleich mit der Staatsoper und dem »Steffl« wieder aufgebaut wurde, zeigt, wie wichtig es den Wienern ist, nicht zuletzt als starkes Symbol für den Überlebenswillen der Stadt.

Das 50-jährige Thronjubiläum Kaiser Franz Josephs war der Anlass dafür, dass auch Wien, entsprechend dem damaligen Trend, ein riesiges Panoramarad erhalten sollte. Mit dem Bau wurde der englische Ingenieur Walter Basset beauftragt, der es 1896–97 errichtete. Exklusiv allerdings war seine Leistung nicht. Er stattete auch Chicago, London, Blackpool und Paris mit ähnlichen Panoramarädern aus.

Faszination von Anfang an

Das Riesenrad wurde auf Anhieb ein Publikumshit. Die Wiener genossen es, von einem der damals 30 roten Waggons aus auf ihre Stadt und das »Venedig in Wien« (➤ 149) zu ihren Füßen hinunterzuschauen. Und auch die technischen Daten beeindruckten. Ab den 1920er-Jahren wurde das Riesenrad immer wieder zur Filmlocation. Auch Szenen des Films *Der dritte Mann* wurden hier gedreht. 1944 kam das mächtige Räderwerk dann zum Stilstand. Ein Brand hatte es während des Zweiten Weltkriegs schwer beschädigt. Bald aber war das Riesenrad repariert und konnte 1947 seinen Betrieb wieder aufnehmen. Von nun an drehte es sich aus Sicherheitsgründen

Das Riesenrad war gleich eine Riesenattraktion

mit nur noch 15 Waggons. Wie beliebt die gemächliche Fahrt in luftige Höhen ist, zeigen die Besucherzahlen: Seit den 1950er-Jahren sind 30 Mio. Menschen damit gefahren.

Das Riesenrad heute, beliebt wie eh und je

Im Laufe der Zeit

Das Riesenrad dreht sich allerdings nicht nur im Kreis, sondern hat in den letzten Jahren auch einschneidende Neuerungen erfahren. An seinem Fuß laden neuerdings acht Waggons mit aufwändigen technischen Installationen und einem überdimensionalen Schaubild zu einem Rundgang durch 2000 Jahre Wiener Geschichte ein. Und nachts wird es dank der Lichtinstallationen des Lichtarchitekten Patrick Woodroffe in ein neues Licht gehüllt. Das Rad erstrahlt in weichem Gold, die Pylonen in kühlem Silber.

Technische Daten

- der höchste Punkt: 64,75 m über dem Boden
- Durchmesser des Rades: 60,96 m
- Achse des Riesenrades: 10,78 m lang, 0,5 m stark, 16,3 t schwer
- Gewicht der ganzen Radkonstruktion: 244,85 t
- Gesamtgewicht aller Eisenkonstruktionen: 430,05 t
- Geschwindigkeit: 0,75 m/sec = 2,7 km/h

KLEINE PAUSE

Das neue, cool gestylte **Café** mit seiner großen Terrasse vor dem Eingang zur Kassenhalle ist bestens geeignet für Erfrischungen vor oder nach Ihrem zehnminütigen »Höhenflug«.

196 A5 · Wien 2., Prater 20 · 729 54 30 · Jan./Feb., Nov./Dez. 10–20 Uhr; März/April, Okt. 10–22 Uhr; Mai–Sept. 9–24 Uhr · Praterstern · Tram 0, 5, 21 Praterstern · teuer · www.wienerriesenrad.com

RIESENRAD: INSIDER-INFO

Top-Tipps: Beachten Sie das Riesenrad bei **Nacht**, denn nach Einbruch der Dunkelheit wird es zu einem Glockenturm, der allerdings nicht akustische, sondern Lichtsignale aussendet. Jeweils zwei Minuten vor jeder vollen Stunde beginnt es so oft aufzublitzen, wie die Nacht Stunden zählt. Wenn das Riesenrad zweimal hell aufleuchtet, wissen Sie, dass es zwei Uhr morgens ist. Und wenn es gar dreimal blitzt, ist es auch für Wiener Begriffe höchste Zeit, in die Federn zu steigen, dann ist es nämlich drei Uhr früh.

- Die Luxus-Waggons des Riesenrades können auch **gemietet** werden. Kleine Feiern, Pressekonferenzen oder ein romantisches Dinner zu zweit, alles ist möglich. Der Mietpreis beträgt für die erste Stunde 260, für die zweite 188 und die dritte 116 Euro. Für eine halbe Stunde berappt man 98 Euro.

5 Prater

Ruhiges Erholungsgebiet und schrilles Vergnügungsviertel – der Prater ist beides und somit das Freizeit-Eldorado der Wiener schlechthin.

Die Geschichte des Praters ist so abwechslungsreich wie sein Angebot: einst sumpfige Auenlandschaft, dann kaiserlicher Forst und schließlich einer der ersten Vergnügungsparks der Welt. Heute findet man auf dem 6 km² großen Areal alte Pferderennbahnen und das moderne Messegelände, idyllische Alleen und abenteuerliche Hochschaubahnen.

Einstmals eine echte »Hetz« für die Wiener: die »Russische Schaukel«

Von der Au zum Ausflugsort

Der Prater war lange im Besitz verschiedener Klöster und adeliger Geschlechter, ehe ihn Maximilian II. 1564 zum Jagdrevier der Habsburger erklärte. Die Bevölkerung blieb von der lieblichen Landschaft ausgesperrt, bis Kaiser Joseph II. den Prater 1766 für alle Wiener öffnete. Im Westteil des Praters schlugen dann schon bald Wir-

Das Lusthaus war schon immer ein Ausflugsziel für Romantiker

Oben links: Nicht umzubringen: der nostalgische Rutschturm »Tobogan«

te, Kaffeesieder und Lebkuchenbäcker ihre Buden auf, es folgten Schaukeln, Ringelspiele und Kegelbahnen, der Wurstelprater ward geboren. Im Jahre 1814 wurde hier der Wiener Kongress in rund 40 Gasthäusern, 50 Kegelbahnen und mehreren Kaffeehäusern gefeiert. Der Volksprater wurde zu einer europäischen Sehenswürdigkeit, deren Ruhm 1873 zur Weltausstellung seinen Höhepunkt erreichte. Damals wurde auf der heutigen Kaiserwiese die Illusionenlandschaft »Venedig in Wien« gebaut, die jedoch im Gegensatz zum **Riesenrad** (➤ 146) die Zeit nicht überdauerte. Seit 1928 schnauft die **Liliputbahn**, eine Miniatur-Dampflok, vom Volksprater entlang der Hauptallee bis zum Stadion und zurück (Station hinter dem Riesenrad, www.liliputbahn.com, Eintritt: mittel).

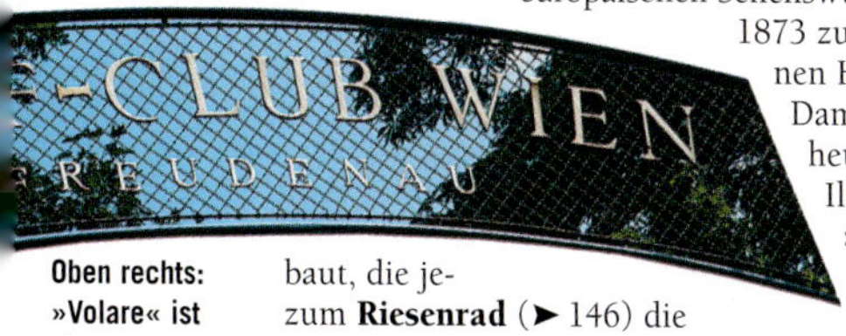

Oben rechts: »Volare« ist nichts für Leute mit schwachen Nerven

Oben: Noble Abschläge garantiert der Golf-Club in der Freudenau

Der grüne Prater

Den größten Teil des Praters bildet der auf weite Strecken naturbelassene »grüne Prater« mit Wiesen, Wäldern und Teichen. Hier befinden sich das moderne Messegelände, die traditionsreiche Trabrennbahn Krieau, ein Golfplatz, das Ernst-Happel-Stadion und das Stadionbad. Die prächtige, fast 5 km lange Kastanienallee wurde bereits 1537 von Kaiser Ferdinand I. angelegt, sie führt vom Lusthaus bis zum Praterstern. Einst wandelte hier die gehobene Wiener Gesellschaft, es marschierten hier Napoleons Truppen auf, und der Wiener Kongress tanzte in den Kaf-

Pratermuseum

Nahe dem Riesenrad, dessen Vorplatz soeben völlig neu gestaltet wurde, spürt das Pratermuseum im Planetarium der spektakulären Geschichte des Wiener Praters nach (Tel. 726 76 83, Di–Do 10–13, Fr–So 14–18 Uhr, Eintritt: preiswert, Sonntag frei)

Vom Blumen-Rad aus kann man eine herrliche Aussicht genießen

feehäusern an der Allee. Und heute? Heute laufen, radeln und skaten alle um die Wette, denn die **Prater Hauptallee** ist seit 1963 für den Autoverkehr gesperrt. Die **Jesuitenwiese** lockt mit dem größten Spielplatz Wiens, hier und auf den zahlreichen anderen Spiel- und Lagerwiesen ist genügend Platz, um Fußball zu spielen und zu faulenzen. Gleich neben dem **Lusthaus** (► 155) finden Sie die **Freudenau**, deren Pferderennbahnen mit der denkmalgeschützten Kaiserloge aus dem 19. Jh. äußerst sehenswert sind.

Wiener Wurstelprater

Seinen Namen hat das beliebte Vergnügungsviertel von der Figur des *Hanswurst*, die einst in den Puppentheatern die Kinder erheiterte. In den Anfangsjahren lockten Sensationen wie das Wachsfigurenkabinett, das Prater-Varieté, das Vivarium oder bizarre Abnormitätenshows Besucher in den Prater. Hier fand man immer die modernsten Attraktionen: 1844 das erste Eisenbahnkarussell, 1896 das erste Kino, 1897 das Riesenrad. Nachdem im Krieg alles zerstört worden war, wurde der Wurs-telprater nach 1945 auf kleinerem Raum neu errichtet. Jedes Jahr überrascht der Prater seither mit noch schnelleren, wilderen und atemberaubenderen Attraktionen. Zu den neuesten Herausforderungen erlebnishungriger Draufgänger zählt **»Volare«**, eine Achterbahn,

Wer war Calafatti?

Immer wieder stößt man im Wurstelprater auf seinen Namen: Der 1800 in Triest geborene Basilius Calafatti war einst der ungekrönte Praterkönig. Mit seiner Frau und den neun Kindern baute der kleine Salami- und Emmentalerverkäufer bald ein kleines Imperium auf, zauberte sogar für den Kaiser und ließ das erste Eisenbahnkarussell der Welt errichten. In der Mitte dieses Karussells stand eine 10 m hohe Figur mit exotischen Zügen, der »Große Chinese«, der zum Wahrzeichen des Praters und nach dem Krieg neu errichtet wurde. Auf dem Calafattiplatz erinnert er heute noch an den Prater-Pionier.

Für Kinder

In der **Kids Welt** können sich Ihre Kinder bei einmaligem Eintritt auf einem riesigen Areal mit vielen Attraktionen austoben, während Sie entspannt an Ihrem Tisch sitzen (Straße des Ersten Mai 118C, Tel. 729 51 02, Eintritt: teuer, www.kids-welt.at).

auf der man von 24 m Höhe in horizontaler Lage durch den 420 m langen Schienendschungel fliegt (beim Calafattiplatz). Aber auch einige Traditionsbetriebe halten dem Lauf der Zeit stand: das **Ponykarussell** aus dem Jahr 1887 (gegenüber dem *Schweizerhaus*), die hölzerne **Zwergerl-Hochschaubahn** (beim Radverleih) oder der nostalgische Rutschturm **»Tobogan«** aus den 1950er-Jahren. Antiquierte Attraktionen neben hochtechnischen Vergnügungsautomaten, das schnelle Glück in Spielhallen und noch schnellere Autodromanlagen, viel Musik und noch mehr Spaß – so präsentiert sich der Wurstelprater heute.

Im *Schweizerhaus* muss man einfach »Stelzen« essen!

KLEINE PAUSE

In der Hauptallee finden Sie die ***Meierei*** (Mai bis Sept.). 1873 wurden im damaligen Weltausstellungspavillon *American Drinks* serviert, später gab es Mineralwasser, ab 1924 süße und saure Milch, und heute gibt es das übliche Café-Restaurant-Angebot.

196 A–C 1–5 · Attraktionen: Ostern bis Ende Okt. 10–1 Uhr · Praterstern · Tram 0, 5, 21 Praterstern · bargedlos mit der Pratercard · www.prater.at

PRATER: INSIDER-INFO

Top-Tipps: Machen Sie eine Fahrt mit dem 35 m hohen **Blumen-Rad**, einer kleineren Version des Riesenrads. Die Aussicht aus den drehbaren Gondeln ist besonders in den frühen Abendstunden wunderschön!

- Der grüne Prater lässt sich herrlich mit dem **Rad** und neuerdings auch mit der **Rikscha** erkunden! Den Radverleih finden Sie beim *Schweizerhaus* in Richtung Hauptallee (Tel. 729 58 88, www.radverleih-hochschaubahn.com).

Geheimtipp: Hinter der Kasse der größten und längsten **Geisterbahn** Europas (Zufahrtstr. 143) sitzt ein Prater-Original: der Regisseur und Schauspieler Hermann Molzer. Der Theatermann ließ die Gruselbahn von Bühnenbildnern ausstatten und weiß immer ein paar nette Prater-Geschichten zu erzählen.

Muss nicht sein! So schön der grüne Prater tagsüber ist, so ungemütlich und **zwielichtig ist er in der Nacht**, bleiben Sie nach Einbruch der Dunkelheit auf den beleuchteten Straßen!

Nach Lust und Laune!

3 Hundertwasser-Haus

Eine Oase der Buntheit in der farblosen Großstadtwüste, das ist das Hundertwasser-Haus an der Ecke Löwengasse/Kegelgasse. In einer Gegend, die sonst hauptsächlich von gediegenen, so genannten Altbau-Wohnhäusern und Gemeindebauten geprägt wird, taucht plötzlich eine wild gegliederte, knallbunte Fassade auf. Sie besteht aus einem Durcheinander von verschieden großen und unterschiedlich umrahmten Fenstern, kleinen Balkonen, Erkern, Mosaikbändern, Zwiebeltürmen, Säulen und Bäumchen, die aus Terrassen wuchern. Friedensreich Hundertwasser hat dieses Haus 1983–85 gestaltet, es ist ein Gemeindebau mit 50 Wohnungen. Die spleenige Öko-Architektur setzt sich auch im Inneren des Hauses fort. Besichtigt werden kann das Haus aus Rücksicht auf die Privatsphäre der Mieter allerdings nur von außen, aber auch das lohnt sich.

195 F3 Wien 3., Ecke Löwengasse/Kegelgasse Tram N Hetzgasse

Friedrich Stowasser

Friedensreich Hundertwasser wurde 1928 als Friedrich Stowasser in Wien geboren. Das Enfant terrible der Kunstszene entwickelte eine ganz eigene, farbige Bildsprache und realisierte zahlreiche Architekturprojekte in Österreich, Deutschland, der Schweiz, in Kalifornien und Japan. Neuseeland wurde zu seiner zweiten Heimat. Im Februar 2000 starb er auf der »Queen Elizabeth II« im Pazifischen Ozean an Herzversagen.

6 Gänsehäufel

Das Gänsehäufel ist eine Wiener Institution. Seine Geschichte steht in engem Zusammenhang mit dem Aufschwung der Arbeiterbewegung und mit dem Entstehen einer eigenständigen Körper- und Sportkultur. 1907 übernahm die Stadt Wien die Insel an der Alten Donau und errichtete darauf ein erstes städtisches Strandbad mit Umkleidemöglichkeit für 4000 Personen. 1926–27 wurde die Insel durch eine Brücke mit dem »Festland Wien« verbunden. Im Zweiten Weltkrieg erlitt die Anlage durch 130 Bombentreffer schwere Schäden. Der Wiederaufbau war ein großes Anliegen der Stadt, er erfolg-

Eines der ältesten Strandbäder: das Gänsehäufel

Mit Büro- und Wohntürmen entstand jenseits der Donau ein supermoderner Stadtteil

te rasch, und dann konnten wieder Tausende Wiener ihre Kabinen beziehen und den Sommer am Donaustrand genießen. Heute gilt das Gänsehäufel mit seiner Fläche von rund 33 ha und seinem 1000 m langen Naturstrand als größtes Strandbad Binneneuropas.

197 F2/3 Wien 22., Moissigasse 21 269 90 16 im Sommer Mo–Fr 9 bis 20, Sa/So 8–20 Uhr Kaisermühlen Bäderbus von der U-Bahn-Station Kaisermühlen mittel

7 Alte Donau

Die Regulierung der Donau 1870–75 bewirkte, dass im Nordosten der Stadt ein mit dem Fluss nicht mehr verbundener Arm zurückblieb und zu einem See wurde, zur Alten Donau. Sie entwickelte sich schon um 1900 zu einem Badeparadies, und das ist sie bis heute geblieben. Hierher strömen die Wiener im Sommer zum Schwimmen, Segeln oder Ruderbootfahren. Zwischen Alter und Neuer Donau liegt der Donaupark. Das ehemalige Gelände der Wiener Internationalen Gartenschau 1964 ist jetzt ein Erholungsgebiet mit Rad- und Spazierwegen. Der darin aufragende 252 m hohe Donauturm bietet von seinem Drehrestaurant aus einen prachtvollen Fernblick. Ein Blickfang sind Moschee und Minarett des Islamischen Zentrums am nahen Hubertusdamm.

197 D5–F4 Alte Donau Bus 20B Alte Donau

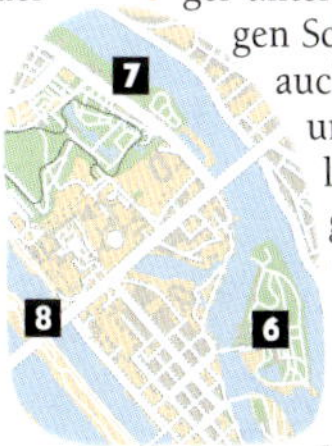

8 Donauinsel

Als in den 1970er-Jahren in der Donau ein zweites Flussbett gegraben wurde, um die Hochwassergefahr einzudämmen, entstand in der Mitte eine Insel. 20 km lang und 200 m breit, entwickelte sie sich zum Freizeitparadies der Wiener. Ungestört vom Autoverkehr sind hier Radfahrer, Jogger, Inlineskater und Spaziergänger unterwegs. Die rund 40 km langen Schotterstrände eignen sich auch bestens zum Sonnenbaden und Schwimmen, und das alles mit Blick auf eine aufregende Skyline. Um die Uno-City ist mit dem Austria-Center, dem Andromeda-Tower, dem Wohnpark Donau-City und einer Reihe von Bürotürmen aus Glas und Stahl ein ultramoderner Stadtteil entstanden. Als Gegenstück dazu ragt der Milleniums-Tower auf der gegenüberliegenden Seite der Donau in den Himmel.

197 D2/3–F1 Donauinsel

Wohin zum ... Essen und Trinken?

Preise
Die Preisangaben gelten pro Person für ein Essen ohne Getränke.
€ unter 13 Euro **€€** 13–25 Euro **€€€** über 25 Euro

Restaurants

Altes Jägerhaus €€
Das Gasthaus mit seinem schönen, großen Gastgarten liegt direkt gegenüber vom Lusthaus. Die Speisekarte bietet ein umfangreiches Angebot an interessanten Gerichten aus der Wiener Küche, sehr beliebt ist hier das Wiener Schnitzel. Die köstlichen Mehlspeisen sind hausgemacht und die Auswahl an heimischen und internationalen Weinen ist groß.

196, östl. C1 Wien 2., Freudenau 255 728 95 77 tägl. 9–23 Uhr (warme Küche 11.30–21.30 Uhr); Okt. bis April Mo und Di Ruhetag Bus 77A Lusthaus

Amon €€
Von Grund auf neu gestaltet, präsentiert sich das auf Wiener Urgerichte wie Wurzelfleisch und Zwiebelrostbraten spezialisierte *Amon*. Nach wie vor gibt es auch die beliebten Spezialitätenwochen, der Rahmen aber ist neu: Im vorderen Bereich wurde eine Wein- und Bierbar gestaltet, Gastgarten und Wintergarten sind frisch gestylt, und für kleine Gäste wurde ein Indoor-Spielplatz eingerichtet. In der Vinothek können sich Stammgäste mit Weinboxen einmieten, und wer sich Spezialitäten mit nach Hause nehmen will, kann an der Take-away-Vitrine auswählen.

196 B1 Wien 3., Schlachthausgasse 13 798 81 66 Mo–Sa 10 bis 24, So 10–16 Uhr Schlachthausgasse Tram 18A Erdbergstraße, Bus 74A, 77A, 79A, 80A, 80B, 83A, 84A Schlachthausgasse

Hansy €
Das *Hansy* an einem der verkehrsreichsten Punkte der Stadt, an der Ecke Praterstern/Praterstraße, ist genau so, wie ein gutes traditionelles Wiener Gasthaus sein soll: Der Schankraum ist gekachelt, die Einrichtung einfach und der Gastgarten geräumig. Die Küche bietet den ganzen Tag über durchgehend Hausmannskost und saisonale Spezialitäten. Dazu gibt es das hauseigene Bier »Hansy-Bräu«.

195 E5 Wien 2., Praterstr. 67 214 53 63 tägl. 9–24 Uhr Praterstern Tram 5, 21, 0, Bus 80A Praterstern

Kiang €€
Cool und modern gestylt, wirkt das Kiang beim Rochusmarkt zwar eher wie ein keimfreies Labor, das Angebot an Speisen macht es aber zu einem der interessantesten asiatischen Restaurants der Stadt. Neben Sushi gibt es ständig wechselnde Tagesempfehlungen.

195 F2 Wien 3., Landstraßer Hauptstr. 50 715 34 70 tägl. 11.30–15/18–23.30 Uhr Rochusgasse Bus 4A, 74A Rochusgasse

Lindmayer €€
Das idyllisch an der Donau gelegene Restaurant hat sich auf Fisch und thailändische Gerichte spezialisiert. Bei schönem Wetter wird auf der großen, 150 Personen fassenden Terrasse mit herrlichem Blick auf den Strom serviert, auf der auch in der ärgsten Sommerhitze eine Brise für Abkühlung sorgt. Ein fünfminütiger Fußweg führt an der Donau entlang zu Wiens einziger buddhistischer Pagode, einem stillen und friedlichen Ort.

197, südl. E1 Wien 2., Lindmayer Str. 1 (Hafenzufahrtsstraße) 728 95 80 Mitte Feb.–Dez. tägl. 10 bis 23.30 Uhr Tram 21 Praterkai (15 Minu-ten Gehweg), Bus 80B Fa. Elan (gegen-über vom Restaurant)

Lusthaus €€

Der entzückende Pavillon am Ende der Prater Hauptallee hat eine lange Geschichte. An seiner Stelle stand schon ab 1560 ein kleines Jagdhaus, das Grüne Lusthaus. Kaiser Josef II. beauftragte den Architekten Isidore Canavale damit, es umzugestalten, und dieser brachte den einstöckigen Bau von 1781–83 in seine heutige Form mit acht Ecken, acht Säulen und einem umlaufenden Balkon. Bei einem Kaffee auf der kleinen Terrasse des Podestes oder bei einem Essen der gehobenen Wiener Küche im Lokal ist das Flair der Kaiserzeit auch heute noch immer spürbar. Das *Lusthaus* ist ein beliebter Ort für Veranstaltungen wie Familienfeiern oder alle möglichen Arten von Präsentationen. Wer das *Lusthaus* abends besuchen möchte, sollte daher vorher anrufen.

196, östl. C1 Wien 2., Freudenau 254 728 95 65 Mai–Sept. Mo/Di, Do/Fr 12–23, Sa/So 12–18 Uhr; Okt.–April Do–Di 12–18 Uhr Bus 77A Lusthaus

Salm Bräu €

Die urige Gasthofbrauerei befindet sich in den Kellern des Salesianerklosters. Die Biere sind erstklassig, sie werden nach historischen Rezepten gebraut. Dazu gibt es deftige Hausmannskost und von montags bis freitags ein preisgünstiges Tagesmenü.

195 E1 Wien 3., Rennweg 8 799 59 92 tägl. 11–24 Uhr (warme Küche bis 23 Uhr) Tram 71 Unteres Belvedere

Schweizerhaus €

Die knusprigsten »Stelzen« (Eisbein) der Stadt und dazu das gepflegteste Budweiser-Bier vom Fass, dafür ist Karl Kolariks *Schweizerhaus* im Prater berühmt. »Stelzen« und Bier sind aber noch lange nicht alles. Die Küche ist auch wegen ihrer echten böhmischen Spezialitäten bekannt wie zum Beispiel dem Spiegelkarpfen. In dem riesigen Garten, der 1300 Personen Platz bietet, ist die Stimmung immer grandios.

196 A5 Wien 2., Straße des Ersten Mai 116 728 01 52 15. März bis 31. Okt. Mo–Sa 11–23.30 Uhr Praterstern Tram 5, 21, 0, Bus 80A Praterstern

Seidl €

Das Gasthaus *Seidl* ist ein typisches Alt-Wiener Gasthaus mit gemütlichen Logen. Auch die Küche ist wienerisch, allerdings auf höchstem Niveau verfeinert, dabei aber echt und weit entfernt von Schickimicki-Allüren. Das Backhuhn wird als das beste der Stadt gerühmt, ein Gedicht sind auch die Geröstete Leber und das Gulasch. Die Getränkekarte ist beachtlich, es kann zwischen 400 verschiedenen Weinen gewählt werden.

195 E2 Wien 3., Ungargasse 63 713 17 81 Mo–Fr 10–23 Uhr Tram 0 Neulinggasse

Stadtwirt €

Die burgenländisch-oberösterreichisch inspirierte Küche dieses gehobenen Beisls ist von erster Güte. Die Qualität hat sich herumgesprochen, es herrscht immer Hochbetrieb. Wer einen Platz im Lokal oder im Schanigarten bekommen will, sollte unbedingt vorher reservieren.

195 E3 Wien 3., Untere Viaduktgasse 45 713 38 28 Mo–Fr 10 bis 24, Sa 16–1 Uhr (warme Küche bis 23 Uhr), So 11–16 Uhr; Lounge- und Barbereich Mo–Fr 9–1, Sa 16–1, So 11–1 Uhr Landstraße/Wien Mitte Tram 0, Bus 74A Landstraße/Wien Mitte

Steirereck €€€

Das legendäre *Steirereck* der Familie Reitbauer zählt zu den hervorragendsten Restaurants Österreichs. 2004 übersiedelte es vom 3. Bezirk in den Stadtpark. Geblieben ist an der neuen Adresse die erstklassige Qualität der »Wienerischen Neuen Küche« samt Top-Auswahl an Weinen, Whiskys und Zigarren, neu ist die deutlich preiswertere Meierei, in der man 150 Käsesorten und köstliche Strudel kredenzt.

195 D3 Wien 3., Meierei im Stadtpark 713 31 68 Mo–Fr 19 bis 24 Uhr, Meierei Mo–Fr 9–22 Uhr Landstraße/Wien-Mitte Tram 0, Bus 74A Landstraße/Wien-Mitte

Taverna Lefteris €€

Der Grieche stammt aus Kreta, und sein Lokal gilt als eines der besten griechischen der Stadt. Bei Lefteris ist die Atmosphäre mediterran gemütlich, man fühlt sich wie auf Urlaub. Das Brot wird selbst gebacken, und die Auswahl an Vorspeisen ist beeindruckend. Die Moussaka schmeckt nirgends sonst so verführerisch.

195 F3 Wien 3., Hörnesgasse 17 713 74 51 Mo–Sa 18–24 Uhr Rochusgasse Bus 4A, 74A Rochusgasse

Weinzirl €€€

Das Interieur des Restaurants im Wiener Konzerthaus präsentiert sich in elegantem Art déco. Elegant ist auch die Speisekarte, die sich auf gehobene, kreative Wiener Küche spezialisiert hat. Dazu gibt es eine ausgesprochen gut sortierte Weinauswahl.

195 D2 Wien 3., Am Heumarkt 6 512 55 50 tägl. 17.30–24, So und Mi ab 11.30 Uhr Stadtpark Tram 1, 2, 71, D, Bus 3A, 4A Schwarzenberg-platz

Wild €€

Das gemütliche typische Wiener Wirtshaus direkt am Radetzkyplatz punktet auch mit Wiener Küche. Bevorzugte Gerichte sind Klassiker wie Innereien, sie werden allerdings mit kreativem Einschlag zubereitet. Probieren Sie beispielsweise die Geröstete Leber. Mittags gibt es unter der Woche als Tagesteller ein vegetarisches Menü und eines mit Fleisch, beide sind wirklich sehr preisgünstig.

195 F4 Wien 3., Radetzkyplatz 1 920 94 77 Di–So 10–1 (warme Küche Di–Sa 11–23.30, So 11–22 Uhr) Landstraße/Wien Mitte Tram N, 0 Radetzkyplatz

Unfried zum Posthorn €

Das urige, seit 1870 bestehende Beisl wurde mit viel Liebe revitalisiert. Originale Wandtäfelung, der alte, massive Schrank und viele skurrile Lampen unterstreichen die gemütliche Wohnzimmeratmosphäre. Neben klassischen Gerichten der Wiener Küche wie Tafelspitz, Blunzengröstl, Gulasch etc. gibt es auch vegetarische Gerichte und preiswerte Mittagsmenüs unter 7 Euro. Vernissagen, Lesungen, Livemusik und ein Schanigarten runden das Angebot ab.

195 E2 Wien 3., Posthorngasse 6 96 63 886 Mo bis Fr 11–24 (Küche durchgehend bis 22 Uhr) Landstraße/Wien Mitte Tram 0 Ungargasse, Bus 4A Neulinggasse

Zum Alten Heller €

Tafelspitz, Rindfleisch und Rostbraten in allen möglichen Variationen wie französisch, spanisch oder »diabolo« gibt es in dem schönen Wiener Gasthaus, das auch für seinen mit großen Kastanien bestandenen Gastgarten bekannt ist. Je nach Saison werden auch feine Eierschwammerl- oder Spargelgerichte angeboten. Mittags gibt es einen preisgünstigen Tagesteller.

195 E2 Wien 3., Ungargasse 34 712 64 52 Di–Sa 10–23 Uhr (warme Küche 11.30–22 Uhr) Landstraße/Wien Mitte Tram 0 Ungargasse

Cafés

Galerie Zum Hundertwasser-Haus

Das Café bietet bei Kaffee und Kuchen oder Snacks wie Mozzarella mit Tomaten einen guten Blick auf die bunte, lustige Fassade des gegenüberliegenden Hundertwasserhauses. So ist hier nicht nur für den Magen etwas geboten. Ein Gastgarten vor dem Hundertwasser-Haus gehört zum Café.

195 F3 Wien 3., Kegelgasse 37–39 961 77 71 tägl. 9–24 Uhr Tram N Hetzgasse

KunstHausCafé

Das Café ist ebenso lustig, bunt und exzentrisch wie das gesamte KunstHausWien. An den aus verschiedenen Holzplatten zusammengefügten Tischen stehen 100 verschiedene, bunt lackierte Thonet-Stühle. Und der Garten ist im Sommer schon allein wegen seiner vielen, herrlichen, exotischen Blumen eine Sensation. Die Küche ist wienerisch mit Schnitzel und Tafelspitz.

195 F4 Wien 3., Untere Weißgerberstr. 13 712 04 97 tägl. 10 bis 23 Uhr Schwedenplatz Tram N, O Radetzkyplatz

Schloss Belvedere

Das Lokal im Oberen Schloss Belvedere ist mit seinem schönen, großen Garten ideal für eine kurze Pause nach der Besichtigung. Es gibt hausgemachte Torten (Belvedere-Torte!) und Mehlspeisen, Snacks und einen eigenen Eisstand, aber auch klassische Gerichte der Wiener Küche wie Schinkenfleckerl oder italienische Nudelgerichte, also auf jeden Fall für jeden ermatteten Besucher etwas.

195 D1 Wien 3., Prinz-Eugen-Str. 27 79 55 71 68 tägl. 10–18, Mi 10–21 Uhr Tram D Schloss Belvedere, Tram O, 18, Bus 13A Südbahnhof

Zartl

Das *Zartl* ist eines der schönsten klassischen Wiener Kaffeehäuser mit Logen und Billardtisch. Die Speisekarte umfasst hauptsächlich Gerichte der Wiener Küche. Eine Besonderheit ist das Extrazimmer. Dort tagen einmal pro Woche die Magier Wiens – allerdings hinter verschlossenen Türen. Im Winter gibt es sonntags Klaviermusik live (15.30–18.30 Uhr).

195 F3 Wien 3., Rasumofskygasse 7 712 55 60 tägl. 8–24 Uhr Rochusgasse Tram N, Bus 4A Rasumofskygasse

Wohin zum ... Einkaufen?

Der 3. Bezirk ist mit Einkaufsmöglichkeiten für die Nahversorgung der Bewohner gut ausgestattet. Wien-Besucher werden vor allem in den Shops der Museen fündig.

Die **Landstraßer Hauptstraße**, die in den letzten Jahren in mehreren Etappen neu gestaltet wurde, ist mit ihren zahlreichen Geschäften die umsatzstärkste Einkaufsmeile des 3. Bezirks. Hier reiht sich ein interessantes Geschäft an das andere. Es gibt Boutiquen, Schuhgeschäfte, Parfümerien und natürlich auch Supermärkte. Und dazwischen findet man Cafés und Möglichkeiten, den kleinen Hunger zu stillen. Am Anfang der Straße bietet der Markt im Zentrum Wien-Mitte eine Fülle von stets frischen Lebensmitteln, Fleisch und Gemüse. Für Wien-Besucher ist vor allem der **Rochusmarkt** mit seinen Obst-, Gemüse- und Feinkostläden interessant. Das **Arrigo** (Rochusmarkt, Stand 33) führt in seiner Vinothek tolle italienische, spanische und österreichische Weine.

Originelle Mitbringsel für die Kinder zu Hause hat **Norbert Navara** (Ausstellungsstr. 63). Dort gibt es Holzspielwaren, Handpuppen, Nostalgiespielwaren und Kaleidoskope, die jedes Kinderherz erfreuen.

Wer ausgefallene, hübsche Dinge sucht, wird in den Museumsshops fündig. Der Museumsshop im **KunstHausWien** ist eine Fundgrube für Kalender, Tassen, Geschenkpapier, Rollerpens, Schlüsselanhänger, Seidentücher und Poster mit Hundertwasser-Motiven. Der Museumsshop im **Belvedere** führt Gegenstände für alle Lebenslagen mit Klimt-Design, von Schals über Tücher zu Schirmen, außerdem gibt es schöne Kunstbücher, Schmuck und Poster.

Wohin zum … Ausgehen?

Ausgehen kann man in diesem Teil Wiens nach Herzenslust. Der Name Copa Cagrana, der sich vom benachbarten Stadtteil Kagran ableitet, wurde zum Synonym für Spaß, Abfeiern und lange Nächte an der Donau. Auf diesem Teil der Donauinsel schießen ständig neue Lokale aus dem Boden, die Urlaubs-Feeling pur vermitteln, aber auch sonst gibt es einiges an Nachtleben zu entdecken.

Copa Cagrana

Von März bis Oktober pilgern Nachtschwärmer und Abenteuerlustige, Gourmets und Freunde der Multikulti-Küche zu den Lokalen unter freiem Himmel (Copa Cagrana erreichbar mit der U 1, Haltestelle Donauinsel).

Das **Rembetiko** (linkes Ufer, Tel. 263 66 33, tägl. 11–2 Uhr) ist eine griechische Taverne, die vor allem wegen ihrer Fisch- und Lammgerichte beliebt ist.

Die angrenzende Taverne **Ios** (linkes Ufer, Tel. 263 35 04, tägl. 11–2 Uhr) versetzt ihre Besucher mit griechischer Hausmannskost, Spezialitäten vom Holzkohlengrill, Retsina, Ouzo und Sirtaki-Musik in Urlaubsstimmung.

Das **Coccodrillo** (linkes Ufer, Tel. 263 71 71, Mo–Do 11–2, Fr–So bis 4 Uhr) bietet auf seiner großen Terrasse direkt am Wasser Gegrilltes, Spareribs und Salate.

Im **All' Isola** (das letzte Lokal auf der Copa Cagrana, Tel. 06645 / 57 10 83, tägl. 11–24 Uhr) gibt es italienische Küche vom Feinsten, höchst delikate Antipasti, frischen Fisch und raffinierte Pastagerichte.

Musik

Weltklassemusiker aus den Bereichen Jazz, Pop und Worldmusic sind live im **Birdland** (Am Stadtpark (Hilton Vienna), Tel. 21 96 39, Mo–Mi 18–23, Do–Sa 18–4 Uhr) der österreichischen Jazzlegende Joe Zawinul zu hören. Der anspruchsvolle Jazzclub ist nach dem legendären *Birdland* in New York benannt. Zum Musikgenuss gibt es auch kulinarische Genüsse in Form von internationaler Küche. Joe Zawinuls Lieblingsgericht, »Paprikahendl«, steht immer auf der Karte.

Bar

Im **A bar shabu** (Rotensterngasse 8/Ecke Glockengasse, Tel. 0650 / 544 59 39, Di–Sa 21–4 Uhr) dreht sich nicht alles, aber vieles um ein grünes hochprozentiges Getränk. Das zeigt schon ein Blick auf den Namen, führt das kleine Lokal im 2. Bezirk doch stolz den Untertitel »Absinth Bar«. Hier werden immer wieder spannende Kunstprojekte präsentiert.

Schon wegen des hübschen Biedermeierambientes im renovierten Sünnhof, der 1984 immerhin mit dem Europa Nostra Preis ausgezeichnet wurde, ist die kleine **Biedermeier-Bar** (Landstraßer Hauptstr. 28, Tel. 71 67 15 28, tägl. 18 bis 2 Uhr) des Hotels *Mercure* sehenswert. Sie ist im Biedermeierstil mit Kirschholzmöbeln eingerichtet. Zu angenehmer Hintergrundmusik gibt es klassische Cocktails.

Ebenfalls Absinth-Drinks, dazu Highballs und eine große Auswahl an Gin- und Whisky-Drinks erwarten den Besucher in der **Hamburg Bar** (Neulinggasse 21, Tel. 718 98 18, Di–Sa und feiertags 18 bis 24 Uhr, So/Mo Ruhetag) im 3. Bezirk. In der kleinen American-Bar sorgt jazzige Hintergrundmusik für Atmosphäre. Manchmal gibt es auch Livemusik und Jazz.

Tolle Cocktails und gute Musik, aufgelegt von trendbewussten DJs bietet **Bricks – lazy dancebar** im 2. Bezirk (Taborstr. 38, Tel. 216 37 01, tägl. 20–4 Uhr). Tipp: Jeden Tag von 20 bis 22 Uhr kostet hier jeder Cocktail nur die Hälfte!

Ausflüge

Was wäre Wien ohne den Wienerwald und die Donau? Diese Ausflugsziele führen in die Umgebung von Wien, zu romantischen Orten mit uralter Geschichte, in die liebliche Weingegend und zu kostbaren Schätzen hinter Klostermauern.

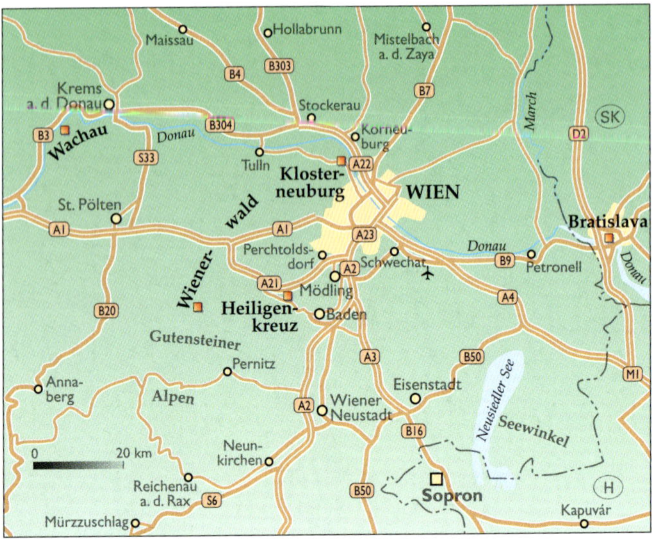

Klosterneuburg

Das Augustinerchorherrenstift Klosterneuburg wird wegen seiner monumentalen Ausmaße oft als der österreichische Escorial bezeichnet. Weltberühmt ist es vor allem wegen seiner Kunstschätze – und, nicht zuletzt, wegen seines Weines.

Gegründet hat das Stift Klosterneuburg Anfang des 12. Jhs. der Babenberger Leopold III. Mit seiner Heiligsprechung 1485 stieg es zum Landesheiligtum und später zum Aufbewahrungsort der Landeskrone auf. Um 1730 begann Karl VI. damit, es auszubauen. Kloster und Kaiserpalast sollten zu einer gigantischen barocken Anlage verschmelzen. Als der Kaiser zehn Jahre später starb, war erst ein Viertel dieses ehrgeizigen Planes realisiert. Und dabei blieb es.

Wie der barocke Innenraum der Kirche sind auch die größten Kunstschätze

Seite 159: Der Eingang zum Kaiserpalast in Klosterneuburg

Ein Ausdruck inniger Frömmigkeit: die Mariensäule

Die mittelalterlichen Türme der Stiftskirche zählen zum ältesten Teil der Anlage

nur im Rahmen einer Führung zu besichtigen. Bei einer solchen Führung gelangt man durch den Kreuzgang zur Leopolds-Kapelle mit dem **Verduner Altar**. Der Goldschmied Nikolaus von Verdun hat ihn 1181 als Kanzelbrüstung mit 45 Emailtafeln mit Szenen aus dem Alten und Neuen Testament geschaffen. 1330 wurde dieses Werk in einen Flügelaltar umgearbeitet. Ein zweiter gotischer Flügelaltar, der **Albrechts-Altar**, ist in der Sebastiani-Kapelle zu sehen.

Pflichtstationen für Freunde moderner Kunst sind in Klosterneuburg die **Sammlung Essl** sowie das **Museum Gugging**. Erstere zeigt als größte einschlägige Privatsammlung Österreichs über 5000 Werke heimischer und internationale Kunst nach 1945, u.a. von Rainer, Tapiès, Nitsch, Brus, Baselitz und Valie Export. Zweiteres, 2006 im ehemaligen Psychiatriegebäude von Maria Gugging bei Klosterneuburg eröffnet, präsentiert schwerpunktmäßig Schauen zum Thema Art Brut, aber auch Wechselausstellungen zu anderen Genres.

Eine Sehenswürdigkeit ganz anderer Art ist das 1000-Eimer-Fass im **Binderstadl**, auf dem jedes Jahr am 15. November, dem Leopolditag, das Fasslrutschen stattfindet, ein Riesenspaß für Groß und Klein.

Feine Weine

Eine Führung durch den vierstöckigen barocken Keller des ältesten und größten Weingutes Österreichs samt Verkostung ist ein Erlebnis! (Rathausplatz 24, Tel. 02243 / 411-548, Mo–Sa 9–18, So 12–17 Uhr)

Klosterneuburg, Stiftsplatz 1 · 02243 / 411-212 · Stiftsmuseum tägl. 9–18 Uhr; Führungen tägl. 10 bis 16.30 Uhr, Nov.–März 10, 14, 15 Uhr · mittel · www.stift-klosterneuburg.at

Essl: An der Donau-Au 1 · 02243/ 370 50, www.sammlung-essl.at · Di–So 10–18, Mi bis 21 Uhr, freier Eintritt ab 18 Uhr · Gratis Shuttle-Bus von Wien/ Albertinaplatz 2, hin um 10, 12, 14, 16, retour um 11, 13, 15, 18 Uhr

Art/Brut Center Gugging, Hauptstrasse 2, 3400 Maria Gugging · 0676/84 11 81 200 · Di-Sa 10–18, im Winter bis 17 Uhr

Anfahrt: **12 km nördlich von Wien; S 40, Bus 239 Weidling bzw. Kierling**

Wienerwald

Der Wienerwald wird oft als Symphonie in Grün bezeichnet. Er ist einer der größten Laubmischwälder Europas und eine typisch österreichische Landschaft. Dieser Ausflug führt an seinen unteren Rand, in die reizende Weingegend südlich von Wien.

1002 unterzeichnete der deutsche Kaiser Heinrich II. eine Schenkungsurkunde, die das Gebiet zwischen Triesting und Liesing an den babenbergischen Markgrafen Heinrich übertrug. Damit begann die Geschichte des Wienerwaldes. Nahezu 800 Jahre lang blieb der Kern des großen Waldgebietes ein Urwald. Anfang des 19. Jhs. aber entdeckte ihn die städtische Bevölkerung als romantischen Erholungsraum, er wurde zum Ziel für »Landpartien« und »Sommerfrischen«.

Perchtoldsdorf

Den Süden Wiens dominiert seit uralten Zeiten der Wein. Einer der malerischsten Weinorte ist Perchtoldsdorf, hier reiht sich ein Heuriger mit romantischen Weinlauben, blühendem Oleander und einfachen Tischen und Bänken aus Holz an den anderen. Bevor Sie einkehren, sollten Sie aber einen Rundgang durch den Ort machen und die restaurierten Mauern der **Herzogsburg** aus dem 14. Jh., die gotische **Hallenkirche**, das **Rathaus** und den **Wehrturm** besuchen. Die Mauern haben den Türken standgehalten, die 1683 auch Perchtoldsdorf belagerten.

Mödling

Das benachbarte Mödling ist ein pulsierendes Wirtschaftszentrum und eine wichtige Schulstadt. Der Altstadtkern ist mit seinen gepflegten Bürgerhäusern aus der Spätgotik und der Renaissance dennoch hinreißend. Ein Spaziergang ist wie ein Ausflug in die gute alte Zeit, als sich in Mödling gerne Künstler aufhielten. Manche Straßen und Plätze schauen auch heute noch so aus, als würde einer von ihnen gleich um die Ecke biegen, Schubert, Grillparzer, Waldmüller oder Beethoven, der hier die Sommer 1818–20 verbrachte – und in gewohnter Manier viermal umzog. Eine **Beethoven-Gedenkstätte** wurde im Hafnerhaus eingerichtet.

Ein beliebtes Ausflugsziel ist die **Hinterbrühl** mit der **Burg Liechtenstein**, dem größten profanen Bauwerk Österreichs im romanischen Stil. Die **Höld-**

Mödling ist mit seinem schönen Altstadtkern eine bezaubernde Kleinstadt

Im Wienerwald kann man herrliche Ausblicke genießen

richsmühle soll Schubert zu seinem Lied *Der Lindenbaum* inspiriert haben, und in der **Seegrotte** ist der größte unterirdische See Europas zu sehen.

Hinauf in die Weinberge von Gumpoldskirchen

Gumpoldskirchen hat mit seinem idyllischen **Weinwanderweg**, der hinauf in die Weinberge führt, etwas Besonderes zu bieten. Hier duftet es nach Erde und Wein, und am Wegrand informieren Bilder und Texte über den Weinbau und die für Gumpoldskirchen traditionellen Sorten Rotgipfler und Zierfandler. Noch ein Stück höher führt ein Kreuzweg aus der Mitte des 19. Jhs. bergan, der von der tiefen Frömmigkeit der Weinbauern zeugt. Während des halbstündigen Spaziergangs hat man immer wieder einen wunderschönen Ausblick auf den uralten Ort mit seinen Renaissancehöfen und der gotischen Pfarrkirche St. Michael, die vom Deutschen Orden betreut wird.

Der Wienerwald lädt zu ausgedehnten Wanderungen ein

Baden – ein mondäner Kurort mit k.u.k. Atmosphäre

Die liebevoll gepflegte Kleinstadt Baden besitzt ein einzigartiges Biedermeierensemble, und das verdankt sie einer Katastrophe. 1812 vernichtete eine Feuersbrunst die gesamte Stadt. Der Neubau erfolgte in lupenreinem Klassizismus. Einer der meistbeschäftigten Architekten war Josef Kornhäusel. Das **Rathaus**, das **Florastöckl** in der Frauengasse, der **Metternichhof** und das **Theresienschlössl** gehen auf sein Konto.

Baden war als Rheuma-Heilbad schon früh ein mondäner Kurort mit großzügigen Parkanlagen, eleganten Hotels und schönen Villen. Die k.u.k. Atmosphäre ist auf Schritt und Tritt zu spüren, beim Konzert im **Kurpark**, im **Doblhoffpark** mit

seiner Rosenpracht und beim **Trabrennen**. Die vielen prachtvollen Villen lassen an die hohen Beamte und Offiziere und an die berühmten Kurgäste wie Mozart, Schubert, Nestroy, Raimund und Grillparzer denken, die hier verkehrten.

So beschaulich Baden auch wirkt, so stark ist seine wirtschaftliche Dynamik. Baden hat sich als Schul- und Einkaufsstadt etabliert. Ein starker Publikumsmagnet ist das erste und älteste **Casino** Österreichs im Kurpark. Auch die aufwändig gestaltete, mit einem riesigen Glasdach überspannte **Römertherme** ist eine tolle Attraktion.

Im Casino Baden wird nicht nur Roulette gespielt, hier gehen auch glanzvolle Veranstaltungen über die Bühne

Baden blickt aber auch auf eine mehr als 250-jährige Theatertradition zurück. In der Stadt, in der Max Reinhardt und Katharina Schratt geboren wurden, findet jedes Jahr ein beliebtes Operettenfestival statt.

Der Undine-Brunnen im Kurpark

Hafnerhaus (Museum Mödling)
Josef-Deutsch-Platz 2 · 02236 / 241 59 · nur nach tel. Vereinbarung · mittel

Hotel-Restaurant Höldrichsmühle
Hinterbrühl, Gaadnerstr. 34 · 02236 / 26 27 40 · tägl. 9 bis 22 Uhr · vom Bhf. Mödling Bus 364 und 365 Höldrichsmühle

Seegrotte
Hinterbrühl, Grutschgasse 2a · 02236 / 263 64 · April–Okt tägl. 9 bis 17 Uhr; Nov.–März tägl. 9–12/13–15, Sa/So bis 15.30 Uhr · vom Bhf. Mödling Bus 364 und 365 Seegrotte · mittel

Casino
Baden, Kaiser-Franz-Ring 1 · 02252 / 444 96 · tägl. ab 15 Uhr

Römertherme
Baden, Brusattiplatz · 02252 / 450 30 · Mo–Fr 10–22, Sa/So 10–19 Uhr

Anfahrt: Mödling liegt 15 km südlich von Wien, Gumpoldskirchen 20 km und Baden 28 km. S 1 und S 2 fahren vom Südbahnhof Richtung Wiener Neustadt, es gibt Stationen in Gumpoldskirchen, Mödling und Baden. Vom Bahnhof Mödling fahren die Busse 364 und 365 in die Hinterbrühl. Zwischen der Wiener Oper und dem Casino Baden pendelt zwischen 14.20 und 3.15 Uhr halbstündlich der Casino Bus. Zwischen Wiener Oper und Baden-Josefsplatz verkehrt tagsüber die Badener Bahn viertelstündlich, ab 20.12 Uhr halbstündlich.

Heiligenkreuz

Umgeben von Wiesen und Feldern liegt das Stift Heiligenkreuz abgeschieden in einer Talmulde des sanfthügeligen Wienerwaldes. Es ist seit 850 Jahren ein kulturelles Zentrum und gilt als Weltkulturerbe.

Gegründet 1133 von dem Babenberger Leopold III., dem späteren Landespatron von Niederösterreich, ist das Zisterzienserstift auch heute noch ein Ort der Harmonie und Schönheit. Seinen Namen verdankt es einem Stück des Heiligen Kreuzes, das Herzog Leopold V. von seiner Pilgerreise nach Jerusalem mitbrachte und dem Stift 1188 übergab. Die **Kreuzreliquie** wird heute in der modernen Pfarrkirche aufbewahrt und ist dort auch zu besichtigen.

Große Teile der Klosteranlage, die von Anfang an auch als Grablege der Babenberger geplant war, stammen aus dem Mittelalter. Das Langhaus der romanischen Pfeilerkirche, der gotische Hallenchor, der Kreuzgang und das Brunnenhaus entstanden bereits im 12. und 13. Jh., sie sind in ihrer ursprünglichen Form erhalten. Die Außenanlagen, die Türme, das Chorgestühl (achten Sie auf die Holzskulpturen!) und die prachtvolle Dreifaltigkeitssäule des 1663 in Venedig geborenen Giovanni Giuliani, der

Spitzengastronomie
Zwischen Heiligenkreuz und Mayerling liegt das interessant und ambitioniert gestylte Restaurant und Hotel Hanner (Mayerling 1, Tel. 02258 / 23 78, Mo–Sa 12–14/19–22, So 12 bis 22 Uhr). Die 3-Hauben-Küche ist ein Traum!

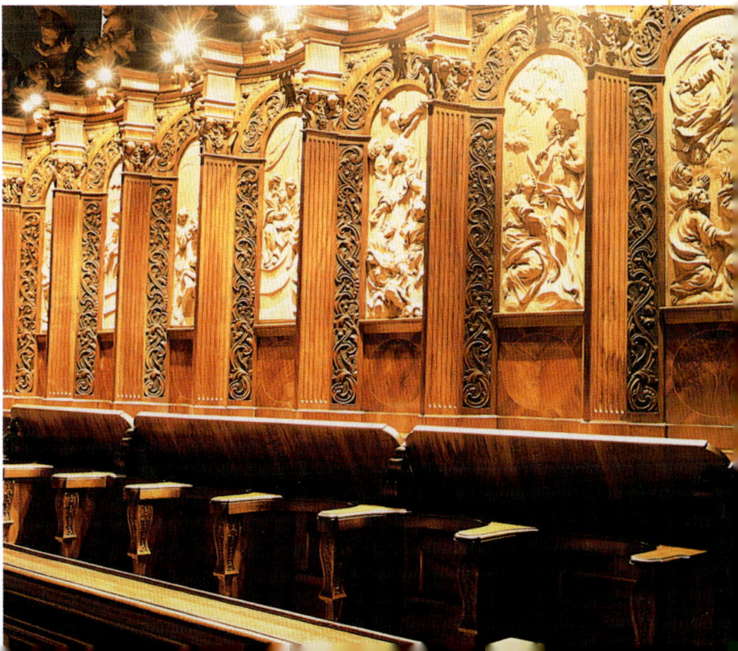

Ein Chorgestühl mit wundervollen Schnitzereien schmückt die Stiftskirche

Romantik pur
Durch das Wiener Tor gelangen Sie vom Stift Heiligenkreuz zu einem barocken **Kreuzweg**, der von Meister Giuliani gestaltet wurde. Eine Allee von Winterlinden führt an den Stationen und Heiligenstatuen vorbei zur Kapelle. Wenn Sie dann die Straße überqueren, kommen Sie zum Waldfriedhof mit dem **Grab** von Mary Vetsera. Seine Inschrift lautet: »Wie eine Blume sprosst der Mensch auf und wird gebrochen«.

Josefsbrunnen, die Bibliothek und die Sakristei gehen auf das 17. Jh. zurück, sie sind im prunkvollen Stil des Barock gebaut.

Fast ebenso alt wie das Kloster ist der **Klostergasthof**. In seinen Gewölben und im schattigen Garten wird beste österreichische Hausmannskost serviert, dazu Weine aus der Stiftskellerei.

Geheimnisumwitterte Tragödie

Das nur 5 km von Heiligenkreuz entfernte Mayerling wurde zum Schauplatz einer Tragödie, die einst ganz Österreich erschütterte. Am 30. Januar 1889 ging Kronprinz Rudolf in seinem Jagdschloss in den Freitod, mit ihm kam seine Geliebte, die knapp 18-jährige Mary Vetsera, ums Leben. Die Hintergründe konnten bis heute nicht vollständig geklärt werden. Österreich verlor damit den Thronfolger und die Hoffnung auf Erneuerung und Reform. Das ehemalige Sterbezimmer ist jetzt eine Gedächtniskirche. In drei Räumen des Jagdschlosses ist heute ein Museum eingerichtet.

☎ 02258 / 87 03 ◷ tägl. 8–20 Uhr, Führungen Mo–Sa 10, 11, 14, 15, 16, So ab 11 Uhr
mittel ? www.heiligenkreuz.at

Jagdschloss Mayerling
✉ Mayerling 3, Karmeliterkloster ☎ 02258 / 22 75 ◷ Mo–Sa 9–12.30/13.30–18, So ab 10 Uhr, im Winter bis 17 Uhr preiswert

Anfahrt: **30 km südwestlich von Wien; Postbus 1140 vom Bahnhof in Baden, Bahnbus 364 vom Bahnhof Mödling (➤ 164); Haltestelle Heiligenkreuz, Badner Tor für das Stift Heiligenkreuz und Mayerling für das Jagdschloss**

Dampferfahrt in die Wachau

Wenn Sie einen romantischen Sonntag auf einem der schönsten Abschnitte der Donau erleben wollen, dann fahren Sie mit dem Schiff in die malerische Kultur- und Naturlandschaft der Wachau.

Vorbei am **Donauturm** und der Skyline des modernen Wien am rechten sowie Kahlenberg und Leopoldsberg am linken Ufer, verlässt das große Ausflugsschiff Wien. Gleich nach der Stadtgrenze, in **Korneuburg**, zeigen sich die grünen Hügel des Tullner Feldes. Mit zweimal 470 PS kämpft sich die MS Admiral Tegetthoff, das Flaggschiff der Donaudampfschifffahrtsgesellschaft (DDSG), stromaufwärts bis zur Blumenstadt **Tulln**, passiert Zwentendorf und bringt ihre bis zu 600 Passagiere zur Römer- und Nibelungenstadt **Traismauer**.

Oben: Kapitän auf großer Fahrt die Donau aufwärts

Romantische Wachau

Die nächste Station ist die Doppelstadt **Krems-Stein**. Ihre mehr als tausendjährige Geschichte ist überall präsent, das sieht man auch von der Donau aus. Nicht ohne Grund zählen die historischen Gebäude der Altstadt zum Unesco-Weltkulturerbe.

In Krems beginnt die **Wachau**, jener Abschnitt des Donautales, der von der Marillenblüte bis zum Weinherbst unvergleichbare Eindrücke garantiert. Am linken Donauufer erhebt sich auf 449 m Höhe **Stift Göttweig**, das prächtige Benediktinerstift, das oft als das österreichische Montecassino bezeichnet wird. Wirkungsvoll zieht dann die malerische Landschaft am Schiff vorbei, wildromantische, steil ansteigende Steinterrassen, auf denen schon die Römer Wein kultivierten, Marillenbäume, dicht bewaldete Hügel und pittoreske Orte mit schönen, alten Kirchen.

Die Altstadt von Krems ist ein historisches Juwel

In der Wachau gedeiht der Wein schon seit der Römerzeit

Wo Richard Löwenherz schmachtete

Die hoch über die Donau aufragende **Ruine Dürnstein** zählt zu den Wahr-

Donaudampfschifffahrtsgesellschaft (DDSG)
Die DDSG fährt von Mai bis Oktober jeden Sonntag die Strecke Wien–Dürnstein–Wien (Tagesticket Hin- und Rückfahrt: 26 Euro):
Abfahrt Reichsbrücke: 8.35 Uhr, Ankunft Dürnstein: 14.30 Uhr
Abfahrt Dürnstein: 16.40 Uhr, Ankunft Reichsbrücke: 21 Uhr
Wien 2., Handelskai 265/Reichsbrücke 588 80 (Plätze reservieren!) Mo–Fr 8–18 Uhr Vorgartenstraße Bus 11A Vorgartenstrasse www.ddsg-blue-danube.at

zeichen der Wachau. Einst war hier Richard Löwenherz, der König von England, gefangen. Wie es die Sage will, spürte ihn Blondel, sein treuer Diener auf, als er beim Anstieg zur Burg ein Lied anstimmte und aus einem Keller die zweite Strophe vernahm. 1193 wurde Richard Löwenherz befreit, ein Anteil des Lösegelds ermöglichte den Ausbau der Burg und den Aufschwung des Ortes.

Vom Schiff aus sticht in der ehemaligen Kuenringerstadt besonders der in den Originalfarben blau-weiß renovierte Kirchturm ins Auge. Er ist einer der schönsten Barocktürme Österreichs und gehört zum **Augustinerchorherrenstift**, in dem vor allem das Prunkportal und der Stiftshof sehenswert sind.

Fast zu schön, um wahr zu sein: Dürnstein mit dem Turm des Augustinerchorherrenstiftes

In der zweistündigen Pause sollten Sie durch Dürnstein spazieren. In den verwinkelten Gassen werden Sie außer der ehemaligen **Klarissinnenkirche** und dem **Stadttor** romantische Renaissanceinnenhöfe, wunderschöne Bürger- und historische Winzerhäuser begeistern. Zwischendurch können Sie sich mit einer Wachauer Spezialität (Wachauer Schinken und ein Glas Weißwein!) auf der berühmten Terrasse des Hotels *Schloss Dürnstein* stärken (Tel. 02711 / 212, April–Ende Okt. warme Küche tägl. 12–14/18.30–21 Uhr). Doch vergessen Sie bei all den Schönheiten und köstlichen Genüssen nicht, dass schon um 16.40 Uhr die MS Admiral Tegethoff wieder in Richtung Wien ausläuft …

Stift Dürnstein
Dürnstein 1 02711 / 227 April–Okt. 9–18 Uhr preiswert

Bratislava

Wollte Urgroßmutter einmal rasch von Wien nach Pressburg fahren, brauchte sie nur in die Straßenbahn zu steigen. Ganz so bequem geht es heute zwar nicht mehr, ins heutige Bratislava ist es von Wien aus aber trotzdem nur einen Katzensprung.

In der Altstadt mit den Straßencafés pulsiert das Leben

So nah sich die beiden Donaustädte dank günstiger Verkehrsverbindungen früher waren, so sehr trennte sie später der Eiserne Vorhang. Bratislava war lange Zeit praktisch nicht mehr erreichbar. Das ist Vergangenheit, auch wenn die EU-Erweiterung 2004 die österreichischen Verkehrsplaner im Tiefschlaf überrascht hat.

Seit Bratislava 1993 zur Hauptstadt der Slowakischen Republik wurde, hat sich die 450 000 Einwohner zählende Stadt zu einem politischen, wirtschaftlichen und kulturellen Zentrum entwickelt. Bratislava ist keine düstere, trostlose Stadt mehr, sondern wirkt wie frisch aufpoliert.

Über dem Donauufer erhebt sich die stolze Burg von Bratislava

Blick von oben

Vor dem Stadtbummel sollten Sie über die Schlossstiege zur **Burg** hinaufsteigen. Der ehemalige Vorposten der Römer wurde seit dem 9. Jh. immer wieder umgebaut, zuletzt 1953–62. Von oben sehen Sie, wie sich in **Petrzalka** auf dem rechten Donauufer ein Plattenbaukomplex aus sozialistischer Zeit an den anderen reiht. Bratislava hat die größte Bevöl-

Tafeln wie zu Großmutters Zeiten

Spezialitäten, wie von der böhmischen Großmutter zubereitet, genießt man im Restaurant ***Archa*** (Ursulínská 6, tägl. 9–24 Uhr), süße Verlockungen im Kaffeehaus **Mayer** (Hlavné námestie 4, tägl. 9–24 Uhr).

kerungsdichte aller mitteleuropäischen Städte.

Altstadt mit prächtigen Palais

Wieder vom Burgberg zurück, gelangen Sie durch das Corvinus Tor in die **Altstadt**, die sich im Wesentlichen um drei Plätze gruppiert, den Hauptplatz, den Franziskanerplatz und den Primatialplatz. Hier wurde in den letzten Jahren viel renoviert, behutsam und mit Gefühl. Alte, dicke Mauern wurden zu neuem Leben erweckt, und oft ist ein liebenswerter Hauch Alt-Österreich zu spüren. Beginnen Sie Ihren Rundgang beim **Martinsdom**. In diesem gotischen Gotteshaus findet sich ein Beweis der früheren engen Beziehung zwischen Wien und Pressburg: Die Statue des hl. Martin (1734) hat Raphael Donner geschaffen, der auch für den Donner-Brunnen am Neuen Markt (► 30) in Wien verantwortlich zeichnet.

Oper, Operette und Ballett

Das Slowakische Nationaltheater ist einen Besuch wert. Karten sind an der Tageskasse zu bestellen. (Pribinova 17, Tel. 0042 / 57 78 25 34, Mo–Fr 8–19, Sa 9–13 Uhr)

In der Umgebung des Michaelstors liegen schöne historische Gebäude

Für den ungarischen Adel war es im 17. und 18. Jh. ein *must*, nicht nur in Wien und Prag, sondern auch in Pressburg ein Palais zu besitzen. Wenn Sie vom Martinsdom durch die Ventúrska und Michalská zum **Michaelstor** spazieren, können Sie einige dieser Palais bewundern. Auf dem Weg zum Alten Rathaus sehen Sie das größte, das Palais des Erzbischofs. Im **Primatialpalais** (Primaciálny námestie, Rückseite des Alten Rathauses) wurde 1805 nach dem Sieg Napoleons bei Austerlitz der Friede von Pressburg unterzeichnet. In dem wunderschönen **Alten Rathaus** (Hlavné námestie, Di–So 9–17 Uhr) ist das Stadtmuseum einen Besuch wert.

Die Altstadt ist auch zum Flanieren ideal. Zwischen aufwändig renovierten historischen Gebäuden pulsiert das Leben in Fußgängerzonen, es gibt Shoppingmeilen mit exklusiven Boutiquen, Straßencafés und Kneipen. Das berühmteste »Wiener« Kaffeehaus ist ***Mayer*** (Hlavné námestie beim Alten Rathaus).

Anfahrt: 60 km östlich von Wien; Schnellzüge fahren in Wien täglich vom Südbahnhof ab, Busse vom Südtirolerplatz (Platzreservierung Tel. 93 00 03 43 05); von März bis Dez. pendeln auf der Donau bis zu 5x tägl. zwischen Wien/Schwedenplatz und Bratislava/Nový most zwei Highspeed-Katamarane, Fahrzeit: 75 Min., Ticketbuchung: Tel. 58880 oder online, www.twincityliner.com

Spaziergänge & Touren

1 DURCH DIE DONAUAUEN

Fahrradtour

LÄNGE: 16 km **DAUER:** 3 Stunden **START/ZIEL:** Radverleih Ostbahnbrücke
☎ 0664 / 974 37 18 (auch für Pannen-Notruf)
Kaisermühlen, dann Bus 91A Lobau

Mit ihrer wildromantischen Landschaft ist die Lobau wie geschaffen für eine Radtour: Gekennzeichnete Radwege führen auf einer ebenen Strecke durch den Wiener Teil der Donauauen. Radeln Sie auf den Spuren von Napoleons Heer, und erholen Sie sich im grünen Auwald.

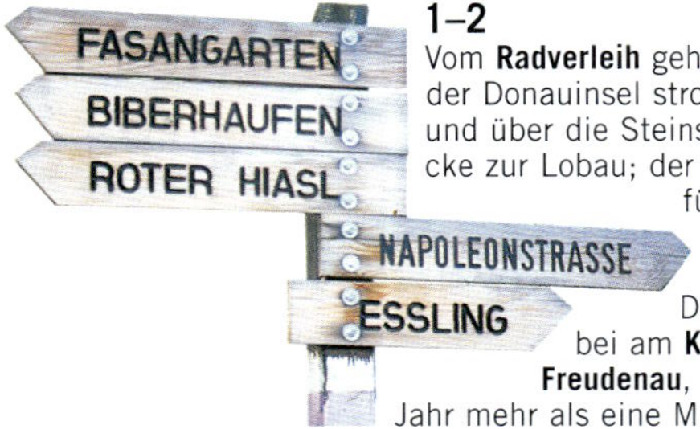

1–2

Vom **Radverleih** geht es auf der Donauinsel stromabwärts und über die Steinspornbrücke zur Lobau; der Radweg führt entlang der Neuen Donau vorbei am **Kraftwerk Freudenau**, das jedes Jahr mehr als eine Milliarde Kilowattstunden Strom erzeugt. Beim Lobgrundtor biegen Sie links in den Nationalpark Donauauen ein.

Seite 171: Grinzing mit seiner Kirche ist Romantik pur

2–3

In der Lobgrundstraße finden Sie bald rot-weiß-rote Hinweisschilder zum ersten von sechs **Napoleonsteinen**. Die sechs Gedenksteine wurden 1859 zum Gedenken an die Schlacht von Aspern (1809) errichtet. In dieser Schlacht fügte Erzherzog Karl (➤ 106) Napoleon die erste Niederlage zu und stoppte so seinen Triumphzug. **Am Brückenkopf** heißt jener Stein, der an die Zeit erinnert, als die Donau unreguliert war und die Franzosen den Übergang nur mit Hilfe von Pontonbrücken schafften. Fahren Sie die Lobgrundstraße entlang rechts durch den **Ölhafen Lobau**. Sie kommen nun an eindrucksvollen Öltanks und Pipelines vorbei, die Erdgas in Hängebrücken über den Strom zur Raffinerie Schwechat befördern. Beim Königsgraben biegen Sie links in den Radweg entlang des Donau-Oder-Kanals ab.

Drahtesel werden bei der Ostbahnbrücke vermietet

3–4

Der **Donau-Oder-Kanal** sollte Wien bereits im 14. Jh. mit der rund 3000 km entfernten Oder verbinden. Von 1939–43 wurden in der Lobau und im Marchfeld einige wenige Kilometer der künstlichen Wasserstraße realisiert.

Am Ende des Lobau-Abschnitts finden Sie hier mitten im Auwald eine erfrischende **Wildbadestelle**. Fahren Sie dann weiter geradeaus bis zum nächsten Napoleonstein: **Übergang der Franzosen**. Hier setzte die französische Armee 42 Tage nach der Schlacht bei Aspern über den Donauarm, um die Österreicher bei Deutsch-Wagram doch noch zu schlagen.

4–5

Inmitten der Auenlandschaft befinden sich links, etwas abseits des Radwegs, zwei weitere Napoleonsteine: **Napoleons Pulvermagazin** und der **Franzosenfriedhof**, auf dem 3000 Franzosen in einem Massengrab beigesetzt sein sollen. Radeln Sie nun in großem Bogen fast rund um die Lobau, und Sie werden schließlich verstehen, warum der Name eigentlich »Wasserwald« bedeutet. Mit etwas

Geführte Touren und Radverleih

Die Mitarbeiter des Nationalparks bieten Gruppen ab sechs Personen kostenlos die Führung »Mit dem Rad durch die Lobau« an, Anmeldung: 02249 / 23 53. Räder können beim Radverleih Ostbahnbrücke ausgeliehen werden (bei Teilnahme an einer geführten Tour zu vergünstigten Tarifen). ? www.donauauen.at

Wann?

An einem sonnigen Wochenende sind Sie in der Lobau nicht alleine. Mehr Ruhe haben Sie wochentags, aber beachten Sie die saisonal sehr unterschiedlichen Öffnungszeiten des Radverleihs (z.B. Mai–Sept. Di–So 8.30–21, Mo 13 bis 21 Uhr) und dass Sie sich für Besichtigungen auf jeden Fall anmelden müssen.

Ganz oben: Das informative Lobaumuseum
Oben: Die Panozzalacke lädt ein

Glück sehen Sie einen Graureiher, der gerade in einem Tümpel fischt, oder andere seltene Vögel in den Weiden- und Pappelauen. Die Altarme, die schon mehr als 130 Jahre vom Hauptstrom abgeschnitten sind, vermitteln wie die brachliegenden Felder das Gefühl der Unberührtheit. Fahren Sie entlang des einzigartigen Naturschutzgebietes bis zur Esslinger Furt.

5–6

Nun biegen Sie links ab und radeln bis zur Vorwerkstraße. Hier, im Herzen der Lobau, finden Sie allerlei Sehenswertes: beim Förstersteig etwa ein **Bibergehege** mit zwei Bibern, die am besten in der Abenddämmerung zu beobachten sind. Oder Sie machen einen Abstecher am **Demlkreuz** vorbei, das an den Gendarmen Franz Deml erinnert, der hier 1920 erschossen wurde. Bei der **Wurzelstation** können Sie das imposante Wurzelwerk eines Au-Baumes bestaunen, in einem Lehrtümpel den Lebensraum Au-Gewässer beobachten und in der »Hohlen Pappel« einen Baumriesen von innen bewundern. Zurück auf der Vorwerkstraße, finden Sie rechts nach dem Förstersteig das **Lobaumuseum** (am Wochenende und bei Voranmeldung geöffnet). Mit seinen Aquarien und Tierpräparaten informiert es über sämtliche Au-Bewohner und erklärt die Entwicklung vom kaiserlichen Jagdgebiet zum Nationalpark. Fahren Sie dann die Vorwerkstraße weiter bis zum **Napoleonstein**. Der Gedenkstein markiert das Ende jener Straße, auf der einst 96 000 Soldaten und unzählige Pferde zum Schlachtfeld bei Aspern gelangten.

Kleine Pause

Hungrige Radfahrer kehren gerne im ***Uferhaus Staudigl*** (Lobaustr., Tel. 02249 / 27 33, Di Ruhetag), einem urigen, gemütlichen Gasthaus mit schattigem Gastgarten ein. Sie finden es, wenn Sie kurz vor dem »Übergang der Franzosen« rechts über die Holzbrücke den Großenzersdorfer Arm queren. Am Ende der Tour können Sie Ihren Durst beim **Imbiss an der Panozzalacke** stillen.

6–7

Von hier geht es die Napoleonstraße zurück zur Lobgrundstraße, dann auf dem Stadtwanderweg 11 vorbei am letzten Napoleonstein, **Napoleons Hauptquartier 1809**, zur idyllischen **Panozzalacke**, einem Naturbadeplatz mit einer riesigen Spiel- und Lagerwiese.

7–8

Den Wanderweg retour kommen Sie zurück zum Nationalpark-Eingang, von wo Sie nun stromaufwärts wieder den Radverleih erreichen.

Dieser Gedenkstein erinnert an Napoleons Hauptquartier

2 GRINZING

Spaziergang

LÄNGE: 2 km **DAUER:** 1,5 Stunden (je nach Aufenthalt in den Heurigen auch länger)
START: Himmelstraße Grinzing Tram Nr. 38
ZIEL: Fernsprechamt Heiligenstadt Bus Nr. 38A

Grinzing ist das älteste und berühmteste Heurigenviertel Wiens. Inmitten malerischer Weinberge gelegen, bezaubert es mit seinem ursprünglichen Dorfcharakter. Wuchtige Torbögen öffnen sich in stille Einfahrten und kleine Gärten. Die einladenden Winzerhäuser stammen zum größten Teil noch aus dem 16. und 17. Jh.

Der Heurigenexpress bringt Sie hin

1–2

Die Trambahnlinie 38 wird im Volksmund gern »Heurigenexpress« genannt, weil sie die Wiener auf schnellstem Weg zu ihrem Heurigen bringt. Von der Endstation gehen Sie die Himmelstraße links hinauf, vorbei am **Pöllinger Freihof** aus dem 14. Jh., der 1730 zeitweilig als Jagdpalais von Kaiserin Maria Theresia fungierte, bis zur spätgotischen Grinzinger Kirche. Zwölf Weinhauerfamilien erbauten die **Kirche zum Heiligen Kreuz** von 1417–26 aus eigenen Mitteln.

2–3

Wer möchte, kann von der Kirche über Managettagasse und Managettasteig einen Abstecher zum **Grinzinger Friedhof** machen. Hier ruht Gustav Mahler, dessen modernistischer Grabstein von seiner Witwe Alma Mahler-Werfel, die selbst in der Nähe begraben ist, in Auftrag gegeben wurde. Weiter findet man hier die Gräber des einarmigen Pianisten Paul Wittgenstein, dem Bruder von Ludwig Wittgenstein, sowie der Schriftsteller Heimito von Doderer und Thomas Bernhard.

3–4

Zurück an der Kirche, gehen Sie die Himmelstraße bergauf und biegen rechts in die Feilergasse ein, die zum **Alten Presshaus** führt

Tipp

Überwinden Sie den Anstieg hinauf zum Weingut ***Am Reisenberg*** (Oberer Reisenbergweg 15, Tel. 320 93 93, Anf. Mai–Ende Sept. Mo–Fr 17–24, Sa/So 13–24 Uhr). Ihre Mühe wird mit vorzüglichem Wein und einer großartigen Aussicht auf Wien belohnt.

(Cobenzlgasse 15, Tel. 320 02 03, tägl. 16–24 Uhr, Jan./Feb. geschl.). Das Presshaus stammt aus dem Jahr 1527 und ist die älteste Weinschänke Österreichs. Im eindrucksvollen Keller findet sich neben einer 250 Jahre alten Weinpresse und riesigen Fässern auch ein unterirdischer Gang, den die Weinbauern vor vielen hundert Jahren als Fluchtweg zur Grinzinger Kirche angelegt haben.

4–5

Spazieren Sie jetzt die Cobenzlgasse wieder hinunter, die am ältesten Haus Grinzings vorbeiführt: Der **Trummelhof** (Cobenzlgasse 30, Tel. 328 90 61, Mo–Sa ab 22 Uhr) wurde 1150 von den Babenbergern an der Stelle einer Römersiedlung errichtet, heute beherbergt er eine Bar. Wenige Schritte weiter lohnt sich ein Zwischenstopp beim **Heurigen Reinprecht** (Cobenzlgasse 22, Tel. 320 13 89, tägl. 15.30–24 Uhr, Mitte Dez.–Feb. geschl.) In den fast 400 Jahre alten, ehemaligen Klostergewölben werden jährlich rund 150 000 l Wein ausgeschenkt. Außerdem können Sie hier die älteste und größte Korkenziehersammlung der Welt mit weit über 3000 Flaschenöffnern bestaunen.

So klingt die Wiener Weinseligkeit

5–6

Folgen Sie nun der Cobenzlgasse, die weiter stadteinwärts in die Sandgasse mündet. Diese geht schließlich in die Grinzinger Straße über. Beim **Haus Nr. 64** erinnert eine Tafel an Franz Grillparzer und Ludwig van Beethoven. Beide verbrachten hier 1808 einige Monate ihres Lebens.

Kleine Pause

Die zahlreichen Heurigenrestaurants bieten ein reichhaltiges, kaltes und warmes Büfett in typischer Atmosphäre, meist mit Livemusik. Der ***Feuerwehr-Wagner*** (Grinzinger Str. 53, Tel. 320 24 42, tägl.16–24 Uhr) ist berühmt für sein Backhendl, der ***Martin Sepp*** (Cobenzlgasse 34, Tel. 320 32 33-0, tägl. 11.30–24 Uhr) hat sich auf saisonale Gerichte spezialisiert. Im Edelbeisl ***Liebstöckl & Co*** (Sandgasse 12, Tel. 328 83 10, tägl.11–24 Uhr) genießt man raffinierte Alt-Wiener Küche, im Wirtshaus ***Neuland*** (Cobenzlgasse 5–7, Tel. 320 00 63, tägl. 11–1 Uhr, warme Küche bis 23 Uhr) speist man in gestyltem Ambiente (und surft dort gratis mit WLAN).

6–7

Biegen Sie links in die Armbrustergasse ein. Gegenüber vom ehemaligen Wohnhaus des langjährigen österreichischen Bundeskanzlers **Bruno Kreisky** (Armbrustergasse 15) führt die kleine Probusgasse stadteinwärts. Über holprige Pflastersteine kommen Sie zu einem anderen **Wohnhaus Beethovens** (Probusgasse 6, Di–So 10–13/14–18 Uhr, Eintritt: preiswert, So frei). Eine kleine Treppe führt zu seiner Wohnung, in der er 1802 das berühmte *Heili-*

genstädter Testament verfasst hat. Beethoven erhoffte sich von seinem Aufenthalt hier in der Sommerfrische die Linderung seines Hörleidens. Als keine Besserung eintrat, schrieb er seinen Brüdern einen leidenschaftlichen, wütenden Brief, den er niemals abschickte und der als *Heiligenstädter Testament* in die Geschichte einging.

7–8

Mehr als 80 Mal wechselte Beethoven in Wien sein Quartier, kein Wunder also, dass sich am Ende der Probusgasse, am Pfarrplatz, ein weiteres Beethovenhaus befindet. In diesem Gebäude aus der Mitte des 17. Jhs. arbeitete der Komponist 1817 an der 9. Symphonie, heute treffen sich hier Prominente und Weinkenner beim Heurigen **Mayer am Pfarrplatz** (Pfarrplatz 2, Tel. 370 12 87, Mo–Sa 16–24, So 11 bis 24 Uhr). Die Fassade des romantischen Hauses ziert eine Statue des heiligen Florian, der das alte Gemäuer vor Feuer bewahren soll. Vorbei an der **Heiligenstädter Jakobskirche**, einem der ältesten Gotteshäuser Wiens mit baulichen Relikten aus dem 2. Jh., gelangen Sie über die Nestelbachgasse zurück zur Grinzinger Straße. Dort finden Sie stadteinwärts eine Haltestelle der Autobuslinie 38A, die zur U-Bahn-Station Heiligenstadt führt.

In der Sandgasse scheint die Zeit stehen geblieben zu sein

Wann?
Machen Sie den Spaziergang am Nachmittag, und lassen Sie den Tag gemütlich bei einem der vielen Heurigen ausklingen.

4 AUF DEN SPUREN DES DRITTEN MANNES

Spaziergang

LÄNGE: 3 km **DAUER:** 2,5 Stunden
START: Stadtpark 193 E2 Stadtpark
ZIEL: Teinfaltstraße 192 B4 Herrengasse, Schottentor

Der Stadtspaziergang auf den Spuren von Carol Reeds berühmtem Film *Der dritte Mann* (1949) führt in das unterirdische Kanalsystem und durch das Wien der Nachkriegszeit, als die Alliierten und der Schwarzmarkt die zerstörte Stadt prägten.

1–2

Gehen Sie vom **Stadtpark** die Lothringer Straße entlang bis zu jener **Litfaßsäule**, durch die Harry Lime in den Untergrund verschwand. Sie befindet sich zwischen dem Beethovenplatz auf der einen und dem Konzerthaus auf der anderen Straßenseite. Für den Film freilich wurde sie auf einem anderen Platz nachgebaut, aber dazu später, die Unterwelt ruft!

Einladung zur organisierten Führung

2–3

Über eine enge Wendeltreppe gelangen Sie – allerdings nur im Rahmen einer organisierten Führung – in die 2300 km messende **Wiener Kanalisation**. Nach der Cholera-Epidemie 1830 wurden alle wichtigen Bäche im Stadtgebiet eingewölbt und zwei große Sammelkanäle parallel zum Wienfluss gebaut. Das denkmalgeschützte

Die Story

Wien 1948: Der US-Schriftsteller Holly Martins (Joseph Cotten) möchte seinen Freund Harry Lime (Orson Welles) in Wien besuchen. Er kommt zu spät, Lime ist bei einem Autounfall verunglückt. Martins wird in dunkle Penicillinschieber-Geschichten verwickelt, ein Zeuge will einen dritten Mann am Unfallort gesehen haben. Es kommt zu einer spektakulären Verfolgungsjagd im Wiener Kanalnetz und zu einem dramatischen Showdown …

Sie möchten den Film (nochmals) sehen?
Die englische Originalversion des Films läuft freitags um 22.45 Uhr und dienstags und sonntags um 14.30 Uhr im Burgkino (Wien 1., Opernring 21, Tel. 587 84 06).

Durch die Litfaßsäule in den Untergrund

Tunnelgewölbe von Otto Wagner, das Sie nach der schmalen Treppe erreichen, wurde um 1900 fertig gestellt. Mit dieser monumentalen Anlage wurde der Wienfluss zwischen Stadtpark und Naschmarkt von der Oberfläche verbannt. Mehr als 100 Jahre später sind die Sammelkanäle für die Millionenstadt zu klein geworden: Es wird ein neuer Kanal gebaut. Wegen der Bauarbeiten beschränkt sich der unterirdische Teil der Führung für einige Jahre auf diesen Tunnel, in dem die spannenden Verfolgungsszenen mit Harry Lime entstanden sind. Wieder ans Tageslicht zurückgekehrt, gehen Sie die Lothringer Straße vor bis zum Schwarzenbergplatz.

3–4

Werfen Sie einen Blick nach links auf das **Heldendenkmal der Roten Armee** beim Hochstrahlbrunnen. Die fast 12 m hohe Bronzefigur stellt einen Russen dar und wurde am 19. August 1945 mit einer Parade sowjetischer, amerikanischer, englischer und französischer Truppen eingeweiht. Wien war von 1945 bis 1955 in vier Zonen aufgeteilt, die innere Stadt wurde von den vier Alliierten gemeinsam verwaltet. Gehen Sie vor zur Ringstraße, wo Sie links das **Hotel *Imperial*** sehen.

4–5

In der Besatzungszeit fungierte das noble Hotel als Hauptquartier des russischen Geheim-

Für den Ausflug in das Kanalsystem sind allerdings starke Nerven Bedingung

dienstes, von hier geht es weiter den Ring entlang, bis Sie rechts zur **Staatsoper** (➤ 98) abbiegen. Hinter der Oper finden Sie einen anderen Geheimdienstsitz, das **Hotel *Sacher***. Im 1860 erbauten Hotel hatten sich die Engländer einquartiert, unter ihnen der Autor der Geschichte, Graham Greene, der hier in den Akten unzählige Anregungen für seinen Schwarzmarktthriller fand.

5–6

Im **Café *Mozart*** (➤ 90), gleich hinter dem Hotel, trank Graham Greene gerne seinen Kaffee, und er ließ einige Szenen im Schanigarten des Cafés spielen. Der Philipphof auf dem Albertinaplatz, ein mehrstöckiges Wohnhaus mit einem großen Luftschutzkeller, wurde bei einem Bombenangriff 1945 völlig zerstört, 300 Menschen wurden lebendig begraben. Heute sehen Sie hier das **Mahnmal** des Bildhauers Alfred Hrdlicka. Gehen Sie die Augustinerstraße weiter bis zum Josefsplatz. Gegenüber dem Reiterdenkmal Kaiser Josephs II. sehen Sie das **Palais Pallavicini**, das in *Der dritte Mann* Harry Limes Wohnhaus – mit dem legendären Portier Paul Hörbiger – war.

Vom Hotel *Sacher* aus zogen die Engländer ihre Fäden

6–7

Durch die Reitschulgasse kommen Sie zum **Michaelerplatz**, wo das Café *Marc Aurel* für den Film nachgebaut wurde. Über den Kohlmarkt und die Bognergasse geht es nun weiter zum nächsten Filmschauplatz: **Am Hof** (➤ 63) wurde die berühmteste Litfaßsäule der Filmgeschichte aus Holz nachgebaut und mit raffinierter Weitwinkeltechnik auf Zelluloid gebannt.

7–8

Gehen Sie weiter über die Freyung und die Teinfaltstraße zum **Mölkersteig**. Hier – im Torbogen der Schreyvogelgasse 8 – spielt eine weitere Schlüsselszene: Holly Martins bekommt erstmals Harry Lime zu Gesicht.

Kleine Pause

Das ***Steirereck*** (➤ 155) verwöhnt Schleckermäuler mit einer Milchbar (Mo–Fr 8–23, Sa, So 9 bis 19 Uhr). Sie bietet köstliche Erfrischungen rund um die Milch, tolle Käse und jeweils um 13 und 14 Uhr frischen Apfel- und Milchrahmstrudel.

8–9

Sollten Sie sich an einer organisierten Führung beteiligt haben, wird für Sie in ***Molly Darcy's Irish Pub*** (Wien 1., Teinfaltstr. 6) auf der Zither das weltberühmte *Harry Lime Theme* gespielt und Sie erfahren außerdem amüsante Anekdoten über den Komponisten Anton Karas und die britische Filmproduktion.

Geführte Tour

Die Führungen der Familie Timmermann finden ganzjährig montags und freitags um 16 Uhr ohne Anmeldung statt. Treffpunkt ist bei der U-Bahn-Station Stadtpark, Ausgang Johannesgasse (www.viennawalks.com, Tel. 774 89 01, teuer).

Praktisches

INFORMATION VORAB

Websites
- www.wien.info.at
- www.jugendinfowien.at

Deutschland
Österreich Werbung
Klosterstr. 64
10179 Berlin
☎ 030 / 21 91 48-0
Prospekte und Infos:
☎ 01802 / 10 18-18

Schweiz
Österreich Werbung
Zurlindenstr. 60
8036 Zürich
Prospekte und Infos:
☎ 0842 / 10 18-18

REISEVORBEREITUNG

WICHTIGE PAPIERE

- ● Erforderlich
- ○ Empfohlen
- ▲ Nicht erforderlich

	Deutschland	Österreich	Schweiz
Pass/Personalausweis	●	●	●
Visum	▲	▲	▲
Weiter- oder Rückflugticket	▲	▲	▲
Impfungen (Tetanus oder Polio)	▲	▲	▲
Krankenversicherung	●	●	●
Reiseversicherung (► 188)	○	○	○
Führerschein (national)	●	●	●
Kfz-Haftpflichtversicherung	●	●	●
Fahrzeugschein	●	●	●

REISEZEIT

Wien

Hauptsaison / Nebensaison

	JAN	FEB	MÄRZ	APRIL	MAI	JUNI	JULI	AUG	SEPT	OKT	NOV	DEZ
Saison	Nebensaison	Nebensaison	Nebensaison	Nebensaison	Hauptsaison	Hauptsaison	Hauptsaison	Hauptsaison	Hauptsaison	Hauptsaison	Nebensaison	Hauptsaison
Temperatur	1°C	3°C	8°C	14°C	19°C	22°C	25°C	24°C	20°C	14°C	7°C	3°C
Wetter	Bedeckt	Bedeckt	Wechselhaft	Wechselhaft	Sonnig	Sonnig	Sonnig	Sonnig	Wechselhaft	Wechselhaft	Bedeckt	Bedeckt

Sonnig · Bedeckt · Regnerisch · Wechselhaft

Die angegebenen Temperaturen entsprechen den **durchschnittlichen Tagestemperaturen** des jeweiligen Monats. In Wien herrscht kontinentales Klima mit kaltem Winter, heißem Sommer und viel Regen im Frühjahr und Herbst. Die Donau versorgt Wien oft mit Frischluft, sodass die Stadt meist gut durchgelüftet ist. Wien hat zwar immer Saison, die schönste Reisezeit ist aber von Mai, wenn der Flieder blüht, bis Oktober, wenn sich in den Weingebieten am Stadtrand das Laub verfärbt. Das ganze Jahr über gibt es ein riesiges Kulturangebot: Theater, Musik und die vielen Museen lassen vergessen, wenn die Sonne einmal nicht vom Himmel lacht. Wien ist auch um die Weihnachtszeit und um den Jahreswechsel attraktiv. Tausende Besucher kommen trotz der kalten Jahreszeit zu den Adventmärkten und zum Silvesterpfad.

Österreich
Wiener Tourismusverband
Obere Augartenstr. 40
1025 Wien
☎ 01 / 211 14-222

ANREISE

Mit dem Flugzeug: Der Flughafen Wien-Schwechat liegt ca.15 km südöstlich des Stadtzentrums. 70 Liniengesellschaften fliegen zu 260 Destinationen in über 80 Ländern. Auch die Charterflüge starten und landen in Schwechat.

Preise: Die Ticketpreise schwanken stark, aufgrund der großen Konkurrenz der Anbieter kann man bei etwas Glück sehr günstige Tickets ergattern. Preisgünstig ist das »Red Ticket« der nationalen Airline AUA, es gibt permanent günstige Tickets und dazu wechselnde Specials. Die aktuellen Angebote finden Sie im Internet unter www.aua.com oder im Reisebüro.

Mit dem Zug: Wien ist mit IC, ICE, Eurocity und Regionalzügen erreichbar. Züge aus dem Westen, also aus Deutschland und der Schweiz, kommen am **Westbahnhof** an, Züge aus dem Süden, aus Italien und Slowenien, am **Südbahnhof**. Vom **Franz-Josefs-Bahnhof** fahren Regionalzüge nach Norden. Informationen über den Zugverkehr finden Sie im Internet unter www.oebb.at.

Mit dem Auto: Die A 1, die Westautobahn, führt von Salzburg und Linz, die A 2, die Südautobahn, von Klagenfurt und Graz nach Wien.
Wichtig: Vergessen Sie bei der Einreise nach Österreich die obligate Autobahnvignette nicht!

ZEIT

Wien befindet sich in der Zentraleuropäischen Zeitzone. Es gilt Mitteleuropäische Zeit (MEZ), die eine Stunde vor Greenwich-Zeit (GMT) liegt. Zwischen Ende März und Ende Oktober werden die Uhren um eine Stunde auf Mitteleuropäische Sommerzeit (MESZ) vorgestellt.

WÄHRUNG UND GELDWECHSEL

Währung: Österreich gehört zur Euro-Zone. Gezahlt wird mit den im gesamten Euro-Raum einheitlich gestalteten Banknoten. Lediglich die Münzen unterscheiden sich von Land zu Land.

Einen **Devisenrechner** zur Umrechnung verschiedener Währungen finden Sie im Internet: www.oanda.com.

Geldwechsel: In den Bahnhöfen und am Flughafen gibt es Wechselstuben. **Reiseschecks** können Sie bei allen Banken einlösen, die mit vielen Filialen überall in der Stadt zu finden sind. Außerhalb der Öffnungszeiten finden Sie viele **Geldautomaten**.

Kreditkarten werden mittlerweile in fast allen Hotels, Restaurants und Geschäften akzeptiert.

BOTSCHAFTEN UND KONSULATE

Deutschland ☏ 711 54-0

Schweiz ☏ 795 05

GESUNDHEIT

Krankenversicherung: Falls in Wien ein Arzt aufgesucht werden muss, empfiehlt sich für Besucher aus dem Ausland eine spezielle Reisekrankenversicherung. Die Adressen und Telefonnummern von Ärzten aller Fachrichtungen finden Sie in den Gelben Seiten der Telefonbücher. Den Ärztlichen Bereitschaftsdienst erreichen Sie unter Tel. 531 16-0, den Ärztenotdienst nachts und wochenends 19–7 Uhr unter Tel. 141.

Zahnarzt: Auch eine zahnmedizinische Behandlung ist nur für Inländer mit Versicherungskarte problemlos. Für Ausländer, die nicht entsprechend versichert sind, kann sie teuer werden. Den Zahnärztlichen Notdienst erreichen Sie unter Tel. 512 20 78. Anschriften und Telefonnummern von Zahnärzten finden Sie ebenfalls in den Gelben Seiten.

Wetter: Im Hochsommer kann es in Wien heiß werden. Achten Sie auf Sonnenschutz und trinken Sie ausreichend.

Medikamente: Es gibt viele Apotheken in Wien, die rezeptpflichtige und rezeptfreie Medikamente verkaufen. Welche Apotheke Nachtdienst hat, erfahren Sie aus den Tageszeitungen oder beim Apotheken-Bereitschaftsdienst Tel. 15 50 (Tonband).

Trinkwasser: Das Leitungswasser können Sie ohne Bedenken trinken. Das Wasser der öffentlichen Brunnen ist oft mit chemischen Mitteln versetzt – Vorsicht mit Hunden!

ERMÄSSIGUNGEN

In den Genuss von ermäßigten Eintrittskarten kommen Senioren, Behinderte und Soldaten bei Vorlage eines entsprechenden Nachweises. Ebenso erhalten Kinder, Jugendliche und Schülergruppen oft Ermäßigungen. Preiswert und attraktiv ist die **Wien-Card**. Sie kostet 18,50 Euro und berechtigt 72 Stunden zur Benützung von U-Bahnen, Straßenbahnen und Bussen. Zusätzlich gibt es Ermäßigungen in vielen Museen und bei Sehenswürdigkeiten. Kaufen können Sie die Wien-Card in über 200 Hotels und in den Tourist-Infos (► 38).

EINRICHTUNGEN FÜR BEHINDERTE

Straßenbahnen und Busse sind zusehends mit leichterem Einstieg versehen (Niederflur). Noch besser gerüstet für Fahrgäste mit Handicaps sind die **U-Bahn-Stationen**. Einen **tastbaren U-Bahn-Stationsplan** erhalten Sie bei den Wiener Linien (Tel. 79 09-0). Genaue Informationen über die Einrichtungen für Behinderte in Restaurants, Museen und Sehenswürdigkeiten finden Sie im Internet unter www.wien.info.at, Link »Reise, Buchen, Infos«, dann »Infos für Gäste mit Handicap«.

KINDER

Kinder sind praktisch überall willkommen. Kindertheater und spezielle Programme in den Museen sind selbstverständlich. Nähere Information unter www.kinderinfowien.at.

TOILETTEN

In der Nähe von Sehenswürdigkeiten gibt es überall öffentliche Toiletten.

FUNDSACHEN

Nach verlorenen Gegenständen kann man in den Magistratischen Bezirksämtern suchen.

VERANSTALTUNGEN RUND UMS JAHR

JANUAR/FEBRUAR

Neujahrskonzert: Am 1. Januar geben die Wiener Philharmoniker im Goldenen Saal des Musikvereins ihr berühmtestes Konzert, das via TV ein Milliardenpublikum in der ganzen Welt begeistert.

Wiener Eistraum: Auf dem Rathausplatz wird vor dem in allen Farben leuchtenden Rathaus zu Musik von Walzer bis Salsa Schlittschuh gelaufen.

Fasching: Wien tanzt auf rund 200 glanzvollen Bällen. Absoluter Höhepunkt ist der Opernball, zu dem internationale Prominenz anreist.

MÄRZ/APRIL

Osterklang: Bei dem Musikfestival sind in der Karwoche und zu den Osterfeiertagen im Musikverein, im Konzerthaus und an vielen andern Orten absolute Spitzenmusiker zu hören, darunter die Philharmoniker.

MAI/JUNI

Vienna City Marathon: Tausende Amateure und Leistungssportler nehmen an dem Marathon teil, der von der Reichsbrücke über Schönbrunn in den Prater führt.

Wiener Festwochen: Das Großereignis des Wiener Kulturlebens wird mit einem Riesen-Openair-Spektakel am Rathausplatz eröffnet. Zu sehen sind Neuinszenierungen von Klassikern, Premieren avantgardistischer Stücke und Inszenierungen renommierter europäischer Theater, oft in der Originalsprache. Gespielt wird an zahlreichen Orten.

Love Parade: Einen Tag lang wird die ehrwürdige Ringstraße zum Schauplatz eines bunten, ausgelassenen Mega-Spektakels.

Donauinselfest: Die größte Openair-Party auf der Donauinsel dauert drei Tage, Tausende Besucher strömen zu Musik und Sportshows.

Lange Nacht der Musik: Vom Treffpunkt am Heldenplatz geht es die ganze Nacht hindurch zu unterschiedlichsten Musikveranstaltungen der Richtungen Klassik, Jazz, Rock, Elektronik und Volksmusik/Ethno.

Life Ball: Dieser Ball ist exzentrisch und sensationell, sein Ertrag kommt der Aids-Hilfe zugute.

JULI/AUGUST

Jazzfest: Wien steht Anfang Juli im Zeichen internationaler Jazzgrößen, der zentrale Veranstaltungsort ist die Staatsoper.

Musikfilm-Festival: Auf dem Rathausplatz werden bis Anfang September täglich auf einer Großleinwand Opern-, Musical- und Operettenfilme gezeigt (Eintritt frei). Dazu gibt es Multikulti-Essen.

Klangbogen: Bei dem sommerlichen Musikfestival sind an den schönsten Aufführungsorten, darunter im Musikverein, im Konzerthaus und im Theater an der Wien, rund 150 Konzerte großer Orchester zu hören.

Impuls Tanz: Tanz von Klassik bis Avantgarde ist das Thema dieses Festivals. Tanztruppen aus der ganzen Welt zeigen an verschiedenen Orten, darunter im Burgtheater und im Akademietheater, Körperkunst auf höchster Ebene.

SEPTEMBER/OKTOBER

Praterfest: Anfang September steigt im Prater ein großes Volksfest.

Viennale: Bei diesem Festival im Oktober geht es um aktuelles Filmschaffen aus der ganzen Welt.

NOVEMBER/DEZEMBER

Schubertiade: In der zweiten Monatshälfte des Novembers widmet sich der Musikverein Schubert.

Adventzauber und Weihnachtsmärkte: In der Vorweihnachtszeit ist ganz Wien auf Advent- und Christkindlmärkten unterwegs. Die beliebtesten sind der am Rathausplatz, am Spittelberg, auf der Freyung, vor dem Schloss Schönbrunn und vor der Karlskirche.

Silvesterpfad: An den Tagen bis zum Jahreswechsel wird in der Innenstadt überschäumend gefeiert, an Sektständen, mit Straßentheater und Musik.

Kaiserball: In den Prunkräumen der Hofburg wird in der Silvesternacht im Walzerschritt ins Neue Jahr getanzt.

ane anbrådn	jdn. anflirten
ausg'steckt	Ein vor dem Haus ausgesteckter Reisigbuschen zeigt an, dass der Weinbauer zur Zeit Wein ausschenkt.
Båchhendl	Backhuhn
Bappn	Mund
Beisl	kleines Gasthaus
eh	ohnehin
Erdapfel	Kartoffel
Faschiertes	Frikadelle
gach	jäh
Gastgarten	zu einem Lokal gehöriger Sitzgarten, in dem serviert wird
Gebäck	Sammelbezeichnung für Semmeln, Salzstangerl, Kipferl etc.
g'schmackig	lecker
G'spritzter	$\frac{1}{8}$ Wein und $\frac{1}{8}$ Soda gemischt
hålt	eben, meinetwegen
Häuplsalat	Kopfsalat
Heuriger	Weinausschank beim Winzer
Jause	jede Art von Zwischenmahlzeit
Kaffeetscherl	guter Kaffee
Kipferl	halbmondförmiges Weißgebäck
Knofl	Knoblauch
Kracherl	Limonade
Krätzl	Teil eines Stadtbezirks
Kriagl	$\frac{1}{2}$ l Bier
Kukuruz	Mais
Laberl	kleiner Laib
måtschgern	bekritteln, raunzen, leicht schimpfen
Mischung	$\frac{1}{8}$ Wein und $\frac{1}{8}$ Mineralwasser gemischt
Ober	Abkürzung für Oberkellner
Obers	Sahne
Panier	Hülle aus Ei und Semmelbrösel
Paradeiser	Tomate
Pikkolo	der Jüngste des Kaffeehauspersonals
Rahm	saure Sahne
Schanigarten	Tische und Sessel eines Cafés oder Gasthauses, die vor dem Lokal auf der Straße aufgestellt werden
Schmäh	Gag, Pointe, Humor auf Wienerisch
Schmankerl	Leckerbissen
Schmattes	Trinkgeld
schnabulieren	genießen
Schulterscherzl	besonders gutes Stück Rindfleisch
Schwammerl	Pilz
Seidl	$\frac{1}{3}$ l Bier
Semmel	rundes, weißes Brötchen
Strohröhrl	Strohhalm
Topfen	Quark
Trafik	Tabak-, Zeitungs- und Papierwarenladen
tschechern	(Alkohol) trinken
Tschocherl	kleines Kaffeehaus
Wuchtl	Dampfnudel bzw. Gag

Cityplan

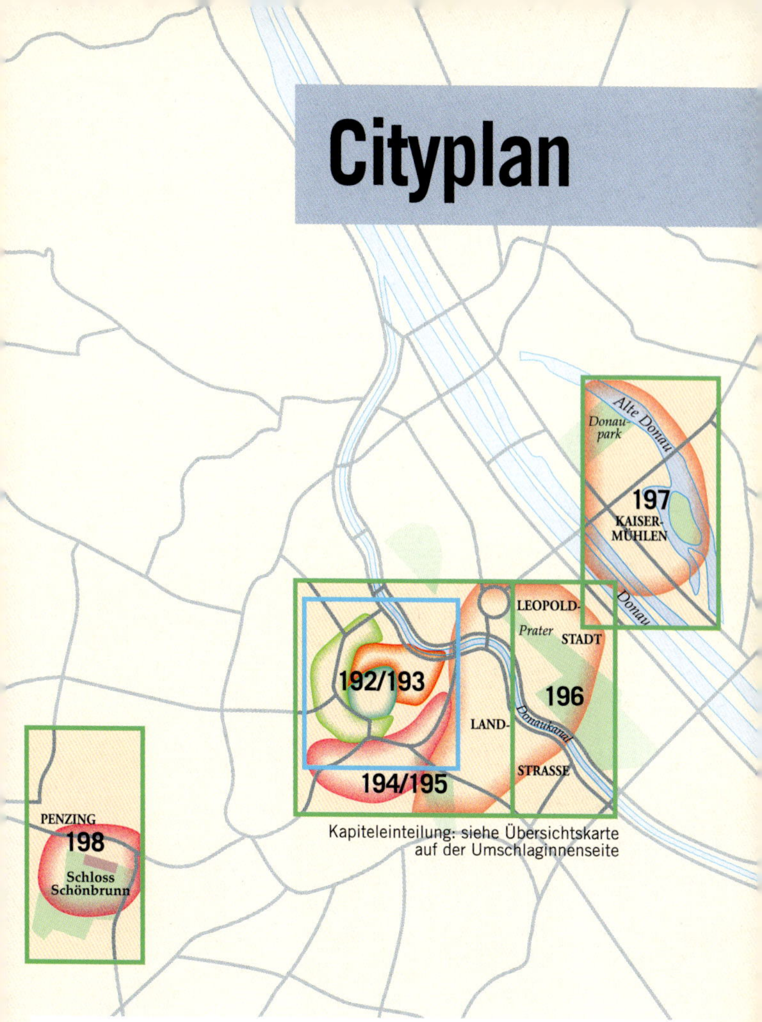

Kapiteleinteilung: siehe Übersichtskarte auf der Umschlaginnenseite

Legende

- Hauptstraße
- Nebenstraße
- Tunnel
- Fußweg
- Bahnlinie
- U-Bahn-Linie
- Park
- Wichtiges Gebäude
- Sehenswürdigkeit (im Text)
- U-Bahn-Station
- S-Bahn-Station

192/193 — 0 100 200 300 400 Meter

194–196/198 — 0 100 200 300 400 Meter

197 — 0 100 200 300 400 Meter

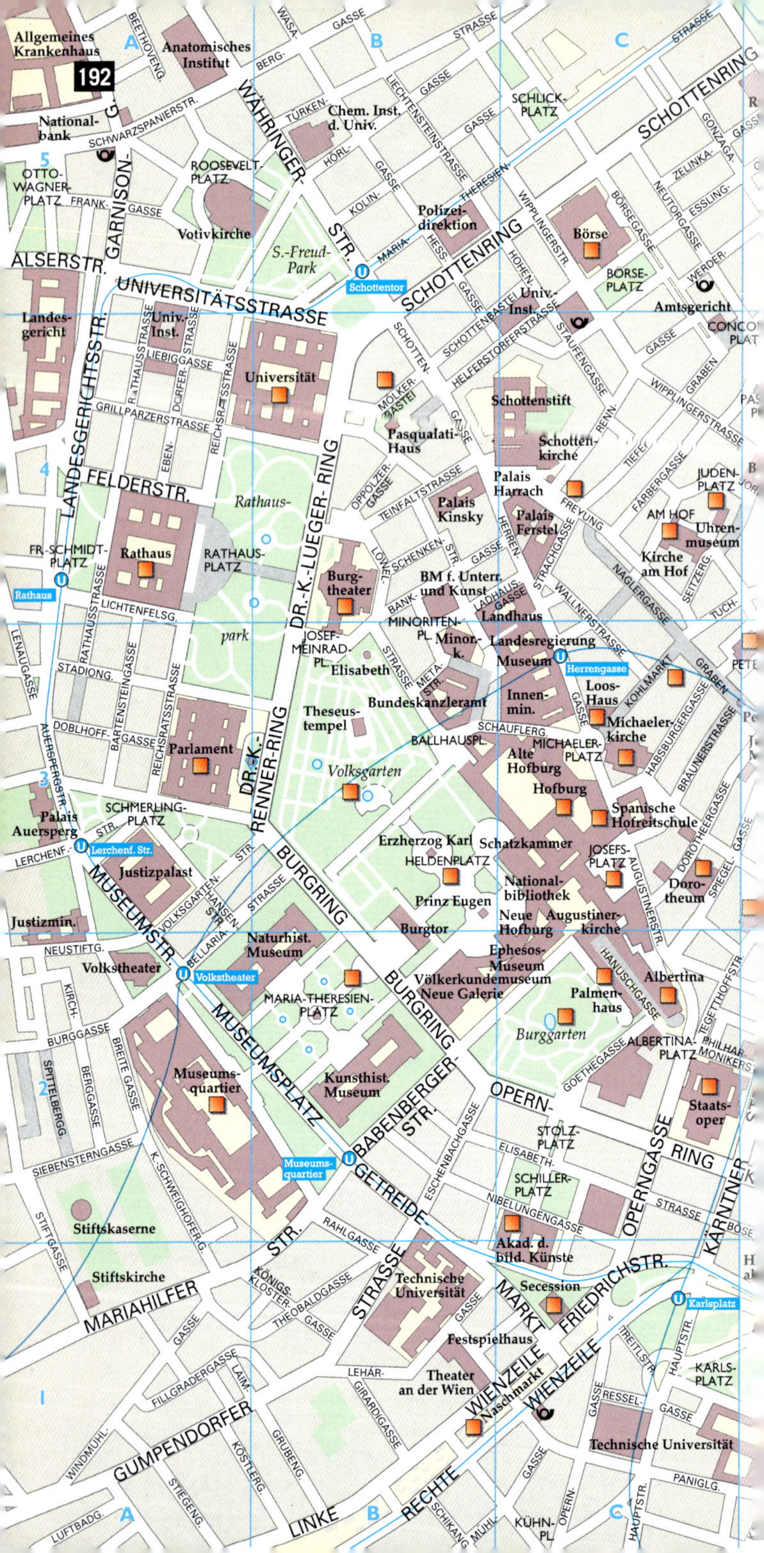
192
A
B
C
Allgemeines Krankenhaus
Anatomisches Institut
Nationalbank
Otto-Wagner-Platz
Roosevelt-Platz
Votivkirche
Chem. Inst. d. Univ.
Schlick-Platz
Schottenring
Polizeidirektion
Börse
Börse-Platz
S.-Freud-Park
Schottentor
Alserstr.
Universitätsstrasse
Landesgericht
Univ.-Inst.
Universität
Amtsgericht
Mölker-Bastei
Pasqualati-Haus
Schottenstift
Schottenkirche
Landesgerichtsstr.
Felderstr.
Rathaus-park
Dr.-K.-Lueger-Ring
Palais Kinsky
Palais Harrach
Palais Ferstel
Judenplatz
Am Hof
Uhrenmuseum
Kirche am Hof
Fr.-Schmidt-Platz
Rathaus
Rathausplatz
Burgtheater
BM f. Unterr. und Kunst
Minoriten-Pl.
Minor.-k.
Landhaus
Landesregierung
Museum
Herrengasse
Josef-Meinrad-Pl.
Elisabeth
Bundeskanzleramt
Innen-min.
Loos-Haus
Michaelerkirche
Kohlmarkt
Graben
Theseustempel
Ballhauspl.
Michaeler-Platz
Alte Hofburg
Parlament
Volksgarten
Dr.-K.-Renner-Ring
Hofburg
Spanische Hofreitschule
Schmerling-Platz
Palais Auersperg
Lerchenf. Str.
Justizpalast
Erzherzog Karl
Schatzkammer
Heldenplatz
Josefs-Platz
Nationalbibliothek
Dorotheum
Prinz Eugen
Neue Hofburg
Augustinerkirche
Burgtor
Burgring
Justizmin.
Naturhist. Museum
Volkstheater
Museumstr.
Ephesos-Museum
Völkerkundemuseum
Neue Galerie
Albertina
Maria-Theresien-Platz
Palmenhaus
Burggarten
Albertina-Platz
Museumsquartier
Museumsplatz
Kunsthist. Museum
Staatsoper
Babenberger-Str.
Opernring
Stolz-Platz
Schiller-Platz
Getreidemarkt
Siebensterngasse
Stiftskaserne
Stiftskirche
Akad. d. bild. Künste
Secession
Karlsplatz
Technische Universität
Mariahilfer Str.
Friedrichstr.
Festspielhaus
Theater an der Wien
Naschmarkt
Linke Wienzeile
Rechte Wienzeile
Karls-Platz
Ressel-Gasse
Gumpendorfer Str.
Kärntner Ring
Operngasse
5
4
3
2
1

Schottenring
Ringturm
Donaukanal
OBERE
DONAU-
STRASSE
FRANZ-JOSEFS-KAI
HOLLANDSTR.
DELMARKTG.
Bez.-Amt
KARMELITERGASSE
KL. SPERL-
GASSE
Spital der Barmherzigen Brüder
KOMÖDIENGASSE
NEGERLEGASSE
HAMMER-PURGSTALL-GASSE
Diana-Zentrum
LILIENBRUNNGASSE
GREDLER-STR.
TABOR-STR.
GROSSE MOHRENGASSE
ZIRKUS-
PRATERSTR.
FERDINAND-
STRASSE
TEMPELGASSE
WEINTRAUBEN-G.
GROSSE MOHREN-
KLEINE MOHRENG.
ROTEN-STERN-GASSE
GLOCKEN-
UNTERE DONAUSTR.
Hermann-Park
ASPERN-BRÜCKE
Urania
SCHWEDEN-BRÜCKE
Schwedenplatz
MARIEN-BRÜCKE
SALZTOR-BRÜCKE
RUDOLFS-PLATZ
HEINRICHSGASSE
GOLSDORFGASSE
SALZTORGASSE
TORGASSE
CONCORDIA-PLATZ
Maria am Gestade
PASSAUER PLATZ
Altes Rathaus Bezirksamt
SALVATORGASSE
MORZIN-PLATZ
Ruprechtskirche
STERN-GASSE
JUDENG.
GRIES
JORDAN-GASSE
HOHER MARKT
Ankeruhr
Röm. Ruinen
LAUBEN
ROTGASSE
GRIECHENG.
FLEISCHMARKT
SCHWEDEN-PLATZ
Griechenbeisl
Heiligenkreuzerhof
LAURENZER-BERG
Hauptpostamt
Verteidigungsministerium
JOSEFS-KAI
JULIUS-RAAB-PLATZ
WIESINGERSTRASSE
G.-COCH-PLATZ
Regierungsgebäude
Radetzky-Denkmal
Postsparkasse
POSTGASSE
Kammeroper
Gutenberg Denkmal
LUGECK
ROTENTURM-STRASSE
Peterskirche
PETERSPLATZ
BRANDSTÄTTE
KRAMERGASSE
BAUERN-
WOLL-
Erzbischöfl. Palais
Dommuseum
STEPHANS-PLATZ
Haas-Haus
Stephansplatz
Pestsäule
Stephansdom
Jüd. Museum
STOCK-IM-EISEN-PL.
SONNENFELSG.
BÄCKERSTRASSE
Jesuitenkirche
Alte Universität
ZEILE
Dominikanerkirche
DOMINIKANERBASTEI
ROSENBURSENSTRASSE
FALKENSTR.
STUBEN-RING
OSKAR-KOKOSCHKA-PL.
Finanzdirektion
ZOLLAMTSSTR.
Hochsch. f. angew. Kunst
Museum für angew. Kunst
Wien
VORDERE
SCHULERSTRASSE
Mozarthaus
WOLLZEILE
DR.-KARL-LUEGER-PL.
BIBER-
Stubentor
WEISKIRCHNERSTR.
LANDSTR.
Landstraße
City-Air-Terminal
Mitte
BLUTGASSE
GRÜNANGERG.
KUMPFGASSE
RIEMERG.
ZEDLITZGASSE
STUBEN-BASTEI
SINGERSTRASSE
Theater im Zentrum
FRANZISKANER-PLATZ
Franziskanerkirche
BALLGASSE
WEIHBURG-
SEILERSTÄTTE
LIEBENBERGG.
COBDENG.
COBURGBASTEI
PARKRING
Stadtpark
Schubert
Amerling
Makart
Johann Strauß
Kursalon
SPIEL-PLATZ
S. Kneipp
Stadtpark
NEUER MARKT
Kapuzinerkirche
HIMMELPFORT-
Finanzministerium
Ronacher
KÄRNTNER STRASSE
SEILER-
Malteserkirche
St. Anna
JOHANNESGASSE
St. Ursula
ANNAGASSE
KRUGERSTRASSE
FICHTE-
Bds.-Lehr- u. Versuchsanst.
WALFISCHGASSE
MAHLER-STRASSE
SCHWARZENBERGSTR.
HEGEL-
SCHUBERTRING
JOHANNESGASSE
AM HEUMARKT
Münzamt
REISNERSTR.
BEATRIXGASSE
RECHTE
LINKE
BAHNGASSE
Tierärztliche Universität
KÄRNTNER RING
BOSENDORFER-
CHRISTINENGASSE
KANT-
BEETHOVEN-PLATZ
Eislaufverein
RUDOLF-SALLINGER-PL.
PESTALOZZIG.
Konzerthaus
Handelsakademie
Künstlerhaus
DUMBASTR.
Musikverein
CANOVAGASSE
SCHWARZENBERGPLATZ
BAYERNGASSE
Amtshaus
LAGERGASSE
OLZELT-GASSE
MAROKKANERGASSE
SALESIANER-
GRIMMELSHSN.
AM MODENA-PARK
KELLER-
REISNER-
Akademietheater
LOTHRINGER STR.
LOTHRINGER
LISZTSTRASSE
TRAUN-GASSE
Wien Museum
BRUCKNER STR.
SCHWARZENBERGPLATZ
Hochstrahlbrunnen
Serb. Kirche
NEULINGGASSE
Karlskirche
GUSSHAUS-
STROH-
RENNWEG
SCHWIND-
JAURES-
D
E
F
1
2
3
4
5

194
195
192
A
B
C
1
2
3
4
5
Palais Clam Gallas
Schauspielhaus
Liechtensteinstr.
Porzellang.
Servitengasse
Hahngasse
Rossauer Lände
Rossauer Brücke
Obere Augartenstr.
Vermessungsamt
Amtsg.
Sensengasse
Währinger Str.
Van-Swieten-G.
Lackierergasse
Beethovengasse
Garnisong.
Wasag.
Thurngasse
Siegmund-Freud-Museum
Berggasse
Türkenstr.
Schlickgasse
Augartenbrücke
Schottenring
Allgemeines Krankenhaus
Anatomisches Institut
Nationalbank
Schwarzspanierstr.
Otto-Wagner-Platz
Roosevelt-Platz
Hörlgasse
Steinstr.
Schlickplatz
Maria-Theresien-Str.
Börse
Börseplatz
Ring
Gonzagagasse
Zelinkagasse
Franz-Josefs-Kai
Donaukanal
Donau
Votivkirche
Schottentor
Sigm.-Freud-Park
Salztorbrücke
Alserstr.
Universitätsstr.
Schottengasse
Wipplingerstr.
Heinrichsgasse
Rudolfsplatz
Landesgericht
Univ.-Inst.
Universität
Concordiaplatz
Maria am Gestade
Helferstorferstr.
Morzinplatz
Passauer Platz
Schottenstift
Schottenkirche
Ruprechtskirche
Grillparzerstrasse
Mölker Bastei
Schreyvogelg.
Florianigasse
Lenaugasse
Landesgerichtsstr.
Felderstr.
Rathaus
Friedrich-Schmidt-Pl.
Rathausplatz
Rathauspark
Dr.-K.-Lueger-Ring
Teinfaltstr.
Palais Kinsky
Freyung
Palais Ferstel
Judenplatz
Altes Rathaus
Bezirksamt
Am Hof
Kirche am Hof
Hoher Markt
Rotenturm
Lugeck
Dom-museum
Schmidgasse
Lichtenfelsg.
Burgtheater
Josef-Meinrad-Pl.
Minoritenpl.
Minoritenk.
Landhaus
Herrengasse
Bankgasse
Wallnerstr.
Tuchlauben
Peterskirche
Petersplatz
Graben
Stephansplatz
Stephansdom
Josefstädter Str.
Stadiong.
Bundeskanzleramt
Innenmin.
Loos-Haus
Kohlmarkt
Michaelerplatz
Michaelerkirche
Stock-im-Eisen-Pl.
Singerstr.
Grünangerg.
Josefsg.
Parlament
Theseustempel
Ballhauspl.
Alte Hofburg
Hofburg
Schatzkammer
Volksgarten
Trautsong.
Palais Auersperg
Schmerlingplatz
Justizpalast
Heldenplatz
Josefsplatz
Dorotheum
Neuer Markt
Franziskanerplatz
Franziskanerkirche
Weihburg.
Lerchenfelder Str.
Museumstr.
Justizmin.
Neustiftg.
Volkstheater
Naturhist. Museum
Burgtor
Neue Hofburg
Ephesos-Museum
Augustinerstr.
Kapuzinerkirche
Himmelpfortg.
Finanzministerium
Ronacher
St. Anna
Johannesg.
Annag.
St. Ursula
Maria-Theresien-Platz
Neue Galerie
Palmenhaus
Albertina
Albertinaplatz
Burggarten
Krugerstr.
Burggasse
Museumsquartier
Kunsthist. Museum
Goetheg.
Babenbergerstr.
Opernring
Staatsoper
Walfischgasse
Mahlerstr.
Operngasse
Kärntner Str.
Kärntner Ring
Schubertring
Siebensterngasse
Museumspl.
Elisabethstr.
Schillerplatz
Nibelungengasse
Getreidemarkt
Stiftg.
Stiftskirche
Lindengasse
Akad. d. bild. Künste
Secession
Bösendorferstr.
Handelsakademie
Künstlerhaus
Musikverein
Schwarzenbergplatz
Mariahilfer Str.
Rahlg.
Technische Universität
Lothringer Str.
Friedrichstr.
Karlsplatz
Festspielhaus
Theater an der Wien
Lehárg.
Wien Museum
Wienzeile
Naschmarkt
Bruckner Str.
Gumpendorfer Str.
Karlskirche
Schleifmühlg.
Kettenbrückengasse
Rilkepl.
Paniglg.
Schwindgasse
Argentinierstr.
Prinz-Eugen-Str.
Rechte Wienzeile
Schikanederg.
Gusshausstr.
Wohllebeng.
Paulanerg.
Mozartpl.
Mozartg.
Favoritenstr.
Taubstummengasse
Museum
Viki-Baum-Pl.
Floragasse
Linke Wienzeile
Rüdigergasse
Hamburgerstr.
Franzensg.
Grosse Neugasse
Schäffergasse
Kleine Neugasse
Hugo-Wiener-Pl.
Brahmsplatz
Diplom. Akad.
Theresianum
Wieden
Pilgramgasse
Schönbrunner Str.
Margaretenstr.
Pilgramg.
Hauptstr.
Mayerhofg.
Waltergasse
Theresianumg.
St. Josef
Belvedere

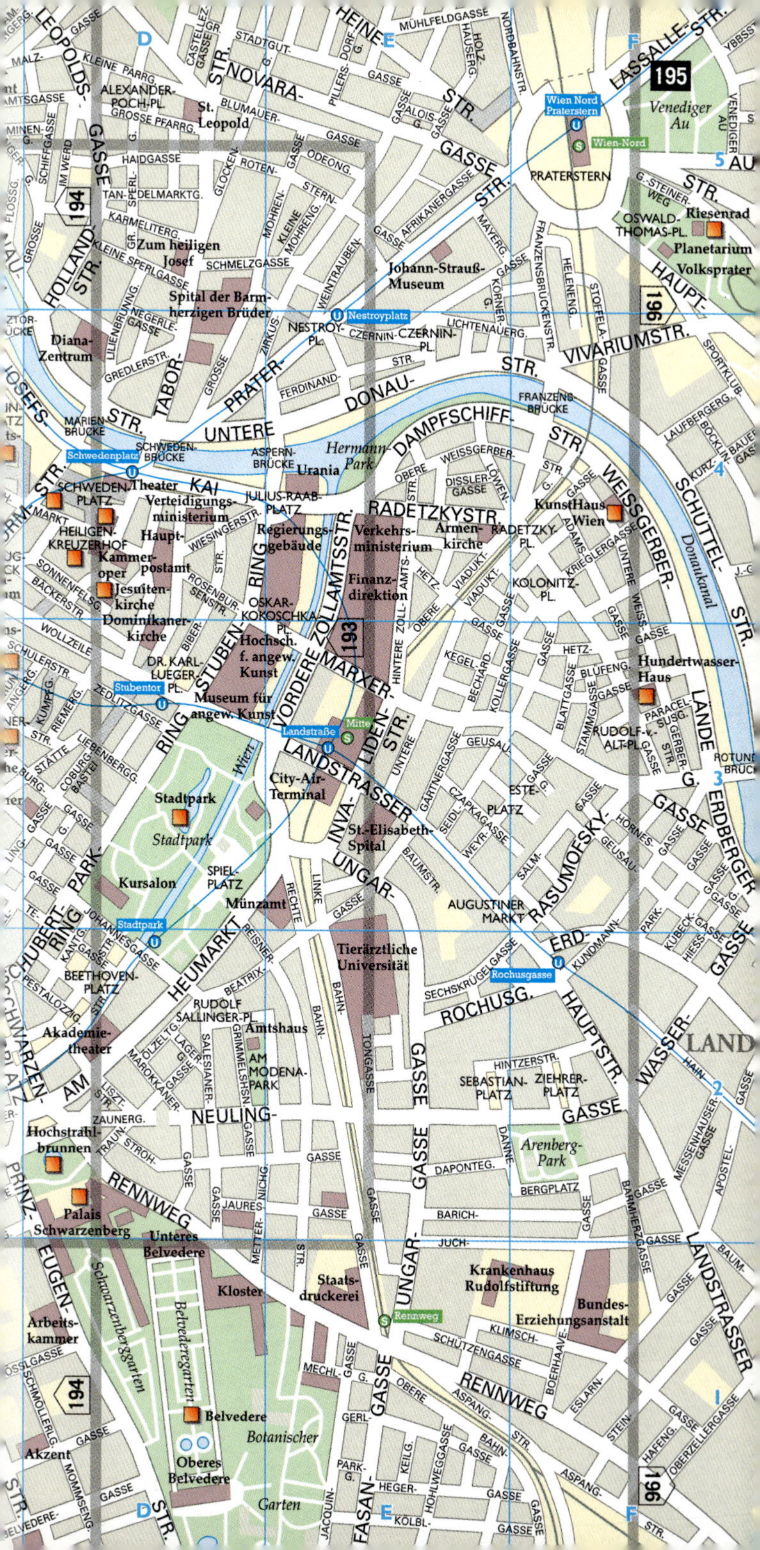

D
E
F
195
194
196
193
5
4
3
2
1
LEOPOLDS-GASSE
HOLLAND-STR.
KLEINE PARRG.
ALEXANDER-POCH-PL.
GROSSE PFARRG.
St. Leopold
NOVARA-STR.
BLUMAUER-G.
STADTGUT-G.
HEINE-STR.
MÜHLFELDGASSE
HOLZ-HAUSERG.
NORDBAHNSTR.
LASSALLE-STR.
Wien Nord Praterstern
Wien-Nord
PRATERSTERN
Venediger Au
HAIDGASSE
ROTEN-STERN-G.
ODEONG.
TANDELMARKTG.
KARMELITERG.
Zum heiligen Josef
KLEINE SPERLGASSE
SCHMELZGASSE
Spital der Barmherzigen Brüder
AFRIKANERGASSE
Johann-Strauß-Museum
Riesenrad
OSWALD-THOMAS-PL.
Planetarium
Volksprater
HAUPT-ALLEE
Nestroyplatz
NESTROY-PL.
CZERNIN-PL.
LICHTENAUERG.
VIVARIUMSTR.
Diana-Zentrum
TABOR-STR.
PRATER-STR.
GREDLERSTR.
FERDINAND-STR.
DONAU-STR.
FRANZENS-BRÜCKE
MARIEN-BRÜCKE
UNTERE DONAU-STR.
Schwedenplatz
SCHWEDEN-BRÜCKE
ASPERN-BRÜCKE
Urania
Hermann-Park
DAMPFSCHIFF-STR.
WEISSGERBER-LÄNDE
SCHÜTTEL-STR.
Donaukanal
KAI
SCHWEDEN-PLATZ
Theater
HEILIGEN-KREUZERHOF
Verteidigungs-ministerium
JULIUS-RAAB-PLATZ
Regierungs-gebäude
RADETZKYSTR.
Verkehrs-ministerium
Armen-kirche
RADETZKY-PL.
KunstHaus Wien
Haupt-postamt
Kammer-oper
Jesuiten-kirche
Dominikaner-kirche
WOLLZEILE
RING
OSKAR-KOKOSCHKA-PL.
ZOLLAMTSSTR.
Finanz-direktion
KOLONITZ-PL.
Hochsch. f. angew. Kunst
Museum für angew. Kunst
DR. KARL-LUEGER-PL.
Stubentor
STUBEN-RING
VORDERE ZOLLAMTSSTR.
MARXERG.
Hundertwasser-Haus
Landstraße
Mitte
LANDSTRASSER HAUPTSTR.
INVALIDENSTR.
GEUSAUG.
RUDOLF-v.-ALT-PL.
Stadtpark
City-Air-Terminal
St.-Elisabeth-Spital
ESTE-PLATZ
RASUMOFSKYG.
ERDBERGER LÄNDE
Kursalon
SPIEL-PLATZ
Münzamt
UNGAR-GASSE
AUGUSTINER MARKT
PARK-RING
SCHUBERT-RING
JOHANNESGASSE
BEETHOVEN-PLATZ
HEUMARKT
Tierärztliche Universität
Rochusgasse
ROCHUSG.
ERD-BERGSTR.
Akademie-theater
RUDOLF SALLINGER-PL.
Amtshaus
AM MODENA-PARK
SEBASTIAN-PLATZ
ZIEHRER-PLATZ
WASSER-GASSE
LAND
NEULING-GASSE
SCHWARZENBERG-PLATZ
Hochstrahl-brunnen
Arenberg-Park
DAPONTEG.
BERGPLATZ
BARICHG.
JUCHG.
RENNWEG
Palais Schwarzenberg
Unteres Belvedere
PRINZ-EUGEN-STR.
Kloster
Staats-druckerei
Krankenhaus Rudolfstiftung
Bundes-Erziehungsanstalt
Rennweg
SCHÜTZENGASSE
Arbeits-kammer
Schwarzenberggarten
Belvederegarten
Belvedere
Botanischer Garten
Oberes Belvedere
Akzent
FASAN-GASSE
OBERE BAHNGASSE
ASPANGSTR.

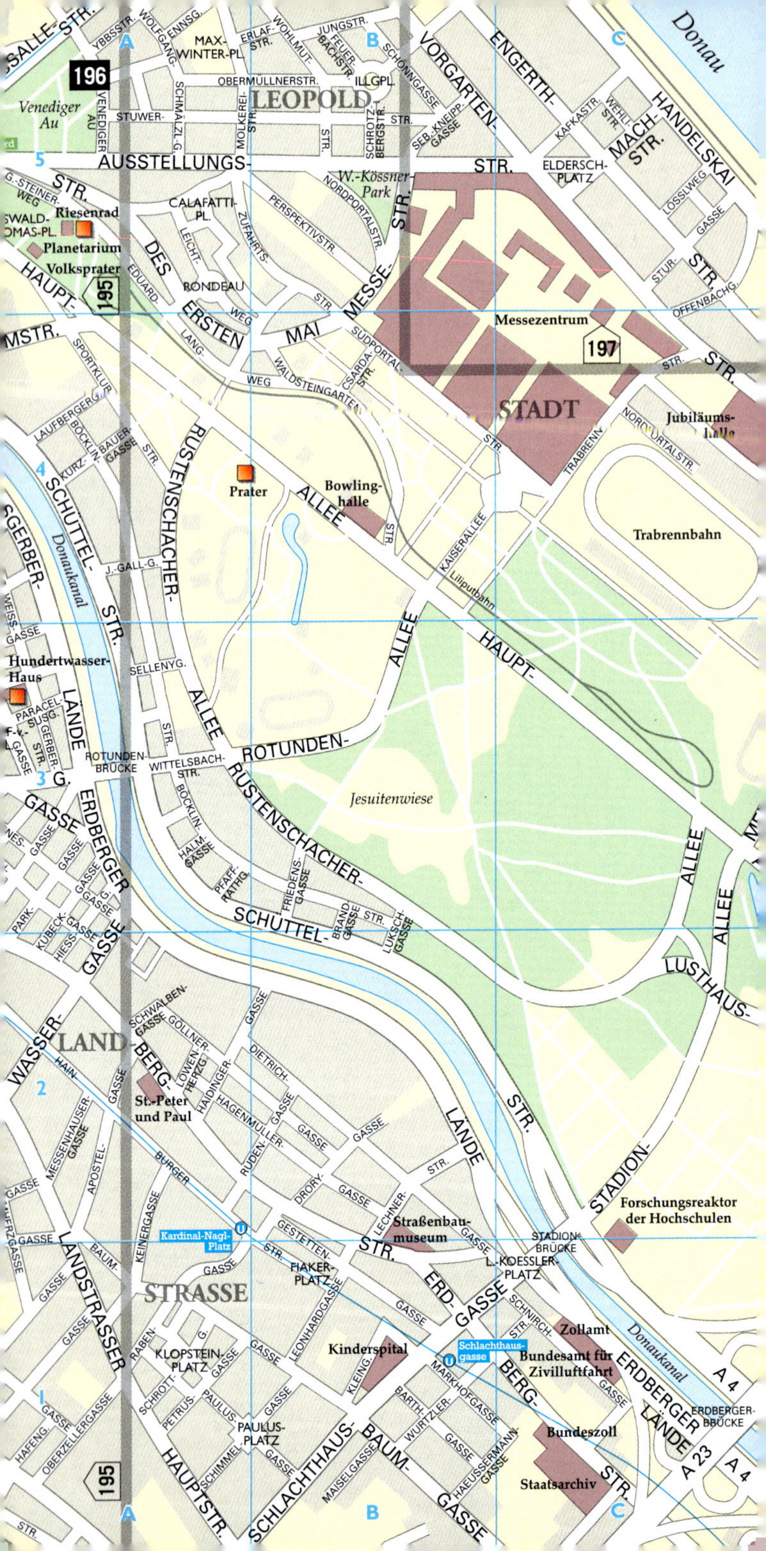
196
197
195
A
B
C
1
2
3
4
5
Donau
LEOPOLD-
STADT
LAND-
STRASSE
Venediger Au
AUSSTELLUNGS-
STR.
OBERMÜLLNERSTR.
ILLGPL.
VORGARTEN-
ENGERTH-
HANDELSKAI
MACH-
STR.
ELDERSCH-
PLATZ
W.-Kössner-
Park
NORDPORTALSTR.
PERSPEKTIVSTR.
CALAFATTI-
PL.
Riesenrad
Planetarium
Volksprater
RONDEAU
DES
ERSTEN
MAI
WEG
MESSE-
STR.
Messezentrum
SÜDPORTAL-
WALDSTEINGARTEN-
Jubiläums-
halle
TRABRENN-
Trabrennbahn
Prater
ALLEE
HAUPT-
Bowling-
halle
KAISERALLEE
Liliputbahn
RUSTENSCHACHER-
ALLEE
ROTUNDEN-
Jesuitenwiese
SCHÜTTEL-
STR.
Donaukanal
Hundertwasser-
Haus
ROTUNDEN-
BRÜCKE
WITTELSBACH-
STR.
LÄNDE
ERDBERGER
GASSE
LUSTHAUS-
STADION-
Forschungsreaktor
der Hochschulen
STADION-
BRÜCKE
L.-KOESSLER-
PLATZ
WASSER-
St.-Peter
und Paul
Kardinal-Nagl-
Platz
Straßenbau-
museum
FIAKER-
PLATZ
Kinderspital
Schlachthaus-
gasse
Zollamt
Bundesamt für
Zivilluftfahrt
ERDBERGER
LÄNDE
ERDBERGER-
BRÜCKE
Bundeszoll
Staatsarchiv
KLOPSTEIN-
PLATZ
PAULUS-
PLATZ
LANDSTRASSER
HAUPTSTR.
SCHLACHTHAUS-
BAUM-
GASSE
ERD-
BERG-
A 4
A 23

D
E
F
197
196
An der Schanze
An der oberen Alten Donau
Drygalski-Weg
Prandau-Gasse
Ducke-Gasse
Albert-Schultz-Eishalle
Internationale Schule
Str. der Menschenrechte
Fiebrichgasse
Weinwurmweg
Donizetti-
Bellini-G.
Cherubinistr.
Siebeck-
Blumen-Binder-G.
Cherubini-Str.
Dr.-A.-Schärf-Platz
Sehlenther-G.
Brachelligasse
Sattler-Weg
Anton-
Loimer-Weg
Hochwald-Weg
Wagramer Str.
Donau-stadt
Erzherzog-Karl-Str.
Rehlacken-Weg
Argon-Str.
Florian-Berndl-Gasse
An der unteren Alten Donau
Elidag-Gasse
Kagraner Brücke
Alte Donau
Arbeiter-Strandbad-Str.
Sandrock-Gasse
Gelfangg.
Strandg.
Wildbad-
Donauturmstr.
Arbeiter-strandbad
Städtisches Strandbad "Alte Donau"
Bundes-sportbad
Donauturm
Seebühne
Irissee
Donaupark
Donauparkbahn
Leonard-Bernstein-Str.
Kratochwjle-Str.
Im Haag
Fischer-Strand
Angler-Weg
Eiswerk-Str.
Nausch-Gasse
Fischerweg
Julius-Payer-Gasse
Gotenweg
Austria-Center Vienna
UNO-City (Vienna International Centre)
Donau-City
A.-de-Sousa-Mendes-Prom.
Bruno-Kreisky-Platz
Donau-City-Str.
Uferautobahn
Kaisermühlen-Vienna Int. Centre
Kaiserwasser
Weissau-Weg
Schüttau-Str.
Kaiser-mühlen
Laberl-Weg
Schiffmühlen-Str.
Jungmaisstr.
Bergerg.
Sina-Gasse
Schödl-
Garde-Gasse
Ernst-Sadil-Pl.
Belle-Schiffmühlen-
Schüttau-Platz
Sohng.
Moissi-
Mendels-
Berchtoldg.
Schüttelstr.
Am Wassermühlen-Damm
Harrachg.
Strasse Weg
Am Kaisermühlendamm
Donauuferautobahn
Kaiser-mühlen-brücke
Strandbad Gänsehäufel
Gänsehäufel
Großer Gänsehäufel
Boots-teich
Urania Insel
Kleiner Gänsehäufel
Dampfschiff-haufen
Dampfschiffhaufen
Donauinsel
Reichs-brücke
Neue Donau
Schifffahrts-zentrum Wien
Handelskai
Engerthstr.
Vor-garten-str.
Machstr.
Kafka-Str.
Ausstellungs-str.
Lossl-weg
Engerth-Str.
Sturgasse
Offenbachgasse
Leopold-stadt
Messezentrum
Donau
1
2
3
4
5

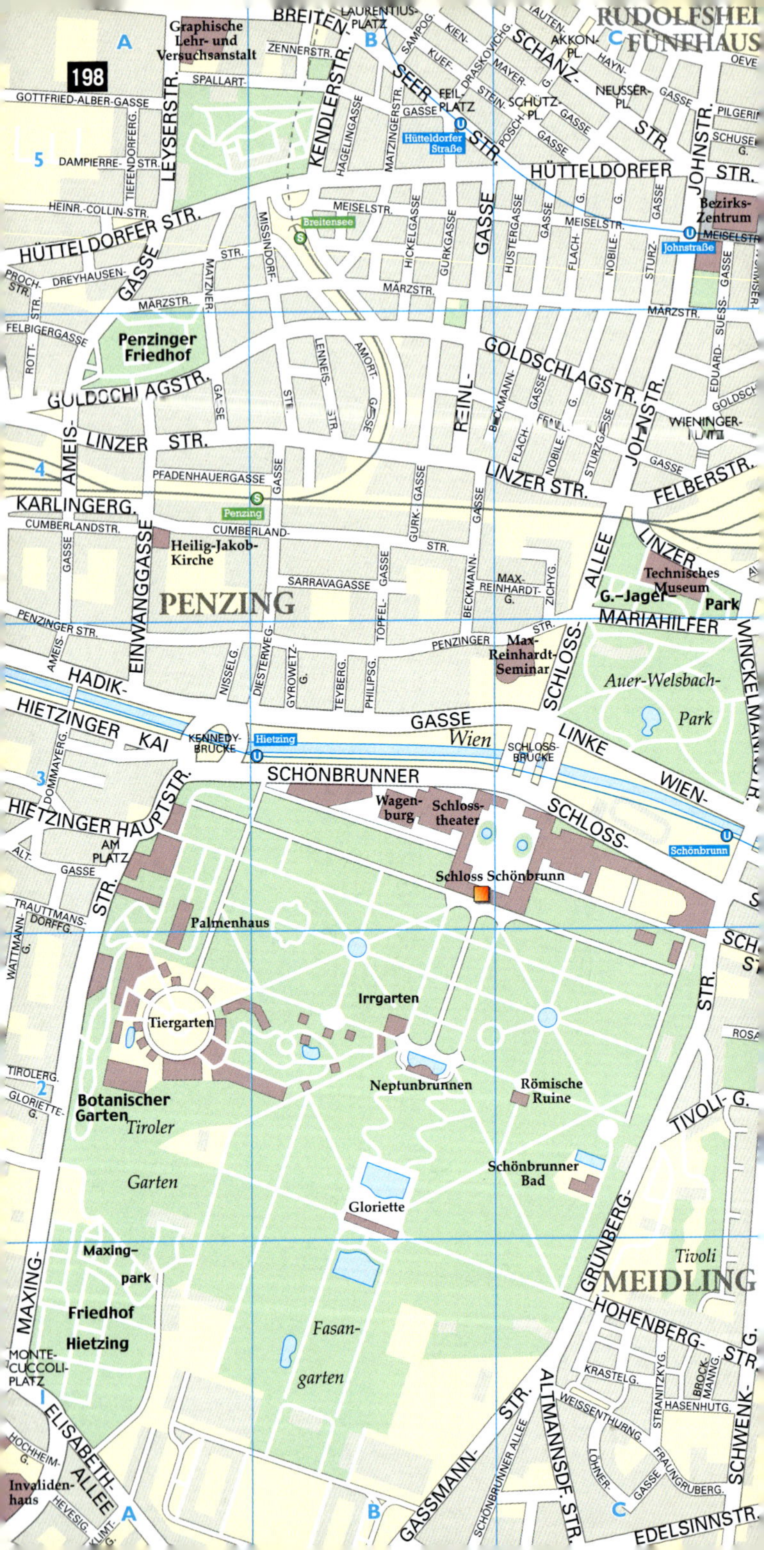
198
A
B
C
5
4
3
2
1
RUDOLFSHEIM-FÜNFHAUS
PENZING
MEIDLING
Graphische Lehr- und Versuchsanstalt
Hütteldorfer Straße
Breitensee
Bezirks-Zentrum
Johnstraße
Penzinger Friedhof
Penzing
Heilig-Jakob-Kirche
Technisches Museum
G.-Jager-Park
Max-Reinhardt-Seminar
Auer-Welsbach-Park
Hietzing
Wien
Schönbrunn
Wagenburg
Schlosstheater
Schloss Schönbrunn
Palmenhaus
Irrgarten
Tiergarten
Neptunbrunnen
Römische Ruine
Botanischer Garten
Tiroler Garten
Schönbrunner Bad
Gloriette
Maxingpark
Friedhof Hietzing
Fasangarten
Tivoli
Invalidenhaus
HÜTTELDORFER STR.
GOLDSCHLAGSTR.
LINZER STR.
MÄRZSTR.
MEISELSTR.
KENDLERSTR.
LEYSERSTR.
JOHNSTR.
SCHANZSTR.
FELBERSTR.
MARIAHILFER STR.
SCHLOSSALLEE
HADIKGASSE
HIETZINGER KAI
LINKE WIENZEILE
SCHÖNBRUNNER SCHLOSS-STR.
HIETZINGER HAUPTSTR.
KENNEDY-BRÜCKE
SCHLOSS-BRÜCKE
PENZINGER STR.
CUMBERLANDSTR.
SARRAVAGASSE
PFADENHAUERGASSE
KARLINGERG.
EINWANGGASSE
MAXINGSTR.
ELISABETHALLEE
GRÜNBERGSTR.
HOHENBERGSTR.
ALTMANNSDF. STR.
GASSMANNSTR.
SCHÖNBRUNNER ALLEE
SCHWENKG.
EDELSINNSTR.
TIVOLI-G.
WINCKELMANNSTR.

Straßenregister

Register

Abbildungsnachweis

Abkürzungen: (o) oben; (u) unten; r (rechts); (l) links; (m) Mitte

Umschlag: (o) Werner Dieterich, (u) Ralf Freyer

AKG Images, Berlin: 12/13 *Hintergrund Holzschnitt nach Zeichnung von Bartel Beham (1502–1540)*, 12/13m *Zeichnung „The Relief of Vienna", um 1688 von Franz Geffels*, 13ol *„Die Entführung aus dem Serail" von Wolfgang Amadeus Mozart*, 14or *„Maria Theresia", Gemälde von Martin van Meytens d. J.*, 15 *„Die Thronbesteigung des Kaisers Franz Josef I", Holzstich*, 16ul *„Kaiser Franz Joseph zeichnet die Generäle und Offiziere des Krieges von 1848 aus", Gemälde von Anton Straßgeschwandthner*, 16/17o *„Assassinat a Sarajevo", Farbdruck aus: Le Petit Journal, Suppl. Illust.*, 20ul *Thomáš Masaryk*, 20m *Rekonstruktion des Behandlungszimmers von Sigmund Freud in der Berggasse 19 in Wien nach Angaben von Freuds Tochter Anna*, 20r *Sigmund Freud*, 20mr *Skulptur von Johann Scherpe von 1908*, 22om *„Joseph Haydn", Gemälde von Thomas Hardy, London 1792*, 22ml *„Beethoven mit dem Manuskript der Missa solemnis", Gemälde von Joseph Karl Stieler*, 22u *Porträt von Wolfgang Amadeus Mozart, Gemälde von Barbara Krafft*, 22mu *Watercolour von Richard Moser von 1905*, 23r *„Joseph Lanner und Johann Strauß", Gemälde von Charles Wilda von 1906*, 28/29m *„Cafe Griensteidl am Michaelerplatz", Aquarell von R. Völkel um 1900*, 121o *„Der junge Mozart wird Kaiserin Maria Theresia durch Joseph II vorgestellt", Gemälde von Eduard Ender von 1869*, 146 *„Praterstern", Bildpostkarte nach Gemälde von Jindrich Tomec um 1910*, 148ml *„Russische Schaukel" Holzstich nach Zeichnung von Leo von Elliot*, 148ur *„Das neue Wiener Ringspiel im Prater", Radierung von Karl Postl*; Werner Dieterich, Stuttgart: 2II, 2V, 3I, 3II, 3III, 3V, 10u, 18/19m, 19or, 20ml, 20o, 21u, 24/25, 25o, 25u, 28u, 29o, 31o, 32ml, 32or, 33o, 47, 48, 49, 50m, 50/51u, 51ol, 51m, 53o, 54, 56, 57or, 57ml, 58, 59, 60, 61, 62ol, 63ul, 63or, 72m, 76/77, 77o, 93, 94, 95, 96, 97o, 97u, 99, 100, 101or, 101mr, 102ml, 102ur, 103m, 103ur, 104ol, 104ul, 104/105, 105or, 106, 107, 108, 113, 123, 126, 127, 137, 145o, 159, 160, 161or, 161ml, 163u, 165, 166, 169ur, 179, 180/181, 183, 187ol, 187or, 187mr; Ralf Freyer, Freiburg: 3IV, 9u, 11or, 13or, 14ul, 27o, 28/29, 30o, 30lm, 31u, 33u, 70/71, 73ur, 86, 128, 129, 140, 142, 148/149m, 149ol, 149or, 150, 152, 153, 171, 172l, 172r, 174ol, 174ml, 174ur, 175, 177or, 178/179, 178r; Rainer Hackenberg, Köln: 2II, 2IV, 6l, 6/7, 7m, 11ur, 13mr, 19ur, 21ml, 22/23 Hintergrund, 26om, 26lm, 26rm, 29u, 30mr, 32u, 35, 69, 71u, 72ur, 74, 75o, 75u, 78, 79mr, 80, 81, 83o, 83u, 114ol, 116, 117o, 120/121m, 124ul, 125o, 125mr, 141o, 141m, 141ur, 143, 144, 147o, 147m, 151, 164ol, 167ol, 167mr, 167ul, 168, 176, 180m, 181u; HB Verlag, Ostfildern: 9o, 10/11, 117u, 122, 130, 162/163, 163o, 164mr (Axel Krause); Peter Hautzinger, Wien: 2I, 5, 52/53, 55, 169ol, 170or, 170ml; Thomas Stankiewicz, München: 98/99, 182; Martin Thomas, Aachen: 6r, 7r, 8u, 10/11, 16/17 Hintergrund, 18ol, 18ul, 22ol, 70u, 73o, 79or, 82, 84, 85, 115, 118/119, 121ur, 124o, 131, 139, 145mr; Schloss Schönbrunn Kultur- und Betriebsges.m.b.H.: 17u (E. Knaack)

NATIONAL GEOGRAPHIC

Leserbefragung

Ihre Ratschläge, Urteile und Empfehlungen sind für uns sehr wichtig. Wir bemühen uns, unsere Reiseführer ständig zu verbessern. Wenn Sie sich ein paar Minuten Zeit nehmen, diesen kleinen Fragebogen auszufüllen, könnten Sie uns sehr dabei helfen.

Wenn Sie diese Seite nicht herausreißen möchten, können Sie uns auch eine Kopie schicken, oder Sie notieren Ihre Hinweise einfach auf einem separaten Blatt.

Bitte senden Sie Ihre Antwort an:
NATIONAL GEOGRAPHIC SPIRALLO-REISEFÜHRER, MAIRDUMONT GmbH & Co. KG,
Postfach 31 51, D-73751 Ostfildern
E-Mail: spirallo@nationalgeographic.de

Über dieses Buch …

NATIONAL GEOGRAPHIC SPIRALLO-REISEFÜHRER WIEN

Wo haben Sie das Buch gekauft? ____________________

Wann? Monat / Jahr

Warum haben Sie sich für einen Titel dieser Reihe entschieden? ____________________

____

____

____

____

____

____

____

____

Wie fanden Sie das Buch?

Hervorragend ☐ Genau richtig ☐ Weitgehend gelungen ☐ Enttäuschend ☐

Können Sie uns Gründe angeben?

____

____

____

____

____

____

____

____

____

Bitte umblättern …

Hat Ihnen etwas an diesem Führer ganz besonders gut gefallen?

Was hätten wir besser machen können?

Persönliche Angaben

Name

Adresse

Zu welcher Altersgruppe gehören Sie?
Unter 25 ☐ 25–34 ☐ 35–44 ☐ 45–54 ☐ 55–64 ☐ Über 65 ☐

Wie oft im Jahr fahren Sie in Urlaub?
Seltener als einmal ☐ Einmal ☐ Zweimal ☐ Dreimal oder öfter ☐

Wie sind Sie verreist?
Allein ☐ Mit Partner ☐ Mit Freunden ☐ Mit Familie ☐

Wie alt sind Ihre Kinder? _____

Über Ihre Reise …

Wann haben Sie die Reise gebucht? __ __ / __ __ (Monat / Jahr)

Wann sind Sie verreist? __ __ / __ __ (Monat / Jahr)

Wie lange waren Sie verreist?

War es eine Urlaubsreise oder ein beruflicher Aufenthalt?

Haben Sie noch weitere Reiseführer gekauft? ☐ Ja ☐ Nein

Wenn ja, welche?

Herzlichen Dank dafür, dass Sie sich die Zeit genommen haben, diesen Fragebogen auszufüllen.